[COLLE]CTION MICHEL LÉVY

— 1 franc le volume —

THÉOPHILE GAUTIER

LES BEAUX-ARTS EN EUROPE

— 1855 —

PREMIÈRE SÉRIE

PARIS

MICHEL LÉVY FRÈRES, LIBRAIRES-ÉDITEURS

RUE VIVIENNE, 2 BIS

1856

PARIS. — IMPRIMERIE SIMON RAÇON ET COMP., RUE D'ERFURTH, 1.

LES

BEAUX-ARTS

EN EUROPE

PARIS. — TYP. SIMON RAÇON ET COMP., RUE D'ERFURTH, 1.

LES BEAUX-ARTS EN EUROPE

— 1855 —

PAR

THÉOPHILE GAUTIER

PREMIÈRE SÉRIE

PARIS
MICHEL LÉVY FRÈRES, LIBRAIRES-ÉDITEURS
RUE VIVIENNE, 2 BIS
—
1855

LES

BEAUX-ARTS

EN EUROPE

— 1855 —

PEINTURE — SCULPTURE

I

C'est la première fois que les beaux-arts de tous les peuples vont se voir face à face sur ce pacifique champ de bataille de l'Exposition universelle. — Grande idée que notre siècle seul pouvait réaliser avec ses prodigieux moyens de communication, devant lesquels il n'existe ni mers, ni montagnes, ni distances, ni obstacles. — « Il n'y a plus de Pyrénées, » est un mot applicable maintenant à toute frontière, et par-dessus les fictives lignes bleues, vertes et rouges des cartes géographiques, les pays causent familièrement entre eux d'un bout du monde à l'autre. Jusqu'ici la peinture et la sculpture, divisées en nombreuses écoles locales, dont les chefs-d'œuvre épars exigeaient, pour être étudiés ou visités, de longs, pénibles et coûteux voyages, ne figuraient aux musées et aux galeries qu'à l'état posthume. Les maîtres qui, vivants, ne s'étaient jamais rencontrés, se coudoyaient après leur mort et faisaient connaissance dans cette sereine atmosphère d'immortalité où le temps et l'espace disparaissent. Mais, à aucune époque, les arts contemporains ne s'étaient donné rendez-vous sur un point central du globe pour se tendre la main, se mesurer et s'apprécier. Ainsi nous, dont la vie a été consacrée à la patiente et respectueuse adoration du génie humain, nous avons été obligé, pour l'étudier dans ses manifestations diverses, de parcourir la Grèce, l'Italie, l'Espagne, l'Angleterre, la Belgique, la Hollande, l'Allemagne, nous arrêtant partout où se taillait le marbre, où s'étalait la fresque, où se colorait la toile, avançant notre tête, au sortir des collections nationales et princières, panthéons des gloires du passé, par la porte entre-bâillée des ateliers modernes, afin d'y voir à l'œuvre l'esprit des temps nouveaux. Eh bien, ces nombreux pèlerinages, qui ont occupé nos plus belles saisons et fait de nous comme une sorte de Juif errant de l'art, une course en fiacre à l'avenue Montaigne les remplace aisément, et vous en apprenez plus en quatre heures que nous ne l'avons fait en quinze années.

Vous voyez réuni ce qui était dispersé dans beaucoup de contrées et de villes, chez des particuliers et des artistes souvent inaccessibles ou inconnus aux voyageurs. Vous pouvez comparer d'un coup d'œil les productions les plus diverses, et de leur rapprochement tirer des leçons utiles. Un grand enseignement pour tous résultera de ce concours dont la France a eu l'initiative.

Avant de commencer le compte rendu de cette gigantesque exposition, il serait peut-être bon d'examiner l'état général de l'art, et de dire quelles sont ses tendances chez les peuples qui ont envoyé leur tribut à ce grand jubilé de peinture et de sculpture.

Selon les temps et les circonstances, l'art se développe, grandit, s'élève, s'abaisse ou se déplace; la somme de génie est toujours la même, sauf à trois ou quatre époques climatériques, comme les siècles de Périclès, d'Auguste, de Léon X et de Louis XIV; mais elle se distribue différemment. Telle contrée, où s'épanouissait une abondante floraison de chefs-d'œuvre, comme les fleurs naturelles du sol, s'appauvrit, se stérilise et ne voit plus pousser que quelques mauvaises herbes entre les pierres de ses terrains amaigris; telle autre, jusque-là inféconde, se trouve couverte tout à coup de plantes superbement vivaces dont les graines ont été apportées par les oiseaux du ciel.

Un beau jour, on ne sait pas pourquoi, les ateliers d'une ville, autrefois célèbre pour ses maîtres, se dépeuplent, puis se ferment. Sans raison apparente, la pourpre de la vie abandonne des veines généreuses, et de pâles peintures, d'où l'inspiration est absente, constatent seules qu'un petit nombre d'adeptes conservent des traditions tombées en désuétude : comme en certains pays jadis florissants, il se fait des *despoblados* dans le royaume de l'art.

Est-ce à dire pour cela que Dieu mesure le génie à l'humanité d'une main plus parcimonieuse? — Non. — Seulement il dispense ses faveurs à d'autres moins bien traités auparavant. — Pendant trois siècles l'Italie, assise sur son trône d'or, a gardé le sceptre de la peinture, de la sculpture et de l'architecture. Ses dômes s'arrondissaient dans le ciel bleu; la fresque splendide recouvrait ses édifices comme un vêtement royal; ses marbres étincelants et purs se dressaient rivaux des marbres antiques nouvellement sortis de terre. — Rome, Florence, Venise, formaient une radieuse trinité. Léonard de Vinci, Michel-Ange, Raphaël, Corrége, Titien, Paul Véronèse, pour ne nommer que les plus illustres, éblouissaient le monde de leur rayonnement.

Aujourd'hui l'Italie, épuisée de merveilles, se repose. Son atelier, si actif jadis, n'est plus qu'un musée; elle ne figure que pour mémoire à l'Exposition universelle; de ses magnifiques écoles florentine, romaine, vénitienne, il ne reste que des chefs-d'œuvre : elles n'ont plus d'élèves; à peine quelques copistes s'efforcent de perpétuer des images qui s'effacent. Mais l'Italie, *alma parens*, a largement payé sa dette au genre humain, et ce n'est pas nous qui commettrons cette impiété de railler sa misère. — Après la Grèce, elle a donné au monde le type le plus élevé du beau. Qu'importe si elle ne couvre que quelques toises de murailles avec de médiocres peintures au congrès de l'art moderne? nous lui sommes toujours redevables.

La France, au contraire, a grandi. — Sans doute, dans son passé, elle compte Poussin, Eustache Lesueur, Lebrun, Watteau, et, plus tard, quelques peintres aimables; mais ce n'est guère que depuis un demi-siècle, et surtout en ces dernières années, qu'elle est devenue une école où tout le monde peut apprendre.— On va maintenant à Paris comme autrefois l'on allait à Rome : c'est, personne ne le conteste, la métropole de l'art. En aucune ville on ne trouverait un tel nombre d'artistes remarquables; tous les genres y sont cultivés avec succès et supériorité. A l'esprit qui l'a toujours caractérisée la France a su joindre la couleur qui lui manquait; sans perdre son originalité, elle s'est approprié les procédés des écoles de Venise et d'Anvers; par l'étude de Phidias et de Raphaël, elle a conquis le style, cette qualité si rare, dont la civilisation semble avoir perdu le secret. — Nul crayon aujourd'hui ne dessine mieux que le sien, nulle brosse ne peint mieux que sa brosse. — Bien qu'au lieu de Rome, de Florence, de Venise, de Milan, de Pérouse, de Naples, de Gênes, la France n'ait que Paris, elle possède dans son art tous les climats et tous les tempéraments. Elle peut opposer Ingres à Delacroix, Decamps à Meissonnier, Flandrin à Couture, Aligny à Rousseau; réunissant tous les contrastes, conciliant les originalités les plus diverses. — Ce n'est pas à nous, un de ses plus humbles fils, de la vanter; mais tout homme peut s'enorgueillir d'une telle mère.

L'Allemagne, abandonnant le faire naïf et minutieux, le naturalisme d'Albert Durer et de Lucas Cranach, semble se complaire dans l'esthétique de l'art; à peine si elle daigne jeter un regard distrait sur la nature : elle invente, compose et dessine des cartons dont elle abandonne l'exécution à des mains secondaires. Elle ne fait pas des tableaux, mais des poëmes : ce sont des inventions cycliques déroulant les destinées du genre humain, les migrations des races, les mythes et les apocalypses des religions, ou bien encore des symbolismes et des systèmes philosophiques où les figures interviennent plutôt comme signes hiéroglyphiques que comme représentation de l'individu. Cette école tout intellectuelle méprise la couleur, l'habileté de pinceau, l'agrément de la touche. Elle ne peint pas, elle écrit l'idée. Une semblable manière d'envisager l'art est tout à fait nouvelle pour nous, et fournira de curieux sujets d'étude aux peintres français, dont la manière de voir est si différente et qui se sont toujours attachés à la forme.

La Belgique brille au contraire par une adresse extrême, par une science d'exécution rare; elle ne poursuit aucun idéal, et, comme à l'école flamande sa grand'mère, il lui suffit du prétexte le plus insignifiant pour faire un précieux petit chef-d'œuvre; au patient amour de la nature, elle joint l'étude curieuse des vieux tableaux; elle en soulève couche à couche le vernis jaune; d'un doigt patient elle dissipe la fumée séculaire pour dérober les secrets de leurs procédés; elle imite aussi la France sa voisine; quelquefois même elle la contrefait à s'y méprendre, mais cependant elle a son individualité reconnaissable : les grands aïeux ne désavoueraient pas les petits-enfants.

Les caractères distinctifs de l'Angleterre sont une originalité franche, une forte saveur locale; elle ne doit rien aux autres écoles, et le bras de mer de quelques lieues qui la sépare du continent semble, tant il l'éloigne, avoir la largeur de l'océan Atlantique. Une peinture anglaise, quel que soit son mérite, se fait reconnaître à l'instant même par l'œil le moins exercé. — L'invention, le goût, le dessin, la couleur, la touche, le sentiment, tout diffère. — On se sent transporté dans un autre monde très-lointain et très-inconnu, quoiqu'on puisse déjeuner à Paris et dîner à Londres, le même jour; c'est un art particulier, raffiné jusqu'à la manière, bizarre jusqu'à la chinoiserie, mais toujours aristocratique et gentleman, d'une élégance mondaine et d'une grâce fashionable dont les livres de Beautés et les Keepsake offrent le plus pur type. L'antiquité n'a rien à y voir. Un tableau anglais est moderne comme un roman de Balzac; la civilisation la plus avancée s'y lit jusque dans les moindres détails, dans le brillant du vernis, dans la préparation du panneau et des couleurs. — Tout est parfait.

Au premier aspect, l'on est plus étonné que séduit; mais bientôt l'œil se fait à ces gammes de tons étranges et charmants, à ces lumières satinées, à ces ombres transparentes, à ces reflets argentés, à ce frais papillotement d'étoffes, à ces nuages de mousseline, à ces longues spirales de cheveux brillants, et, à travers ces coquetteries, on reconnaît un sentiment très-fin de la pantomime, une rare entente de mise en scène, une étude philosophique des caractères et de la physionomie. Sirs Joshua Reynolds, Lawrence, avec leur faire large et heurté, cherchant la couleur et l'effet, ne sont plus les modèles suivis. — Gainsborough et Constable ont fait aussi leur temps : on les admire, on ne les imite plus. Wilkie a encore quelques fidèles, mais en petit nombre. L'école anglaise actuelle ne relève guère maintenant que de son caprice : chacun se laisse aller à son individualité, mais sans perdre jamais le cachet britannique. Nous remarquerons cependant une petite chapelle à part dans l'Église de la peinture anglaise; — elle ne se compose jusqu'à présent que de deux membres, — MM. W. Hunt et Millais, l'un naïf et l'autre réaliste, qui joignent au mérite le plus réel l'excentricité la plus baroque.

Après la France, c'est l'Angleterre dont l'apport est le plus nombreux; elle ne compte qu'un petit nombre de tableaux d'histoire proprement dits, mais elle abonde en tableaux de genre, de fantaisie, d'intérieur, de paysage, de marine, d'animaux, et ses aquarelles occupent une longue surface dans la galerie supérieure.

L'Espagne a oublié Velasquez, Ribera, Murillo, Zurbaran et même Goya; elle ne peint plus avec sa sombre palette d'autrefois des moines au froc brun, des chevaliers au pourpoint noir, des gitanos à la peau basanée, des madones au regard extatique; elle n'a plus cette ardeur farouche, cette passion catholique qui la caractérisaient; et si l'écusson de Castille et Léon n'était pas blasonné au-dessus de la partie qu'elle recouvre, on confondrait l'école espagnole avec l'école française.

Dès les premières visites, l'Exposition se divise en quatre zones bien tranchées : l'Angleterre, la Belgique, l'Allemagne et la France. L'Angleterre, c'est l'individualité; la Belgique, le savoir-faire; l'Allemagne, l'idée, et la France l'éclectisme.

II

MM. ANSDELL — MACLISE — LUCY — FOGGO — CROSS — COPE
ARMITAGE

L'école anglaise, nous l'avons dit, ne compte qu'un petit nombre de tableaux d'histoire; elle aborde rarement les grandes toiles, et la raison en est simple : avec un rare sens pratique, les peintres d'outre-Manche ont compris que l'art devait se proportionner aux milieux qu'il traverse : la vie moderne tend à se concentrer dans les villes, où l'espace devient de jour en jour plus précieux par suite de l'agglomération, et l'alvéole accordée à chaque abeille humaine dans l'immense ruche de la civilisation, réduite aux dernières exiguïtés, ne peut guère admettre que le tableau de chevalet ou la statuette. — En Angleterre, il n'y a pas, comme en France, une direction des beaux-arts commandant de vastes travaux pour les palais, les musées, les églises, les édifices publics, et perpétuant ainsi les grandes traditions ; de plus, le culte anglican repousse de ses temples la pompe romaine et la magnificence catholique; la prière s'y croirait distraite par la beauté des images, et verrait presque de l'idolâtrie dans l'admiration d'un chef-d'œuvre. Les occasions de peinture historique et monumentale sont donc beaucoup moins fréquentes au delà du détroit que chez nous ; le public, qui seul, là-bas, subventionne l'art, lui demande pour ses châteaux, ses cottages et ses appartements, des œuvres d'une dimension restreinte et d'un faire achevé, pouvant s'encadrer dans l'or et dans la soie sous la transparence protectrice d'une glace, comme un bijou derrière sa vitrine. Vous chercheriez en vain parmi l'école anglaise, cependant si riche, l'équivalent de ces tableaux qui occupent les hautes régions du salon carré et des salles voisines, de ces immenses machines aux groupes multipliés et aux figures de forte proportion, attestant de sérieuses études et la connaissance approfondie des maîtres, de ces œuvres sévères destinées d'avance aux musées et aux chapelles, et que nul particulier ne saurait acheter.

L'expression « peinture d'histoire » ne veut pas, comme on sait, toujours dire une peinture représentant un sujet historique : elle s'applique aussi aux tableaux s'élevant, par le style, la grandeur des personnages et la largeur de l'exécution, au-dessus des tableaux de genre. Ainsi le *Tueur de loups* de M. Ansdell, une des premières toiles qui se présentent aux yeux en entrant dans la galerie anglaise, doit être considéré comme de la peinture d'histoire, bien qu'il ne reproduise aucun fait spécial : la dimension du cadre, la tournure héroïque de la composition, la vigueur du dessin et l'énergie du pinceau, ne peuvent laisser de doute sur le rang à lui assigner.

Un homme d'une force athlétique, et dont le torse nu jusqu'à la ceinture montre un dos tout montueux de muscles crispés, manœuvre une courte hache rougie de sang au milieu d'une bande de loups hurlant, s'élançant, retombant, se culbutant, revenant à la charge, effarés et enragés, ouvrant un gouffre de crocs, χασμα οδοντων, répandant leurs entrailles par de larges plaies, ou râlant sous l'étreinte des molosses, compagnons d[illegible]eur. L'homme vaincra l'animal et l'issue de la lutte ne paraît pas douteuse ; mais la lutte aura été acharnée : de longues éraflures zèbrent les épaules du dompteur de monstres ; les dents et les griffes ont signé en toutes lettres sur sa peau. — L'emmanchement du col avec le crâne épais et bas du belluaire, l'entrelacement des nerfs, les saillies des omoplates et des deltoïdes, témoignent d'une science d'anatomie que les peintres anglais n'ont pas l'habitude de déployer ; le mouvement général de la figure est d'une violence furieuse qui va bien au sujet. Quant aux animaux, ils sont superbes. M. Ansdell, sans s'écarter de la vérité, a su leur donner du style : ses loups pourraient recevoir, au lieu des entailles d'une hache saxonne, les pointes mythologiques des flèches décochées par l'arc d'argent d'Apollon Lycien ; ses molosses seraient dignes d'aboyer après Homère sur une rive d'Asie Mineure ; l'homme se taillerait au besoin un manteau dans un lion, comme Hercule dont il a la robuste carrure.

Les *Bergers* rassemblant leurs moutons dans la vallée de Sligichan, île de Skye, les *Chiens de bergers* dirigeant des moutons, montrent chez M. Ansdell d'éminentes qualités sous des proportions plus restreintes; mais ici l'auteur revient au genre au-dessus duquel s'élève son *Tueur de loups*.

L'*Épreuve du toucher* de M. Maclise met en scène une ancienne coutume saxonne: on croyait autrefois qu'en présence de l'assassin la blessure de la victime se rouvrait, saignait et proclamait le crime par sa bouche sanglante; l'épreuve était accompagnée de prières et de formalités religieuses qui la rendaient plus solennellement terrible et auraient fait se dénoncer le coupable quand même la plaie du mort eût gardé le silence.

Le fond du tableau de M. Maclise est occupé par un autel avec triptyque, tabernacle, chandeliers, riche nappe brodée. — Devant l'autel, sur une sorte de civière, s'allonge, roide et froid, sous son linceul, mais la figure, la poitrine et les bras découverts, le cadavre d'un jeune homme auquel la mort violente a mis son cachet rouge près du cœur. A sa tête s'incline, murmurant le rituel sacré, un vieux prélat à barbe blanche, suivi de ses acolytes ; à ses pieds, une femme vêtue de deuil atteste le ciel et semble lui demander vengeance; des suivantes portent et contiennent deux ou trois petits enfants — sans doute les enfants de la victime — que cette lugubre scène effraye ; des hommes d'armes, habitués au spectacle de la mort, regardent avec une indifférence farouche ; le meurtrier, le pied sur la première marche de l'autel, se fait évidemment violence ; la contrainte de son attitude, la pâleur livide de son visage à demi détourné, la crispation involontaire de ses muscles, tout dénote chez lui un combat intérieur ; la haine, la peur et le remords agitent cette âme, et si la poitrine du mort ne jetait en sa présence un flot de sang pourpré, il serait capable, comme le meurtrier antique, de dire, en voyant les oiseaux passer dans les nuages : « Voilà les grues d'Ybicus ! »

Différents groupes de varlets, de manants, de pauvres, de femmes vieilles et jeunes, meublent pittoresquement les deux coins du tableau, dont le milieu serait un peu vide si deux thuriféraires, faisant brûler des parfums dans des encensoirs, n'y venaient distraire agréablement les yeux par leur grâce juvénile.

Nous avons reproduit à peu près la disposition de la scène, qui est dramatiquement composée et montre chez le peintre une grande entente de la physionomie et du geste. — Cela ferait un très-beau tableau final de tragédie ou de mélodrame — Ce côté du talent de M. Maclise sera facilement compris; mais les yeux français ne déchiffreront qu'avec peine cette peinture si génialement anglaise, qu'elle aurait presque besoin, pour être entendue, d'être traduite par le burin. Ce sont des associations de couleurs impossibles, des gammes de notes fausses, des illuminations de reflets fantasques, des transparences de lampes d'albâtre, auxquelles nos prunelles ne sont pas faites et qui ne leur semblent exister que dans les apothéoses des féeries lorsque flambent les feux de Bengale bleus et rouges. Les lumières frisantes brillent comme des lames de rasoir de Sheffield, avec un étincelant poli d'acier ; les ombres perdent toute réalité dans les magies du clair-obscur et paraissent argentées par les rayons d'une lune absente ; des tons de cerise empourprent les lèvres, des lustrés de satin moirent les cheveux, et tout cela avec une netteté coupante, une précision d'emporte-pièce, une imperturbable assurance de main. Les procédés matériels n'ont aucun rapport avec les nôtres. Ces couleurs si bizarres sont appliquées d'une façon plus étrange encore.

Pas d'empâtement, pas de martelage de brosse, aucune de ces préparations solides qui sont comme le corps de la peinture; mais un travail transparent et lavé comme celui de l'aquarelle, une toile à peine effleurée et couverte.

Pourtant, lorsqu'on regarde longtemps cette couleur si inquiétante d'abord, on finit par y trouver des finesses incroyables, une harmonie extrême, la note une fois admise, et même des morceaux d'un ton très-vrai et très-bien observé. Le charme exotique vous gagne comme en pays étranger pour ces fruits repoussés au commencement et dont on raffole ensuite.

Dans l'*Épreuve du toucher*, dont les personnages sont demi-nature, il y a des groupes parfaitement agencés, des têtes expressives, des costumes d'un curieux arrangement et des accessoires exécutés avec une adresse rare : les cuirasses des hommes d'armes, où se reflètent les objets voisins dans le miroitement sombre du métal bruni, produisent la plus complète illusion ; plusieurs autres détails, missels, broderies, étoles, brûle-parfums, ne sont pas moins spirituellement étudiés et prestigieusement rendus.

Outre son *Épreuve du toucher*, M. Maclise a exposé le *Manoir du baron*, fête de Noël dans le vieux temps : — Albion n'a pas toujours été la terre du spleen, et l'épithète dont les anciens bardes la gratifiaient le plus volontiers est celle de *Merry England* (la joyeuse Angleterre). Le christmas est, et surtout était, pour Londres, comme le carnaval pour Venise, un temps de mascarades, de réjouissance et de frairie, où chacun pouvait donner libre carrière à ses imaginations galantes ou drôlatiques.

Le tableau de M. Maclise représente la grande salle d'un manoir du seizième siècle, toute enguirlandée de festons, toute jonchée de rameaux de pin et fourmillante d'une foule en belle humeur aussi nombreuse que bigarrée. Le baron, assis au fond de la salle, festine avec ses gens et sa noble famille ; il regarde d'un air bienveillant les ébats de ses vassaux, de ses tenanciers et de ses domestiques qui se livrent à une joie turbulente. Des officiers de bouche, que précèdent des pages vêtus de satin blanc et que suivent des musiciens costumés d'une manière grotesque, apportent triomphalement une hure de sanglier couronnée de lauriers comme une tête de César ou de poëte ; des gaillards déguisés en Neptunes, en Faunes, en Égipans, en Endriagues, s'accoudent aux tables, et, malgre l'obstacle de leurs masques monstrueux, n'en avalent pas moins de larges rasades de vin des Canaries, de Porto et de Claret, — ces boissons chères au bon vieux sir

John Falstaff; — l'un d'eux, à la grande admiration des autres, fait tenir une plume de paon en équilibre sur le bout de son nez; de belles jeunes filles et leurs amoureux, formant cercle sur le plancher, jouent au furet et à la savate; sous le manteau de la cheminée, éclairés par les reflets de la bûche de Noël qui flambe et siffle gaiement dans l'âtre en lançant des jets de gaz bleu, les vénérables matrones, les hommes plus mûrs et plus rassis, devisent, mangent, boivent, et forment comme une oasis de tranquillité parmi tout ce tapage.

Il y a dans cette toile, bruyante à l'œil, pour ainsi dire, une animation extraordinaire, un entrain délirant; cela reluit, chatoie, scintille, papillote, miroite avec une crudité si franche, une fausseté de ton si délicieusement anglaise, qu'il est impossible, au bout de quelques minutes, de n'en pas être ravi.

Quelles romanesques et charmantes créatures dans leur grâce invraisemblable et leur fraîcheur chimérique! — on serait tenté de les appeler par les noms des fantasques héroïnes de Shakspeare, Miranda, Hermia, Perdita, Jessica, Rosalinde! — Aucune laideur ne dépare malencontreusement, sous prétexte de vérité, ces jolis groupes, groupes éparpillés à terre comme les gravures dispersées d'un *Book of bauties*, avec un frou-frou de soie bouffante et de satin brillant à toutes ses cassures. Longs cheveux aux spirales lustrées, blonds comme l'épi ou bleus comme l'aile du geai, cols de cygne aux ondulations argentées, épaules au poli d'agate, yeux dont les cils battent de l'aile comme des papillons noirs sur le fard de la joue, lèvres que vous ouvrez à la joie comme des fleurs où la rosée a mis ses perles, — vous n'êtes pas réels sans doute, mais nous préférons vos mensonges au fac-simile du daguerréotype.

L'exécution de *Montrose* et le *Dernier sommeil d'Argyle*, de M. Ward, rentrent tout à fait dans les conditions du tableau d'histoire, et ne portent pas si profondément imprimée l'empreinte du cachet britannique. Il y a de bonnes parties et des morceaux assez vigoureusement peints dans le *Montrose sur l'échafaud*, quoique nous préférions le *Dernier sommeil d'Argyle*. — Argile dort bien et son corps repose sans roideur sur le grabat de la prison ; le personnage en simarre rouge, qui le contemple, a, sous sa grande perruque noire, une expression un peu trop mélodramatique. M. Ward a exposé un tableau qu'on peut regarder aussi comme historique, malgré son petit cadre : la *Famille royale au Temple*. On voit que M. Ward affectionne, comme M. Delaroche, les sujets émouvants, et prend les tragédies au cinquième acte. Louis XVI fait la sieste sur un canapé; la reine, Madame Élisabeth, travaillent en silence, et le jeune Dauphin a suspendu ses jeux : au fond, par une porte entr'ouverte, on aperçoit le savetier Simon et des sans-culottes. Cette toile, d'un fini précieux, plaira sans doute plus au public que les deux autres du même auteur, quoiqu'elle vaille moins.

Nous citerons pour mémoire le *Cromwell au lit de mort de sa fille*, le *Cromwell prenant la résolution de refuser la couronne*, de M. Lucy ; la *Mort d'Édouard III*, de M. Foggo ; *Richard Cœur-de-Lion pardonnant à Bertrand de Gordon*, de M. Cross; l'*Arrivée du cardinal Wolsey à l'abbaye de*

Leicester, de M. Cope ; la *Bataille de Meeanes*, de M. Armitage, représentant la victoire remportée par sir Charles Napier sur l'armée Beloutchi, grande page, curieuse à cause du mélange des uniformes anglais avec les costumes orientaux et les armures du moyen âge des guerriers indiens ; le *Chaucer à la cour d'Édouard III*, de M. Bawn, dont les personnages à costumes mi-partis rappellent certaines peintures romantiques de 1830. — Mais, encore une fois, ce n'est pas dans le genre historique que brille l'école anglaise, et nous avons cédé à l'usage en nous occupant d'abord des toiles de grande dimension. Aux prochains articles, Mulready, Landseer, Grant, Millais, Hunt, Egg, Frost, Hook, Webster, Leslie, les vrais talents originaux, les incontestables gloires de l'Angleterre.

III

M. MULREADY

Mulready jouit, de l'autre côté de la Manche, d'une réputation que la gravure a propagée chez nous. Mais, pour le bien connaître, il faut avoir vu les originaux, qui révèlent de rares qualités de couleur et d'exécution. Sept tableaux de ce maître, il mérite ce titre, figurent à l'Exposition universelle et y tiennent un rang honorable parmi les meilleurs de tous les pays. Chose remarquable, chacune de ces toiles est traitée dans une manière différente, souvent opposée, et une attention prévenue y reconnait seule la même main. — Beaucoup d'artistes, trop facilement contentés, se répètent. Mulready cherche, étudie, travaille, essaye, et n'appose pas à ses œuvres une touche invariable comme une griffe ou un parafe : ainsi le *Loup et l'Agneau* n'ont pas le moindre rapport avec les *Baigneuses;* le *Parc de Blackheath* ne ressemble en rien à la *Discussion sur les principes du docteur Whiston ;* — le *Frère et la Sœur* sont conçus dans un autre système que le *But;* le *Canon* diffère du *Choix d'une robe de noce* et de *Mettez un enfant dans la bonne voie.*

Il serait difficile de rattacher cet artiste à aucune école ancienne, car le caractère de la peinture anglaise est, comme nous l'avons dit, la modernité. — Le substantif existe-t-il? le sentiment qu'il exprime est si récent que le mot pourrait bien ne pas se trouver dans les dictionnaires. — On voit bien qu'il a, comme Wilkie, profondément étudié Terburg, Nestcher, Metzu, Mieris, Gérard Dow, Ostade, Téniers, Brawer, Bega, Craësbeeke et tous ces charmants maîtres de Flandre et de Hollande qu'écartait le goût fastueux de Louis XIV; mais il ne les copie point. Sa personnalité les absorbe et s'en nourrit sans se transformer; partout et toujours il reste Anglais *intus et in cute.*

Le *Loup et l'Agneau* sont, sous ce rapport, une des plus curieuses peintures que l'on puisse voir; — le caractère britannique y marque les moindres détails. — Ce tableau, tout local, en apprend autant sur l'Angleterre qu'un séjour de six mois, et il vous fait, sans présentation, entrer profondément dans l'intimité du pays. Aucun peintre du continent n'aurait trouvé ce sujet, cette composition, ce coloris et cet effet.

Il ne s'agit pas de la fable de la Fontaine, ou plutôt c'est la fable de la Fontaine jouée par des acteurs humains. Le loup a pris la forme d'un gamin hargneux, crâne et rageur; l'agneau, celle d'un écolier du genre cancre, nullement de force à lutter contre son terrible rival. Quel méfait a pu servir de prétexte à la colère du loup? L'agneau aurait-il fait quelque réclamation sur une tricherie au noble jeu de billes, ou *caponé* auprès du pion et trahi le secret de l'école buissonnière? La chose importe peu : le loup n'a pas besoin de bonnes raisons. Toujours est-il que le pauvre agneau, acculé contre une porte, se trouve dans la situation la plus critique : en vain il lève son coude, à la manière des écoliers, pour parer les giffles, et tient sa jambe repliée craintivement afin d'éviter les coups de souliers; la partie n'est pas égale; ses yeux écarquillés, sa bouche dont les lèvres retroussées montrent les dents comme font les bêtes inoffensives que l'on malmène, sa pâleur effarée et livide, témoignent d'une terreur arrivée à son plus haut paroxysme. Il n'a pas cependant lâché le cabas qui paralyse une de ses mains et renferme son ardoise avec ses menus ustensiles de classe. A travers sa peur, on comprend qu'il n'a pas oublié la danse dont serait punie la perte de ses effets; — un bonnet de feutre gris bordé d'un crêpe, des vêtements de couleur sombre élimés par l'usage, achèvent et complètent sa piteuse physionomie.

La tête du loup offrirait aux doigts de Gall et de Spurzheim les bosses de la combativité dans leur plus beau développement. Une moue pleine de menace et de dédain crispe sa bouche; ses narines gonflées palpitent, ses sourcils se contractent et ses prunelles lancent des flammes; les basques de sa veste, rejetées comme des battants d'armoire, montrent sous un petit gilet jaune trop court sa poitrine évasée en buste de boxeur : il se hausse tellement sur ses ergots comme un coq de combat, qu'il en a fait rompre un de ses sous-pieds.

Derrière lui gisent à terre sa casquette de loutre, ses gants et ses livres, dont il s'est débarrassé pour être plus alerte à la bataille, car il n'a pas, comme son faible adversaire, le timide souci de ses hardes. Le bras tendu, le poing fermé, il va asséner un dernier coup à sa victime. — L'innocence périra-t-elle donc sans secours? Un jeune chien chancelant sur ses bonnes pattes engorgées se presse au long de son maître et tâche d'aboyer. Un baby de quatre ou cinq ans, coiffé d'un chapeau de femme à la mode anglaise et dont la bavette blanche est nouée par derrière, lève au ciel ses petits bras pour protester contre cet abus de la force et appeler à l'aide. — Un chien gros comme un rat, une petite fille haute comme une botte, voilà les seuls alliés que trouve la faiblesse de l'agneau.

Par bonheur, ce faible aboi et ce vagissement plaintif ont été entendus : une vieille femme, vêtue de noir et portant sur le bras son travail de couture interrompu, descend d'un pas aussi rapide que l'âge le lui permet les marches d'un perron ; la main sèche de cette Némésis va imprimer en soufflets l'idée du juste sur les joues de ce batailleur et séparer les combattants : l'innocence ne périra pas, et l'agneau aura sa revanche sur le loup.

Ce petit drame est rendu avec ce sentiment exquis de l'expression et de la pantomime qui, depuis Hogarth, semble être l'apanage des peintres anglais. Moins préoccupé de l'idéal antique et des sévérités du style que les artistes du continent, ils apportent à leurs ouvrages une finesse d'analyse, un soin de composition et une recherche de physionomie tout particuliers. Ce loup et cet agneau sont deux caractères — Addison ou la Bruyère ne les peindraient pas mieux, — et le tableau joue dans son cadre étroit une scène de la comédie éternelle.

Les fonds sont charmants ; la porte de clôture avec son numéro 3, sa plaque de cuivre portant un nom gravé, les sureaux en fleur qui débordent par-dessus la palissade, les troncs d'arbres aux nervures rugueuses, les colonnes torses du perron, la cage de l'oiseau suspendue aux vieilles poutres de l'auvent, les murailles de briques et les toits de tuiles rouges des maisons lointaines, les palissades sur lesquelles s'appuient en causant les silhouettes de deux voisins entrevus dans l'ombre, les frêles peupliers qui se détachent moitié sur les murs enfumés, moitié sur le ciel grisâtre · tout cela est d'un ton si calme, si sobre, si discret, d'un pinceau si fin, si sûr et si spirituel, que les plus célèbres maîtres flamands y mettraient volontiers leur nom.

Une glace recouvre le tableau des *Baigneuses* et le ferait, au premier aspect, prendre pour un pastel ; il en a la fleur et le velouté : un examen attentif peut seul convaincre qu'on a devant soi une peinture à l'huile. L'aspect en est clair, tendre et lumineusement mat : aucune rancidité n'en jaunit les nuances roses, azurées et blanches; nous ignorons par quels procédés le peintre est arrivé à ce résultat si précieux, surtout lorsqu'il s'agit de rendre la nudité féminine dans son virginal éclat.

Une jeune femme, noyant ses doigts dans les ondes d'or d'une chevelure qui ruisselle sur sa poitrine comme celle d'une Vénus Anadyomène, est assise, un pied replié sur l'autre, au bord d'un ruisseau dont l'eau diamantée caresse une rive de sable fin semée de jolis cailloux et bordée de roches capitonnées par la mousse. Aucun voile ne cache son beau corps, où l'air boit dans un baiser les dernières perles du bain. On sent encore sur l'épiderme la fraîcheur de l'eau comme sur des feuilles de lis dont on aurait secoué la pluie ; ce sont des frissons roses, des fleurs de pêche bleuâtres, des blancheurs de camellias ouvrant leur bouton, des grains de marbre et de papier de riz, des micas de neige, des lustrés et des satinés aux places qu'argente la lumière, des transparences de sang sous une pulpe de fleur, des délicatesses de tissu que nul peintre n'a poussées si loin. — Ce n'est pas de l'ivoire comme celui où Vanderwerf taille le corps de ses déesses et de ses nymphes; c'est moins encore l'ambre jaune dont Titien dore ses Vénus, ses maîtresses et ses courtisanes: ce serait plutôt l'argent mat avec lequel Corrége a modelé le torse de l'Antiope ; mais mieux que tout cela, c'est la plus blanche peau de ce nid de cygnes flottant sur la mer, une peau de cold cream et de lait virginal rendue avec la plus anglaise exactitude, une étude merveilleuse de cette fine étoffe dont était faite la robe d'Ève avant son péché.

Il ne manque à cette délicieuse figure, pour être tout à fait un chef-d'œuvre, qu'un peu de ce style dont la Grèce et l'Italie ont gardé le secret. Un effort de plus, et l'artiste, dépassant le joli, atteignait le beau, que ne donne pas la représentation même parfaite de la plus charmante femme.

Au second plan, une fillette d'une sveltesse toute juvénile sort de l'eau et remonte sur la berge avec un mouvement de biche effrayée : la vigie a signalé un profane. Une troisième reprend ses habits, gardés par une femme tenant un enfant dans ses bras. Sur le penchant de la colline, mordorée de soleil, paissent deux ou trois ânes peu troublés de ce charmant spectacle. Il y a loin de là au bain antique de Diane, — et nous voilà retombé de Tempé en Lancashire ; un ciel léger, où flottent dans le bleu des nuages cardés en duvet, sourit au-dessus de cette gracieuse composition.

Chaque détail, dans ce charmant tableau, a été l'objet du soin le plus patient, et caressé av un fini moelleux. Hemmeling, au bord de la rivière que franchit à gué saint Christophe passant l'Enfant divin, n'a pas semé de cailloux d'une agate mieux jaspée et plus polie ; la mousse se couche et miroite à l'œil comme un velours de soie. Les linges laissent voir leurs fils, les jupes sont à prendre avec la main ; l'eau mouille les bords du cadre, — on y boirait ; — et si la signature n'était là pour l'attester, nul ne pourrait croire que cette toile est de la même main que le *Loup et l'Agneau*.

Nous avouons en toute humilité ne pas savoir en quoi consistent les *Principes du docteur Whiston*. La sobriété du livret, déjà bien gros cependant, ne nous éclaire pas sur ce point délicat, heureusement la composition de Mulready s'explique d'elle-même. Qu'importe en peinture le point de doctrine controversé, si les adversaires discutent avec un louable entêtement philosophique dans des poses vraies et bien senties, et si l'on croit entendre les argumentations s'échapper de leurs lèvres entr'ouvertes? Quelle bonne figure que cette face apoplectique et cramoisie dont une perruque découpée en cœur sur le front fait encore ressortir les tons violents! Comme il est installé carrément dans un fauteuil confortable, avec aplomb et ampleur, une main sur le genou et l'autre étendue sur la table parmi les livres, les parchemins, les paperasses qui jonchent le tapis de Turquie, ce robuste et solide discoureur en habit à la vieille mode et en guêtres de cuir noir, que tâche de convaincre en comptant les arguments sur ses doigts — primo, secundo, tertio, — l'antagoniste plus âgé et plus faible, qui s'est soulevé à demi au milieu de la dispute interrompue par l'entrée d'un groom apportant une lettre dont un domestique attend la réponse!

Une grande armoire d'acajou ou de merisier dont la corniche est chargée de mappemondes, de globes de verre, de bouquins et autres fatras scientifiques, occupe le fond du tableau, dont la localité nous a paru un peu trop rougeâtre. Le coup de soleil éclairant la seconde chambre, que l'on aperçoit par la porte entr'ouverte avec sa lanterne suspendue et son cadran d'horloge, est très-bien rendu : le tapis de la table rendrait des points aux tapis turcs des Nestcher et des Mieris.

Le *But* est une singulière fantaisie, une excentricité toute britannique ; et peut-être Mulready aurait-il bien fait de ne pas employer son pinceau si précieux à une scène qui ne demandait qu'un croquis au crayon ou tout au plus la légèreté rapide de l'aquarelle. — Sans le fini parfait de l'exécution, le *But* ne serait qu'une caricature. Ce but n'est pas, comme vous pourriez l'imaginer, une cible quelconque avec un noir et des cercles concentriques, mais bien la gueule bée d'un polisson que vise un autre gamin avec des cerises empruntées à l'éventaire d'une petite marchande qui rit à gorge déployée de ce manége. Le but ouvre la bouche aussi grande qu'il peut pour avaler les balles rouges, et pourtant des traces pourpres mêlées aux vives couleurs de ses joues montrent que le point central a été manqué plusieurs fois. — A demi cachée par la marchande de cerises, sourit malignement la plus délicieuse petite marchande de bouquets de lavande qu'on puisse rêver. Cette charmante tête contraste avec la trivialité joviale des autres figures, rendues d'ailleurs avec une netteté et une certitude de touche dont on ne croirait pas la main humaine capable. Cela arrive presque à l'impitoyable perfection de la mécanique. — Les fonds, traités d'une manière nécessairement plus vague, sont très-jolis. La brique des murs réchauffe de ses tons rougeâtres la froideur habituelle des ombres, fait valoir les figures et fuir le petit coin de ciel découpé par les cimes de quelques arbres sous lesquels passent deux femmes. Mais la merveille du tableau est un chien placé au premier plan, à la droite du spectateur, — un chien à poil fauve grivelé de noir, court, trapu, à l'air rogue et farouche, qui ne comprend pas bien la chose et se demande s'il ne doit pas sauter à la gorge du drôle qui bombarde ainsi son maître. Ni Decamps, ni Jadin, ni Landseer n'ont fait un chien supérieur à celui-là pour la physionomie, la science des attaches, le ton de la robe, le rêche et le hérissé du poil; c'est le seul chien anglais canaille que nous ayons vu, car tous les autres ont l'air gentleman et grand seigneur; mais Mulready, en profond observateur, assortit toujours le chien à la personne, et son gamin n'en méritait pas un plus distingué : à l'enfant de la rue, le chien de la rue.

« J'ai choisi ma femme comme elle-même a choisi sa robe de noces, non pour une surface brillante, mais pour des qualités telles, qu'elle soit d'un bon usage. »

Sur ce thème un peu bourgeois dans son bon sens pratique, Mulready a brodé un tableau d'une coquetterie trop élégante peut-être, mais d'une séduction extrême.

Nous ne savons trop si cette charmante personne au pur et noble profil, aux longues anglaises blondes, dont la toque cerise balance une plume blanche et qui porte un surtout bouton d'or sur une belle robe de soie violette, sera d'un aussi bon usage et fera autant de profit que la solide étoffe qu'elle examine et lève à la hauteur de ses yeux pour voir si la trame s'unit durablement à la chaîne ; mais, à coup sûr elle est bien jolie, et de cette beauté romanesque dont les peintres anglais ne savent pas se défendre, même quand elle est contraire à leur sujet. Après tout, elle fera peut-être une excellente ménagère, malgré sa physionomie de keepsake, et fabriquera de ses blanches mains d'excellentes tartes de mouton et de délicieux vin de groseilles pour son mari.

Le marchand de soieries, dans son grand habit vert à la française, a un air de financier et de père noble qui sent son bon vieux temps et respire l'antique loyauté commerciale : il déploie les étoffes avec politesse, mais sans empressement servile. Près de la jeune fille se tient, demi-voilé d'ombre, le jeune fiancé vêtu de noir et les yeux brillants d'amour : la noce va bientôt se faire. Sur un tabouret près du comptoir, parmi d'autres acquisitions, gants, rubans, éventail, s'épanouit un bouquet de fleurs d'oranger, et le galopin qui cause dans le fond avec la vieille marchande laisse sortir de ses poches gonflées d'emplettes, à côté du goulot d'une bouteille, une paire de gentilles mules, les plus mignonnes du monde.

Il y avait un peintre italien, nommé Garofalo, qui plaçait un œillet dans tous ses tableaux comme une espèce de monogramme et de rébus : Mulready met un chien dans chacune de ses toiles; c'est sa manière de signer : — nous ne nous en plaindrons pas. — Ici c'est un king's Charles endormi, roulé en boule, la tête sur ses pattes comme sur un coussin, et balayant la terre de ses longues oreilles soyeuses; le museau court, le front bombé, les taches de feu au-dessus de l'œil, les franges de poil et tous les signes caractéristiques de cette race devenue si à la mode, sont rendus avec une vérité et une perfection surprenantes. — Éveillez-le, il aboiera.

Sous le titre assez bizarre : *Mettez un enfant dans la voie qu'il doit suivre*, l'artiste a représenté, dans une allée d'arbres bordée de ruines, un groupe de jeunes femmes engageant un enfant à faire l'aumône à des bohémiens. Le pauvre baby, malgré l'effroi assez légitime que lui inspire le noir trio, composé d'une atroce vieille à la figure de stryge, à teint de cuir de Cordoue, flanquée de deux bandits accroupis dans leurs haillons, s'avance courageusement et dépose sa pièce dans la main calleuse et momifiée que la gipsy lui tend hors d'une cape où tout ce qui n'est pas trou est tache : il n'a pas fallu plus de bravoure à Macbeth pour s'approcher des sorcières qui faisaient une si infernale cuisine sur la bruyère de Dunlihane, et n'étaient, à coup sûr, pas plus horribles.

Mulready a prodigué le bistre, le bitume et les teintes noires sur ce groupe, d'un fort beau caractère d'ailleurs ; mais nous ne croyons pas le soleil anglais capable de bronzer si vigoureusement des épidermes. A peine si les Gitanos de Grenade et les Tsiganes des provinces danubiennes atteignent à cette violence de ton. N'oublions pas un fort bel épagneul qui flaire avec inquiétude ces gredins suspects, et n'aurait pas besoin d'être « mis dans la voie » pour leur mordre les talons.

Le *Frère et la sœur* forment un groupe d'une grâce charmante. La sœur, vue de dos montre sa nuque dorée de cheveux follets et blondissants, et sa jeune épaule, dont le hâle des champs a respecté la blancheur, et sur laquelle se penche un jeune enfant frais et rose, à qui le frère tire l'oreille par-dessus la tête de sa sœur. — Cette jolie composition prêterait à la sculpture par son ingénieux enlacement.

De tous les tableaux de Mulready, celui que nous aimons le moins, quoiqu'il soit encore plein de mérite, c'est le *Canon*. Dans une cuisine dont le plancher est semé de choux, de navets, de légumes, de poteries et de chaudrons, comme un intérieur hollandais, un jeune garçon, entouré d'une assemblée de marmots anxieux, s'apprête à mettre le feu à un petit canon de cuivre placé sur l'embrasure de la croisée.— Voilà tout. — Les fonds, baignés de demi-teintes d'une finesse extrême, sont meublés de fins détails appropriés au lieu et rendus avec beaucoup d'esprit ; çà et là, sous une paillette de reflet, étincelle une casserole, s'allume un chandelier, flamboie une bouilloire ou tout autre ustensile culinaire.

Le *Parc de Blackheath* rappelle ces paysages si prodigieusement finis de Buttura, où l'on pouvait compter jusqu'au dernier plan les feuilles d'arbres et les brins d'herbe.— C'est l'infini de détails du daguerréotype transporté dans la peinture, et l'artiste ne doit, dans son œuvre si riche et si variée, considérer cette toile que comme un tour de force inutile à renouveler, quoique curieux et demandant un talent de premier ordre. — Ce n'est pas la nature qu'il faut rendre, mais bien l'apparence de la nature : — tout l'art est là.

IV

MM. MILLAIS — W. HUNT

Si Mulready descend en droite ligne d'Hogarth et de Wilkie comme un vrai peintre anglais de la vieille roche résumant les qualités et les défauts de sa race, sauf le trait de physionomie particulier qui le distingue des aïeux, M. Millais ne se rattache par aucune filiation au passé ni au présent de l'école britannique; il fait bande à part et s'isole complétement dans sa propre originalité comme dans une tour inaccessible; et là, sous la voûte aux nervures gothiques de la salle ronde qui lui sert d'atelier, éclairé par un rayon de jour filtrant à travers l'étroite barbacane, il travaille comme si, depuis cette date, le Temps n'avait pas retourné quatre ou cinq fois son sablier séculaire, avec la simplicité pieuse d'Hemmeling, la couleur de vitrail de Van-Eyck et le minutieux réalisme d'Holbein. M. Millais serait bien capable de mettre, comme certains Allemands archaïques, Raphaël à la porte du paradis, sous prétexte de mondanité et de maniérisme.

Les trois tableaux de M. Millais sont assurément les plus

singuliers de l'Exposition universelle, et il est impossible, même au visiteur le plus inattentif, de ne pas s'y arrêter. — Bien des peintres de notre époque, incertaine entre tant de théories, ont cherché « le naïf dans l'art, » surtout au delà du Rhin; mais nul n'a poussé si courageusement son système jusqu'au bout. Ce qui distingue les œuvres de M. Millais des tentatives du même genre, c'est qu'il ne se contente pas de faire des *fac-simile* plus ou moins réussis de peintures anciennes, mais qu'il étudie la nature avec l'âme et les yeux d'un artiste du quinzième siècle. Rien ne ressemble moins à la manière d'Overbeck, qui, lui aussi, a essayé de remonter le cours des âges et de dépouiller la science moderne comme un vêtement profane pour y substituer la robe à plis droits de l'ascétisme catholique. — Par une singulière puissance d'abstraction, M. Millais s'est mis hors du temps.

Nous allons analyser, avec tout le soin que méritent des productions si étrangement caractéristiques, l'*Ordre d'élargissement*, le *Retour de la colombe à l'arche*, *Ophélia*, qui représentent le talent de l'auteur sous ses trois aspects réaliste, mystique et fantasque.

L'*Ordre d'élargissement* déroute, à première vue, toutes les idées qu'on peut s'être formées de la peinture en parcourant les musées, les galeries, les expositions et les ateliers; — une glace le recouvre, selon l'habitude anglaise, pour les œuvres jugées précieuses. — Le procédé échappe d'abord à l'investigation attentive des artistes. Est-ce une peinture à l'eau d'œuf, à l'essence, à l'huile, à la cire, une détrempe vernie, une aquarelle rehaussée de gouache? on ne sait. Le champ est-il un panneau, une toile, un papier tendu, un taffetas fixé? Le travail n'en laisse rien voir, et il faudrait retourner le cadre pour s'en assurer. Ce travail lui-même n'embarrasse pas moins les yeux qui veulent s'en rendre compte; on n'y retrouve aucune des manières connues d'appliquer la couleur : ni empâtements, ni glacis, ni frottis, nulle apparence de brosse, mais une sorte de pointillé comme pour la miniature, soutenu çà et là de hachures imperceptibles, un faire patient et mystérieux qui semble prendre plaisir à dérober son secret. Cette scène, peinte comme aurait pu le faire au moyen âge un imagier de l'école de Bruges, n'a cependant rien de gothique, du moins pour le sujet et les costumes, qui semblent indiquer quelque motif tiré de la *Prison d'Édimbourg*. Mais laissons de côté l'anecdote pour ne nous occuper que du côté purement humain. — L'*Élargissement*, le titre l'indique de reste, représente un pauvre prisonnier dont on lève l'écrou. M. Millais a donné à ce thème, fort simple en lui-même, un intérêt tout spécial par la manière dont il l'a compris et rendu.

Sur un fond d'ombres bitumineuses, à travers lesquelles on devine vaguement les murs d'une geôle, se détache un groupe d'une intensité de vie extraordinaire et qui vous fait douter si vous avez devant vous un tableau ou si vous regardez par un judas dans une prison; vous ne vous rendez pas compte d'abord si cela est bien ou mal, conforme ou contraire aux traditions, en deçà ou en delà de l'art; et le criterium vous manque pour juger une œuvre si excentrique, si étrange, si en dehors, qu'elle peut sembler aussi bien merveilleuse que détestable. — Peu à peu, cependant, l'on s'y fait, et la fascination agit sur vous; l'on se prend à aimer cette peinture qui vous paraissait extravagante et choquait toutes les habitudes de vos yeux. — La nature déchire ce voile d'exécution bizarre et vous apparaît forte, vivace, sentie, détaillée, comme par un grossissement de loupe, avec une vérité absolue, un réalisme profond à faire passer Courbet pour Vanloo.

A demi coupé par la porte qu'il entre-bâille, un soldat tient de sa main gauche, appliquée sur l'épaisseur du battant, un trousseau de clefs, et de sa droite, où fume encore un bout de pipe culottée, l'ordre d'élargissement, qu'il relit avec une certaine méfiance et dont il semble vouloir vérifier la signature. Rien n'est plus vrai et pourtant plus singulier que cette figure tranchée par une ligne perpendiculaire, avec sa tête qui passe, son bras tout droit et sa jambe unique. Le masque, vu presque en profil perdu, par son teint basané, ses rides vigoureuses, ses tons de barbe fraîchement rasée, offre une physionomie de troupier d'une observation parfaite. Le tricorne bordé de blanc, l'habit rouge à parements bleus, la petite cravate blanche militaire, les buffleteries, les guêtres, sont rendus de manière à former trompe-l'œil.

Le prisonnier, sa veste grise en dolman, car son bras en écharpe ne lui permet pas d'en passer la manche, s'incline avec une expression de joie reconnaissante sur l'épaule de la femme dont les actives démarches lui ont sans doute valu la liberté; son jupon quadrillé de vert, de bleu et de jaune, ses jambes nues, chaussées de demi-bas, montrent un enfant des highlands, emprisonné sans doute à la suite de quelque rixe avec les gens des basses terres.

Quant à la femme, elle est superbe : son œil étincelle, sa joue est en feu, tant elle a marché vite. Un dédaigneux sourire de triomphe gonfle sa lèvre inférieure ; elle semble dire : « Il faut bien enfin que vous l'ouvriez, cette porte contre laquelle je suis venue pleurer tant de fois ! » Dans un pli du plaid bleu qui encadre sa tête et s'arrange en mantille autour de ses bras, sommeille un enfant à tête frisée et blonde, incapable encore de rien comprendre à la chose, et dont la petite main endormie laisse choir la poignée de fleurettes des champs qu'il avait sans doute cueillies en chemin pour son père.

Il y a dans *Notre-Dame de Paris* un chapitre sur les talons roses des petits enfants, dont les mères raffolent et qu'elles mangeraient de baisers ; nous ne savons si M. Millais a lu ce charmant passage, mais on le croirait, d'après l'amour avec lequel il a caressé les pieds vermeils du cher petit être si bien groupé dans le giron maternel. — Nous n'avons rien vu de plus fin, de plus délicatement vrai chez les peintres gothiques, habitués cependant par les enfants Jésus à rendre les grâces de l'enfance.

Les Anglais ont un goût tout particulier pour les chiens ; M. Millais a introduit un acteur à quatre pattes dans cette scène pathétique : c'est un grand épagneul, qui, avec cet admirable sentiment des choses du cœur qui caractérise les chiens, — ces humbles amis de l'homme, — se dresse joyeusement pour participer à la joie générale et lèche les mains unies des deux époux.

Ce tableau est le suprême effort du réalisme anglais, bien différent, comme vous le voyez, d'un certain réalisme qui procède avec une brutalité extrême de moyens, et copie grossièrement l'ignoble, sans être pour cela plus sincère : car il y a aussi le maniérisme du laid, et l'on peut être faux en faisant horrible.

Malgré la gracilité menue de la touche, l'aspect général est large et la couleur franche. L'artiste a le courage de ses rouges, de ses bleus et de ses violets, et ne rompt pas ses tons vierges par ces demi-teintes grisâtres au moyen desquelles on obtient aujourd'hui une harmonie trop facile.

Faut il prendre au pied de la lettre ce titre : le *Retour de la colombe à l'arche*, ou n'y voir qu'une sorte de composition mystique? Il est difficile d'admettre que ces deux jeunes filles soient de la famille de Noé, — elles n'ont ni le type de tête ni le genre de costume qui pourraient le faire supposer. — Il n'y avait d'ailleurs dans l'arche, du moins la Bible n'en mentionne pas d'autres, que les femmes de Sem, de Cham et de Japhet, et très-probablement elles ne portaient pas ces longues robes et ces dalmatiques; — elles devaient en outre être plus âgées : les figures de M. Millais n'indiquent guère que quatorze ou quinze ans. — L'une d'elles, coiffée de cheveux pendants, vêtue d'une robe d'un vert d'émeraude qui rappelle, pour l'intensité du ton, la palette de pierreries des peintres verriers, presse d'une main contre sa poitrine la colombe haletante et fatiguée de son voyage, et de l'autre montre le rameau d'olivier qu'elle lui a ôté du bec; la seconde fille, habillée d'une tunique violette sur laquelle se drape une sorte de chasuble blanche, appuie sa main sur le bras de sa compagne et baise le pauvre oiseau effarouché, dont on croirait voir battre le cœur sous la plume, avec une précaution caressante. Le fond est d'un brun sombre où l'on ne peut démêler aucune forme. Sur le plancher s'entre-croisent des brindilles de foin et des tuyaux de paille du rendu le plus étudié et le plus minutieux : chaque fétu a son clair, sa demi-teinte, son ombre portée, ses nœuds, ses filaments, ses cassures, et il serait impossible de prendre dans ce fouillis un brin de paille pour un brin de foin. — Ce pauvre de la Berge, qui faisait soixante études devant un chardon, se reconnaîtrait vaincu par cette infatigable patience.

Les têtes, où les tons sanguins et violâtres abondent, n'ont pas cette distinction fashionable que les peintres anglais impriment ordinairement à leurs créations féminines; mais qu'elles sont naïvement et religieusement vraies! comme elles ont quelque chose de *déjà vu*, et comme elles vous rappellent, par leur chaste douceur et leur honnête sincérité, de vagues souvenirs d'enfance! Vos jeunes sœurs avaient das amies semblables, et, en face du tableau, vous en cherchez les noms gracieux. — La main de la plus jeune, posée sur la manche verte de la grande, est un chef-d'œuvre. Ce n'est pas cette pulpe molle et blanche, assouplie par la pâte d'amande et veinée de lignes d'azur, que Lawrence caresse de son pinceau rapide; non, mais une bonne main un peu rougeaude, lavée à l'eau crue de la fontaine, et que colore comme d'une nuance de pudeur le sang frais de la virginité.

De loin, il faut l'avouer, l'*Ophélie* de M. Millais a un peu l'air d'une poupée qui se noie dans une cuvette; mais approchez, et vous serez ravi par un monde prodigieux de détails. La toile s'animera et fourmillera à vos yeux. — Il vous semblera être couché sur une rive et voir petit à petit se dégager mille formes de ce que vous aviez pris d'abord pour une confuse masse verte. Toujours quelque chose de neuf, quelque accident inaperçu, viendra récompenser votre attention.

Quelle fraîcheur humide, quels verts aquatiques et glauques! quel bleu noir d'eau profonde sous les arbres penchés! quel bain d'Elfes et de Nixes! et comme les lavandières de nuit doivent venir y battre leurs chemises de clair de lune! Le saule jette en avant son tronc noueux, difforme, fendillé, et se couronne de branches dont les pointes égratignent l'eau courante; le cresson boit, le nénufar étale ses larges feuilles, l'alisma verdit comme une mousse, le myosotis ouvre ses yeux de turquoise, le roseau rubané déroule ses longues lanières, la salicaire secoue ses épis purpurins, l'églantine effeuille ses pétales, l'iris agite sa fleur semblable à un papillon bleu, les libellules exécutent leurs valses, le rouge-gorge présente sa poitrine sanglante, et le martin-pêcheur fuit en coupant l'eau qui rejaillit en perles sur le lapis-lazuli de son aile. La rive est glissante, il n'y a qu'à se laisser aller au courant qui vous appelle avec un doux murmure.

Ainsi le fait Ophélia, elle s'abandonne à l'eau perfide avec l'enfantine confiance de la folie; cela l'amuse d'être emportée mollement, doucement, onduleusement, soutenue par ses jupes, qui pourtant s'imbibent et s'affaissent, et autour desquelles les dentelles blanches tourbillonnent comme un remous d'écume; sa tête repose sur l'oreiller du flot qui soulève ses cheveux mêlés de brins de paille et de fleurs des champs. Son collier de clochettes bleues et de coquelicots, parure de la démence, surnage encore, et sa main n'a pas lâché sa poignée de folle avoine, de boutons d'or et de pâquerettes. De sa bouche entr'ouverte par un sourire extatique, et montrant la blanche arcade de la denture, s'exhale un vague refrain de ballade que noiera la première vague.

Dans la puérilité charmante de son naturalisme, ce tableau a quelque chose de bizarre, qui convient peut-être mieux au sujet qu'un parti pris plus raisonnable. On ne pouvait user plus de temps sur la folle Ophélie; cependant n'allez pas croire, d'après la description, à rien de romantique ni de shakspearien, dans le sens où nous entendons ces mots: c'est de la fantaisie faite avec de la patience, et le plus méticuleux botaniste ne retrouverait pas dans ce prodigieux fouillis végétal une seule feuille, une seule nervure, un seul pétale, un seul pistil inexacts!

M. W. Hunt est en art de la même communion que M. Millais. Lequel est l'élève, lequel le disciple? Ou sont-ils arrivés tous deux à un résultat semblable par des idées pareilles? C'est ce que nous n'avons pas à discuter.

L'antiquité nous représente Diogène la lanterne en main et cherchant un homme en plein soleil; M. W. Hunt nous montre le Christ faisant sa ronde de nuit et cherchant une âme éveillée dans l'univers qui dort. « *Behold, I stand at the door, and knock; if any man hear my voice, and open the door, I will come in to him, and will sup with him, and he with me.* » Il a, sans doute, déjà frappé à bien des portes, le divin rôdeur nocturne, et on ne lui a pas ouvert, car il a l'air las et découragé sous sa couronne d'or entremêlée d'épines. L'herbe mouillée a verdi le bord de sa dalmatique de brocart, et la lumière brille moins vive aux découpures de sa lanterne. Sera-t-il plus heureux à ce seuil embarrassé de ronces, d'orties, d'ivraie et de toutes les mauvaises plantes de l'incurie? Cela est peu probable; le coup de heurtoir ne sera pas entendu, — les chants de l'orgie ou les ronflements de la bestialité le couvriront.

La tête de la « lumière du monde » respire une mélancolie onctueuse, une tristesse pleine de pitié, comme peut l'éprouver un Dieu méconnu. Quant aux détails, ils sont d'un fini inimaginable, et tels que les feraient, en s'appliquant beaucoup, Albert Durer, Schoorel et les plus précieux des maîtres allemands primitifs : on discerne jusqu'aux gouttes de rosée aux pointes des herbes qu'éclaire le reflet de la lanterne. — Nos néogothiques ne sont jamais allés si loin; si l'on admet une fois que l'art ait le droit de n'être pas contemporain et de se choisir à son gré un milieu, un siècle, une croyance, alors il faut admirer sans réserve l'œuvre de M. W. Hunt, comme on le ferait, à coup sûr, si on la rencontrait dans la cathédrale de Cologne ou dans la collection des frères Boisserée.

Le second tableau de M. Hunt, *Claudio et Isabella*, représente une scène de *Mesure pour mesure* de Shakspeare. Claudio est en prison, debout contre la fenêtre grillée de sa cellule, et soutenant avec ses mains le poids de l'anneau en fer qui lui cercle la jambe; un surcot cramoisi bordé de fourrures, un pantalon collant de tricot violet, forment son costume un peu fané par la captivité; il écoute les douces exhortations de la jeune femme qui, revêtue d'une guimpe de religieuse, lui appuie les mains sur le cœur et l'engage à la patience. A la fenêtre, où sourit un coin du ciel bleu, un rayon dore une mandoline au ventre demi-transparent, suspendue par des rubans cerise; et les amandiers en fleur font voir à travers les barreaux leurs jeunes rameaux poudrés d'une neige rose. Un cachot que l'amour et le soleil visitent n'est pas bien triste, quoiqu'il vaille cependant mieux graver le nom de sa belle sur l'écorce des hêtres que sur le lambris d'une prison.

Cette toile est peinte avec ce procédé bizarre que nous avons déjà signalé chez M. Millais, et dont nous avons peine à nous rendre compte; le rendu et le fini y sont poussés aux dernières limites, non pour arriver à ce poli extrême qui charme les amateurs superficiels, mais pour exprimer le vrai dans ses détails les plus intimement étudiés.

Nous pensons que MM. Millais et W. Hunt feront école en Angleterre. Leur système est séduisant pour des esprits exacts par son côté absolu, mais nous doutons que nos réalistes les imitent jamais : il faut pour cela trop de temps, de conscience, de volonté et d'observation. Tout en leur rendant la justice qu'ils méritent, et qu'on ne leur rendra peut-être pas généralement, à cause de leur étrangeté d'aspect et de leur originalité choquante, nous craignons qu'ils ne succombent dans cette lutte corps à corps avec la nature.

Ce qui nous le fait craindre, c'est un tableau de M. Hunt, intitulé les *Moutons égarés*, où le peintre engage résolûment la bataille sur ce terrain et propose un duel à la réalité. Des moutons sortis de leur pâturage se sont engagés parmi les ronces et les roches, et bêlent, inquiets de ne plus retrouver le chemin de l'étable. Nous avons déjà cité de la Berge à propos des brins de paille de M. Millais. — Vous souvenez-vous d'un certain mouton gardé par une vieille femme, une des dernières toiles qu'il ait exposées? Eh bien, ce mouton, dont la laine sentait le suint et qu'on eût tondu, n'était qu'une vague pochade, qu'une esquisse lâchée, à côté des bêtes de M. Hunt. — Et le paysage? — Arrêtez-vous longtemps à le contempler, il en vaut la peine. — Bientôt, sous le vert étrange du gazon baigné d'ombres bleues et mordoré de soleil, vous suivrez les moindres plis du terrain, vous découvrirez les plantes foulées par le passage du troupeau, les endroits où filtre quelque filet d'eau caché, un travail à rendre un Chinois fou. Seulement, comme le peintre, résolu à ne faire aucun sacrifice, ne peut, malgré toute sa finesse, réduire mathématiquement dans une toile d'un pied carré une lieue d'horizon, il arrive que les détails prennent cette importance exagérée que le microscope donne aux objets, et qu'un brin d'herbe attire autant l'œil qu'un arbre. Singulier phénomène! il n'y a peut-être pas au Salon une toile déconcertant le regard autant que les *Moutons égarés;* le tableau qui paraît le plus faux est précisément le plus vrai.

V

MM. WEBSTER — GRANT — FRITH — FROST
EGG — HOOK

Autant MM. Millais et Hunt s'éloignent du genre habituel de l'école anglaise, autant M. Webster y rentre. Il rappelle Mulready, sans avoir toutefois sa netteté magistrale, son intensité de couleur et son caractère profondément intime. C'est néanmoins un très-agréable peintre, d'un coloris harmonieux, d'une touche fine et d'une observation spirituelle.

Le *Jeu du ballon* réunit une foule de types enfantins rendus avec beaucoup de grâce et de naturel. — Il s'agit d'envoyer d'un coup de pied, hors de l'atteinte des cent mains qui veulent s'en saisir, la vessie de porc recouverte de peau. Tout ce petit monde court, se heurte, se culbute, se passe sur le corps, se donne des gourmades, dans un joyeux tumulte, avec une furie juvénile, la plus amusante du monde, sans tenir compte des chutes sur le nez, des écorchures aux fonds de culotte, des casquettes perdues en route, des souliers quittant le talon, et autres menues anicroches. Les grands, abusant de la longueur de leurs jambes, tiennent la tête de cette meute de gamins et chassent en vue; les petits suivent de loin, *non passibus æquis*, comme Iule dans le groupe d'Énée emportant Anchise; une barrière à franchir a déjà vu plus d'une catastrophe, et les marmots y roulent les quatre fers en l'air, ni plus ni moins que des chevaux de course au saut du mur d'un steeple-chase. L'un d'eux, debout sur la traverse, alarmé par le sort d'un camarade qui vient de tomber en panache, hésite à prendre son élan, et son visage trahit la lutte la plus comique entre le désir et la peur. — Les peintres anglais ont en général un vif sentiment de la mimique, et poursuivent l'expression presque jusqu'à la caricature, surtout dans les scènes familières.

Le fond de paysage et l'échappée sous les arbres, laissant voir des buveurs attablés devant une taverne, ne seraient pas indignes de Téniers pour la douceur du ton et le vague de la touche. Quelques nuances trop roses, à notre point de vue, fardent toutes ces joues enfantines; mais les babies britanniques ont des teints de crème et de fraise qui doivent justifier M. Webster.

N'allez pas sur le titre les *Vents contraires* rêver la lutte du farouche Borée et du grand Zéphire africain soufflant l'orage, la bouche ronde et les joues distendues. — Ne vous représentez pas non plus une vague monstrueuse roulant dans son pli un navire fracassé sous un ciel noir déchiré par la foudre. La tempête est bien en jeu, mais c'est la tempête, sinon dans un verre d'eau, du moins dans un baquet. Deux ou trois enfants font tourbillonner aux rafales de leurs haleines un bateau de bouchon à voile de papier sur un océan fait d'un demi-seau d'eau ; jamais vents échappés de la caverne d'Éole n'ont vidé plus consciencieusement leurs outres contre une flotte classique. — Une vieille femme, assise dans un fauteuil, tricote tranquillement un bas, pendant que les petits s'époumonnent, et ne paraît pas disposée à intervenir, comme le Neptune de Virgile, en brandissant les pincettes en guise de trident pour prononcer le fameux *Quos ego !* — Le navire sera infailliblement submergé.

Mille petits détails, précieusement étudiés, meublent les fonds : chaudrons reluisant comme des boucliers antiques, bougeoirs de cuivre bien fourbis, flacons et bouteilles portant sur leur ventre une paillette de lumière. Les Hollandais les plus méticuleux ne trouveraient rien à redire à cette batterie de cuisine si propre et si soigneusement écurée.

Un *Chœur d'église de village* serait devenu, sous le pinceau de Biard, une composition tout à fait burlesque. M. Webster a traité ce sujet périlleux avec le sérieux biblique qui n'abandonne jamais les Anglais, et, tout en reproduisant la nature, il n'a pas outré les expressions jusqu'à l'irrévérence. A l'aspect de ces braves gens psalmodiant la liturgie de tout leur cœur et ouvrant la bouche jusqu'aux oreilles pour émettre les notes rondes du plain-chant, au risque de montrer les brèches de leur denture, un demi-sourire peut errer un moment sur les lèvres, mais on ne se moquera pas d'eux, tant ils ont de conscience et de bonhomie ; ils se penchent pour déchiffrer la musique, raclent les cordes du violoncelle, lèvent et baissent leurs doigts sur les clefs du basson, soufflent dans la flûte, et font sans doute une infinité de couacs, mais avec une piété si sincère, une telle onction et un si grand respect de la solennité dominicale, qu'ils inspirent une sorte de sympathie, malgré leurs poses et leurs ajustements grotesques ; d'ailleurs, la grâce anglaise, qui ne perd jamais ses droits, sourit au fond des chapeaux de paille de deux ou trois jeunes filles appuyées sur la boiserie sculptée et cirée de la balustrade, avec une petite mine dévote et confite, la plus charmante du monde.

Il y a dans la *Marchande de cerises* une délicieuse petite fille, — car ce que les peintres d'outre-Manche caressent le plus amoureusement, après les chiens, ce sont les enfants, — et mille fins détails précieusement rendus ; mais le chef-d'œuvre de M. Webster nous paraît être un cadre grand comme la main et inscrit au livret sous cette désignation sommaire : *Portraits*.

Un homme âgé et une vieille femme, deux époux sans doute, Philémon et Baucis d'un comté d'Angleterre, qui pourraient vivacement célébrer leur fête de cinquantaine, accolent leurs têtes comme des effigies princières sur une médaille, en signe de bonne union conjugale. On ne saurait imaginer de plus jolies rides, de plus aimables pattes d'oie, de plus fines nuances de pomme de reinette à la fin de l'hiver, que celles qui rayent, plissent, colorent le visage de la bonne dame, entouré par les mousselines de son bonnet et de sa collerette, comme un fruit bien conservé par une enveloppe de papier Joseph. Tout cela est si doucement vermeil, si fraîchement blanc, si tranquillement heureux, il y a encore tant de vie, de gaieté et d'esprit dans ces yeux que recouvre à demi une paupière molle, qu'on se prend à aimer la vieillesse devant ces portraits si supérieurs aux Ignace Denner !

Chose rare aujourd'hui parmi l'école anglaise, M. Grant continué les traditions de Lawrence : cette manière de peindre, large, brillante, un peu heurtée, à l'effet comme une esquisse, que l'illustre portraitiste tenait de Reynolds, dont il avait éclairci le ton un peu sombre par ces lumineuses nuances argentées qui le font reconnaître entre mille, est abandonnée maintenant pour un faire patient, léché, minutieux, plus apprécié des gens du monde que des artistes. — Les deux portraits de femme de M. Grant — lady Beauclerck et lady Rodney — rappellent ceux du maître, dont ils ont l'élégance aristocratique, la touche libre et l'arrangement poétique. — Le portrait de lord John Russell est aussi une excellente chose.

Vous avez sans doute vu aux vitrines des marchands de gravures ces estampes coloriées de courses ou de chasses au renard, avec leurs cavaliers en frac écarlate, leurs chevaux bai-cerise, leurs calèches jaunes, leurs meutes à la queue retroussée en croissant, — produit vraiment national de l'imagerie anglaise; — et sans doute vous ne pensiez pas qu'il fût possible de faire de ces enluminures discordantes, reprétentations d'ailleurs très-fidèles de la nature, un tableau dans les plus rigoureuses conditions de l'art : c'est cependant à quoi M. Grant a réussi. Le *Rendez-vous de chasse d'Ascott, équipage de Sa Majesté pour courre le cerf*, résout ce difficile problème.

Sous un ciel pommelé de nuages gris, s'étend une plaine ondulée et coupée de quelques lignes d'arbres dont le feuillage laisse deviner des maisons, — un vrai paysage anglais, comme Cooper en met souvent pour fond à ses chasseurs ; — de tous côtés arrivent au rendez-vous, sur leurs chevaux de race, les lords en habit rouge et en culotte de peau blanche, les veneurs, les piqueurs retenant les chiens, tout ce monde de high-life qu'attire une semblable solennité cynégétique. Ces têtes grandes comme l'ongle et touchées avec une finesse digne de François Hals sont autant de portraits parfaitement reconnaissables, et qui portent, même pour ceux qui n'ont pas vu les originaux, un cachet frappant d'individualité. Au premier plan figure le comte d'Orsay, cet Antinoüs de la mode, qui entendait la coupe d'un frac aussi bien que Brummel, et sous le gilet du dandy sentait battre un cœur d'artiste ; — autour se groupe une brillante foule, dont les noms historiques se trouvent avec leurs armoiries au livre du *Peerage* et du *Baronetage*. G. Jadin, Eugène Lami, Alfred de Dreux le savent pour l'avoir essayé, combien il est difficile de concilier les exigences de la fashion avec celles de la peinture, et plus que personne ils admireront M. Grant, qui s'est si bien tiré de ces chapeaux de soie, de ces fracs rouges, de ces cravates à nœud, de ces bottes à revers, de ces chevaux entraînés, de ces chiens de race, sans leur rien ôter de leur cachet moderne, de leur distinction aristocratique, de leur personnalité anglaise, tout en faisant un tableau d'une harmonie charmante d'une touche libre et légère, qui pourrait figurer avec honneur dans un musée parmi les tableaux des maîtres.

M. Frith a envoyé trois tableaux : *Pope faisant la cour à lady Mary Wortley Montague*, une scène tirée de l'*Homme d'un bon naturel* de Goldsmith, une scène tirée du *Bourgeois gentilhomme*.

Lady Montague accueille la déclaration du poëte par un de ces éclats de rire sonores, interminables, comme Augustine Brohan, dans ses folles hilarités de soubrette, en lance aux frises du Théâtre-Français, pour montrer ses dents étincelantes ; elle se renverse et s'appuie contre une table, n'en pouvant plus, tandis que Pope, accroupi sur son tabouret, fait la plus triste figure. M. Frith a forcé l'expression : c'est là un rire de Marinette et non de grande dame. L'auteur de la *Dunciade*, des *Epîtres* et de la *Traduction d'Homère* n'était guère plus fait pour l'amour que Boileau : hâve, maigre, maladif, bossu, soutenu par une armature de fer, il devait, nous l'avouons, avoir mauvaise grâce à vouloir partir en pèlerinage pour Cythère dans une de ces barques à poupe dorée, à voiles de soie, qui n'admettent que des passagers jeunes et beaux ; mais son amour ridicule a dû, ce nous semble, être moins cruellement repoussé, car, après tout, c'était le plus grand poëte de son temps, et lady Mary Wortley Montague était trop femme d'esprit pour ne pas entendre dans les soupirs de cet amoureux grotesque une voix inspirée. Le malheureux n'avait pas profité de la leçon que lui donnent du haut de leur socle Cupidon et Psyché, c'est-à-dire la jeunesse et la beauté réunies par un baiser symbolique.

Ces réserves faites, il ne nous reste plus qu'à louer l'exécution fine et précise, quoiqu'un peu dure, des personnages et des accessoires : la grande dame est joyeusement insolente : le poëte, haineusement piteux, médite déjà quelque corrosive épigramme pour vengeance. Les tables, les fauteuils, l'écran de laque de Chine, le portrait de lord Montague, spirituellement placé au-dessus de Pope, sont très-bien touchés et d'une jolie couleur.

Il est intéressant de voir comment un Anglais comprend une scène de Molière. — Il la comprend très-bien, à en juger par le tableau de M. Frith, qu'on croirait avoir vingt ans d'orchestre à la Comédie-Française. Dorimène, la belle marquise, à l'adresse de laquelle M. Jourdain a composé ce fameux madrigal retourné en tant de sens par le maître de langue, arrive au bras de son Clitandre pour le régal que l'imbécile bourgeois entiché de noblesse lui a préparé. M. Jourdain, caparaçonné de son splendide habit aux couleurs fastueusement criardes, aux broderies d'un luxe bête, s'incline, la tête dans les épaules, avec un mouvement de gros scarabée ouvrant ses élytres, et prie la marquise de se reculer pour avoir la place de faire les trois révérences de rigueur que son professeur de danse lui a enseignées le matin, et dont il a mal pris la mesure.

De grands apprêts ont été faits à l'intention de la noble

intrigante; un tapis recouvre les marches du perron, bordé d'une double haie de caisses d'orangers, et par une porte entr'ouverte on aperçoit le banquet attendant les convives.

Un vif sentiment de comédie anime cette scène, très-bien entendue et très-bien arrangée. Les mêmes qualités se retrouvent dans l'autre scène, tirée de l'*Homme d'un bon naturel*. Les deux chenapans qui s'inclinent avec les grâces de Robert-Macaire à l'arrivée du jeune couple, ont la tournure la plus drôlatique et la plus bouffonne.

Nous aimons moins les artistes anglais lorsqu'ils traitent des sujets mythologiques ou d'un genre analogue que lorsqu'ils représentent des épisodes de la vie réelle; par leur caractère essentiellement moderne, ils sont peu aptes à rendre les déesses, les nymphes, les amours et autres personnages tout nus ou voilés seulement de draperies légères, qui demandent des connaissances anatomiques sérieuses et une certaine pureté de style. M. Frost, s'inspirant du poëme de la *Reine des Fées* de Spencer, dont Byron a copié la stance harmonieuse dans le *Pèlerinage de Childe-Harold*, a représenté Una, c'est-à-dire la personnification de la vérité, égarée perfidement dans la forêt par le chevalier Sans-Loi, qui voulait abuser d'elle. Au cri d'effroi de la Vierge, les Satyres, les Égypans, les Faunes, les Sylvains, sont sortis de leurs abris feuillus, et leur présence a fait fuir le chevalier félon. Ils ont conduit Una au dieu Pan, qui couronne la belle : abstraction chrétienne au milieu d'une bacchanale antique. Il y a dans cette toile des groupes bien agencés, de jolies têtes, des poses heureuses; mais l'artiste n'a pas pu se défaire de ce goût romanesque, de cette fausse beauté de keepsake, de cette exécution coquette et brillantée, si contraire à la vraie peinture d'histoire. Ce que nous disons d'Una s'applique également au Cupidon trouvé endormi par les nymphes de Diane.

L'*Ondine dans sa grotte* séduit par un charmant effet de clair-obscur. — Cette tête aux cheveux d'or pâle, coiffée de pétoncles et d'algues, ces yeux vert de mer, *procellosi oculi*, cette bouche de corail qu'entr'ouvre un sourire perfide comme l'onde, ce torse de nacre où roulent encore quelques perles salées, prennent, sous la voûte bleue de la caverne marine, des colorations agréablement étranges. — Des ombres argentées, des reflets de burgau et de grotte d'azur baignent ce jeune corps, d'où la froideur de l'eau semble avoir chassé le sang. — Le caractère anglais de la tête ne nuit pas ici ; il est, au contraire, un charme de plus. Une Ondine n'est pas une Océanide ; elle ressort de la féerie, et non de la mythologie ; elle n'a pas besoin d'aller consoler Prométhée sur la croix du Caucase, et possède tout ce qu'il faut pour entraîner le Normand Harald-Harfagar au fond de la mer.

Le *Buckingham rebuté*, de M. Egg, appartient à ce genre anecdotique et romanesque que les artistes de la Grande-Bretagne savent traiter avec tant de charme. — La composition de M. Egg a pour centre une table aux pieds sculptés et dorés, autour de laquelle s'arrangent des groupes pleins de grâce et de coquetterie. — La belle jeune femme au corset rose, au col de guipure, aux nœuds de nompareille, à la coiffure de plumes et de perles, élève un château de cartes déjà parvenu à son cinquième ou sixième étage, avec la plus insultante liberté d'esprit et le plus glacial dédain. Buckingham, le poing contracté, les sourcils froncés, dissimule à peine sa rage. — A l'autre bout de la table, de jeunes dames causent et rient entre elles, peut-être de la mésaventure de l'orgueilleux Villiers. Au fond, dans une autre salle, les gentilshommes se penchent sur une table de jeu.

Nous avons fait cette remarque, que Mulready mettait toujours un chien dans ses tableaux : il y en a trois dans celui de M. Frith : au premier plan, sur un tabouret, deux king's-charles se disputent une paire de gants à la frangipane, — sans doute ceux de Buckingham, — qu'ils mordillent et déchirent; au fond un troisième king's charle dort paisiblement sur un canapé avec l'insouciance d'un philosophe étranger aux intrigues de cour et aux orages du cœur.

Si la *Première entrevue de Catherine avec Pierre le Grand* n'appartenait pas à M. T. Muller, l'illustre maëstro Giacomo Meyerbeer n'eût pu se dispenser de l'acheter, eût-il dû couvrir la toile de billets de banque, car on dirait que les personnages de l'*Étoile du Nord* ont posé pour M. Frith : — c'est bien la tente aux pans retroussés, le banc de bois, le tréteau couvert de brocs et de flacons, — toute la décoration de M. Perrin. — Voilà Battaille et Mocker en Pierre le Grand et en Menzikoff; seulement la Catherine Scavronski ne ressemble pas à mademoiselle Duprez; elle est plus grande, plus forte, d'une beauté plus opulente et plus mûre, et sa coiffure de vivandière ressemble déjà à un diadème d'impératrice.

La *Recherche en mariage de Catherine, Henriette-Marie de France secourue dans l'infortune par le cardinal de Retz*, sont moins heureusement venues que les deux toiles précédentes; — le cardinal de Retz ne ressemble pas aux portraits qui restent de lui et n'a pas sa physionomie historique; il porte mal sa robe rouge; mais on retrouve le charme habituel au peintre dans la jeune fille qui, sur le premier plan, tire des provisions d'un panier.

M. Hook semble procéder de Paul Véronèse et de Bonnington, — il voit le maître vénitien à travers le maître anglais.

Le *Bayard recevant chevalier le fils du connétable de Bourbon* dénote cette double tendance: la composition est ajustée avec goût, les types des têtes rappellent en petit ceux du peintre des *Noces de Cana;* mais ni Bonnington ni Véronèse n'eussent posé au milieu d'une toile cette armure d'un bleu d'acier froid et dur sans la glacer de tons chauds et de reflets lumineux; cette ferraille détruit l'harmonie du tableau.

Venise telle qu'on la rêve. — Quel titre charmant! — L'imagination la plus prosaïque chante son tirily comme le Philistin berlinois de Henri Heine à ce nom magique de Venise, et dit aussitôt à la gondole de glisser sur l'eau endormie des lagunes, entre les palais de Sammichèle, de Scammozi et de Palladio, avec des voix et des instruments, sous les balcons découpés en trèfle, d'où les belles patriciennes laissent tomber leur bouquet.

Pour notre part, nous l'avons fait souvent, le rêve de

M. Hook. — Plus d'une fois elle a passé devant les yeux de notre âme, cette barque qui porte un négrillon à la poupe et de beaux jeunes gens vêtus des sveltes costumes dont Vittore Carpaccio habille ses Magnifiques; plus d'une fois aussi nous avons vu en songe se pencher du haut des terrasses blanches ces belles filles aux tresses d'or crespelées, aux robes de brocart d'argent, aux colliers et aux bracelets de perles, qui jettent un baiser avec une fleur au galant haussé sur la pointe du pied!

C'est ainsi en effet qu'on la rêve, la Vénus de l'Adriatique, séchant sur sa rive de marbre son corps rose et blanc, humide encore des caresses de la mer; — et M. Hook, de ce sentiment d'une poésie presque banale, a fait un tableau délicieux.

Cependant l'enduit rouge des palais s'écaille comme le fard aux joues d'une courtisane; la vase et les herbes marines envahissent les canaux déserts; des linges sèchent aux fenêtres bouchées de planches, et le crabe monte sur les marches où Violante et la reine Cornaro posaient leur pantoufle d'or.

VI

M. PATON

Le *Songe d'une nuit du milieu de l'été* (*Midsummer night's Dream*) est une de ces étonnantes pièces de Shakspeare, pastels de la féerie peints sur un pétale de fleur avec les poussières d'or, d'azur et de pourpre qui colorent les ailes des papillons, et qu'on regarde en retenant son souffle, de peur de les faire envoler ; jamais l'imagination humaine n'a conçu rien de plus ténu, de plus délicat, de plus aérien ; on croirait que le poëte a été bercé sur le sein de Titania comme cet enfant d'Orient, cause des disputes de la belle reine avec son époux Oberon, si l'on ne savait pas que les fées n'ont point de ces caprices, et que lorsqu'elles s'éprennent d'un mortel, c'est ordinairement d'un épais rustre au mufle bestial, aux longues oreilles velues. Comment le poëte a-t-il pu surprendre ainsi les secrets magiques, retrouver sur la mousse des bois le cercle des rondes d'esprits, suivre à travers les ramures le vagabondage ailé de Puck, découvrir dans l'herbe le fourmillement nocturne de la vie fantastique, personnifier les abstractions les plus vaporeuses, donner une voix à Fleur des pois, à Toile d'araignée, à Grain de moutarde, et constituer ainsi le panthéisme de la féerie? On ne saurait le dire, — à moins que Shakspeare ne soit lui-même le roi des génies, ce qui nous paraît l'explication la plus vraisemblable.

Le tableau de M. Paton, — la *Dispute d'Oberon et de Titania*, — n'est pas indigne d'*illustrer* le merveilleux rêve d'été du poëte, et ce n'est pas là un médiocre éloge. Au premier aspect, la coloration étrange, la bizarrerie du travail qui ressemble à un lavis à l'huile, l'enchevêtrement compliqué des groupes, ne préviennent pas favorablement; mais, si l'on reste assez longtemps devant la toile pour s'habituer à ce jour lunaire, à cette lumière d'extra-monde faite de reflets, de scintillations et de phosphorescences, qui changent tous les rapports de tons, on ne peut plus s'en détacher, et l'on y revient à chaque visite au Salon, sans pourtant parvenir à tout voir dans cette composition luxuriante, touffue, peuplée d'épisodes sans nombre et de détails infinis; gracieux sabbat de fées, où pas un sujet du royaume magique ne manque à l'appel. — Les tentations de Callot, les nuits du Walpurgis, de Retsch, avec leurs milliers de figurines imperceptibles, sont vides à côté du tableau de M. Paton.

Comme dans certaines peintures gothiques où l'on prête aux personnes divines une taille au-dessus des proportions humaines, M. Paton a cru devoir faire son Oberon et sa Titania d'une stature bien supérieure à celle du petit peuple qui s'empresse sur leurs pas.—Cette disproportion surprend d'abord et choque un peu, quoiqu'il n'y ait guère d'autre moyen de les dégager de la tumultueuse auréole de figurines tourbillonnant autour d'eux. Malheureusement Oberon rappelle par son costume et sa beauté gréco-anglaise ces *acropédestrians* dont on a pu admirer dans les cirques le maillot à paillettes, le diadème antique et l'air gentleman. Titania semble dessinée par Westall et gravée par Finden pour un livre du jour de l'an. Hâtons-nous d'ajouter que ces deux figures sont les moins réussies du tableau ; cette critique faite, il n'y a plus qu'à louer l'inépuisable fécondité d'imagination, le caprice neuf et la fantaisie vraiment shakspearienne de l'artiste : il est impossible de pénétrer plus avant dans les mystères du monde surnaturel, de mieux représenter sur la toile ce que la poésie peut à peine faire entrevoir.

La scène se passe au milieu de cette forêt magique où se croisent les amours d'Hermia et de Lysandre, d'Hélène et de Démétrius, les malices de Puck, les rancunes de Titania et d'Oberon, les répétitions de Pyrame et Thisbé et les noces de Thésée, duc d'Athènes.

Un Faune, pris par les épaules dans sa gaîne de marbre, semble regarder, avec le sourire indulgemment railleur d'un dieu grec, cette sorcellerie moderne éclose du cerveau d'un poëte anglais, et qui fait une si singulière figure sous les rameaux des bois du Parnès, à deux pas de l'Ilissus et de la ville de Minerve, comme dans le second *Faust* les Cibires et les Telchines pourraient s'étonner des diablotins et des gnomes que leur fait coudoyer hors du temps la fantaisie ubiquiste de Wolfgang Gœthe.

Si vous les regardez d'un peu loin, les arbres de cette forêt vertigineuse ressemblent, en effet, à des arbres; approchez, vous verrez les racines contracter leurs doigts aux noueuses phalanges, les branches s'étirer en bras de Dryade aux mains pleines de feuilles, les écorces s'écailler comme des gorges de Chimère, les vieux troncs se creuser en cavernes, les broussailles filer avec des ondulations de serpents, les agarics dessiner par leurs franges des crêtes de dragons, et le cèpe offrir à la fée surprise par une averse de rosée le parapluie de son ombelle. — Tout se métamorphose sous l'œil et prend une animation étrange : cela réluit, fourmille, rampe, nage, volette, bourdonne comme une création qui s'essaye et ne s'est pas encore figée en formes définitives; les fleurs sont peut-être des papillons; les herbes, des cheveux verts d'Elfe; les champignons, des chapeaux de Kobold; les lucioles, des yeux de petits génies.

C'est la vie secrète de la nature surprise à cette heure où, croyant les hommes couchés, elle ne se cache plus et fait tranquillement son ménage, aidée par ses lutins familiers. Les plantes, les animaux et les génies se confondent dans l'intimité la plus touchante, jouent ensemble et se rendent de petits services; une mignonne Ondine fait boire à une coquille un lézard aussi minutieusement imbriqué que s'il était peint par Otho Marcellis; un feu follet éclaire de sa lanterne un bal d'insectes aquatiques, qui se tient dans un calice de nymphæa, tandis que la rainette complaisante fait tinter sa clochette d'argent, que le muguet secoue ses grelots comme un chapeau chinois, et que le grillon entre-choque ses cymbales pour former l'orchestre; un mulot sert de monture à un génie postillon allant porter à une jeune sylphide la lettre d'amour d'un Ondin, écrite sur une aile de libellule; une fée filandière aide une araignée à raccommoder sa toile, que deux esprits ont prise pour hamac nuptial : un colimaçon, agitant ses cornes, se traîne sur une rose, qui lui pardonne son baiser en faveur de sa bave d'argent, à la grande indignation du bupreste, son ami de cœur ; des farfadets barbouillent avec le pollen d'or des lis le nez des nymphes endormies, et rient aux éclats de cette espièglerie d'écoliers.

Un nain, qui s'est mis sur la tête une clochette de liseron pour bonnet de nuit, souffle gravement, avant de se coucher, la boule de duvet d'un pissenlit, de peur que le feu ne prenne à ses rideaux ; un autre grimpe, comme après un mât de cocagne, le long d'un brin de folle-avoine dont il veut enlever l'aigrette, malgré la concurrence du puceron et de la bête-à-bon-Dieu ; des Elfes, comme les Naïades grecques entraînant Hylas, essayent de submerger un Kobold à teint jaune et à figure de poussah, qui se refuse au bain avec un effroi risible ; des Willis, habillées de clair de lune, valsent sur une feuille de nénufar avec des Salamandres aux jaquettes de feu ; des fées enfilent les gouttes de sueur de la Nuit pour s'en faire des colliers de perles, montent en bague l'émeraude étincelante du ver luisant, ou déplient comme des pièces de taffetas les boutons des fleurs et s'y taillent des toilettes de bal. Une Péri, venue du Ginnistan, cause avec une Norne scandinave. Dans un coin se démène une bacchanale romantique; des Ménades font couler le sang pourpre de la vigne que recueillent des pétoncles formant coupe, et mènent leur ronde ivre à travers des couples voluptueux se roulant et s'embrassant parmi les belles-de-nuit, les reines-marguerites, les balsamines et les campanules. Insensible à ce spectacle gracieux, un vieux Gnome, luisant de poussière métallique, essaye sur une pierre les pièces d'or mordues par ses tenailles; cent petites mains se tendent vers lui sans qu'il fasse mine de se dessaisir de son trésor. Plus loin se courbe un sanhédrin de figurines agenouillées adorant un fétiche bizarre. Notre description, déjà bien longue, ne dépasse pas cependant le premier plan du tableau; et que de détails charmants, que d'inventions ingénieuses, que de personnifications poétiques nous avons négligés! Comment rendre par des mots cet enchevêtrement de figures, cette frondaison vivace, ce scintillement de formes et de couleurs?

Jetez les yeux vers le centre de la toile, et, comme dans ces nimbes formés de têtes de chérubins dont Pérugin entoure ses Madones, vous y découvrirez, voilé par une vapeur lumineuse, tout un monde pullulant d'imaginations féeriques. Un grand-duc arrive secouant la poussière de ses ailes, faisant rouler ses prunelles nyctalopes, dressant ses oreilles de chat et chargé comme un corricolo napolitain. A ses plumes s'accroche un peuple d'Afrites, de Goules, de Larves, de Lemures, de Lamies, de Psylles, d'Aspioles, de Brucolaques et autres esprits nocturnes; des Dryades nues escaladent les chênes pour se soustraire aux poursuites des génies d'Oberon, et, sous les profondeurs de la forêt, Faunes

Satyres, Sylvains, Égipans, tous les dieux chèvrepieds de la mythologie antique, agacent, lutinent, embrassent les suivantes de Titania. C'est un charmant et joyeux pêle-mêle du mythe et de la légende ; le halo qui s'arrondit autour du front de la reine, comme un diadème lunaire, se compose de Sylphides enlacées à la façon des Apsâras, arabesques vivantes de la couronne de Lackmi ; Puck, le malicieux lutin, ricane ironiquement et se réjouit en lui-même de la mésintelligence des époux ; car lui aussi est amoureux comme un page de sa châtelaine, de la belle fée à la mine altière, à la prestance royale, et il ne peut souffrir cet enfant oriental, objet de querelles si violentes, « que les Sylphes s'en cachent d'effroi dans la coupe des glands. »

On ne saurait s'imaginer l'infinie variété d'attitudes, de gestes, de raccourcis, de renversements, que M. Paton a su donner à ses groupes : il les présente par les pieds, par la tête, en plafond, vus de haut, vus de bas, avec des lignes ascendantes ou descendantes, de face, de trois quarts, de profil perdu, dans toutes les poses anomales où peuvent se plier des êtres aériens pour qui la pesanteur et l'équilibre n'existent pas, et dont les corps de brouillard, de lumière ou d'arome se tordent au gré du caprice sans blesser les vraisemblances anatomiques. Il a montré là une souplesse et une science peu communes de dessin ; il s'est révélé comme le Michel-Ange de la féerie pour l'incroyable variété d'aspects trouvés à la forme humaine.

Sans doute, on pourrait reprocher à M. Paton d'avoir beaucoup étudié Fuessli, le Suisse qui s'était fait Anglais, et de s'en être, çà et là, trop souvenu. Fuessli a fait des illustrations sur le *Songe d'une nuit d'été*, où il s'est amusé à donner aux Sylphides les chapeaux de paille de Paméla, et aux Lutins la perruque poudrée de Grandisson, ce qui produit un singulier effet parmi les enchantements de la forêt magique : rien n'est plus excentrique que ces personnages de Richardson vus au clair de lune de Shakspeare ; cependant, s'il s'est inspiré de Fuessli, M. Paton ne l'a pas copié servilement, et sa part d'invention est assez grande.

Nous nous sommes arrêté à cette *Dispute d'Oberon et de Titania* peut-être plus longtemps qu'elle ne le mérite ; mais ce tableau est si intimement et si profondément anglais, il est tellement imprégné de la poésie shakspearienne et saupoudré d'humour britannique, qu'il nous a semblé utile d'y insister. Un tel sujet eût peut-être été traité d'une façon plus brillante par nos artistes de France : ils y auraient mis la couleur et l'harmonie qui lui manquent ; mais aucun, à coup sûr, n'y eût apporté cette abondance inépuisable, ce détail merveilleux, cette patience presque chinoise dans la fantaisie.

Quelle délicieuse gravure ferait un de ces burins anglais, qui moirent si bien l'acier, de la toile de M. Paton ! Les discordances et les aigreurs du coloris disparaîtraient pour ne plus laisser voir qu'une composition pleine de charme, de grâce et d'esprit, qu'on serait heureux de placer dans sa bibliothèque comme la meilleure traduction du *Songe d'une nuit d'été*.

Les sujets officiels offrent, on peut le dire, de grandes difficultés à la peinture : concilier l'étiquette du cérémonial, la ressemblance des personnages historiques, l'exactitude du costume de l'époque, quelquefois peu favorable, avec les exigences de l'art, n'est pas chose aisée, quoique les maîtres aient fait souvent d'admirables pages sur des thèmes analogues, — témoin Rubens dans son *Couronnement de Marie de Médicis*, et David dans son célèbre tableau du *Sacre*. — Les prétentions de M. Leslie sont plus modestes, et le peu d'étendue de la toile où il a représenté S. M. la reine Victoria recevant le saint-sacrement le jour de son couronnement ne demande pas les qualités sévères de la grande peinture d'histoire. La composition est bien disposée et aussi variée de lignes que le permet la disposition forcément parallèle des personnages. Le groupe principal a de l'onction, et M. Leslie a bien saisi les traits de l'auguste communiante; les hérauts d'armes qui portent l'épée et la couronne sont d'une bonne tournure, et l'on reconnaît sans peine parmi les assistants le duc de Wellington, le duc de Cambridge, le duc de Sussex, le duc de Nemours; l'élégance anglaise se retrouve avec sa grâce vaporeuse et romanesque dans les têtes des dames de la cour, aux spirales de cheveux noirs ou blonds, au col de cygne, aux lèvres de cerise, dans les flots de satin et de dentelles qui écument autour de leurs corps aristocratiques, avec un vague souvenir de Lawrence : sous le pinceau d'un artiste anglais, même médiocre, une femme est toujours charmante.

Qui ne connaît l'oncle Tobie et la veuve Wadmann? l'oncle Tobie, l'excellent homme, si digne d'avoir pour serviteur cet honnête caporal Trimm, dont le bâton décrivait en l'air la capricieuse arabesque qui sert d'épigraphe à la *Peau de Chagrin* de Balzac et exprime si bien l'insouciance des questions philosophiques trop ardues? — Il est là, dans la fameuse guérite du boulingrin, au fond de laquelle est piqué avec des épingles le plan des fortifications de Dunkerque, ne pensant pas plus à mal que l'agneau qui vient de naître, et cherchant en conscience le moucheron absent de l'œil que lui ouvre tout grand l'appétissante veuve. Comment, brave oncle Tobie, ne remarques-tu pas cette vive prunelle brune où tremble une paillette de lumière, cette joue ferme et rose que colorent des tons de pomme d'api, ce menton à fossette, ce beau col blanc rayé par l'embonpoint de trois plis gracieux, ce riche corsage que soulève une innocente et bien permise émotion? N'es-tu réellement bon qu'à tracer des lunes et des demi-lunes et à faire bouleverser la terre de ton jardin par ton humble ami le caporal? Allons, laisse tomber ta pipe, au risque de la casser, et mets un anneau d'or à ce joli doigt blanc que termine un ongle rose! Mais il est écrit là-haut que l'oncle Tobie ne doit pas se marier.

Ce tableau est un des plus jolis de l'auteur; d'une touche libre, légère, spirituelle, d'un coloris agréable, il n'est pas un cabinet d'amateur qui ne l'admît volontiers.

Catherine et Petruccio ne valent pas, à beaucoup près, la *Veuve Wadmann et l'Oncle Tobie. Sancho Panza présenté à la duchesse* est une charmante toile de genre, et le peintre a bien saisi le caractère de l'épais écuyer du long chevalier de la Triste-Figure. Carrément assis dans son gros bon sens

4.

rustique, il défile avec aplomb son chapelet de proverbes, et se réjouit des rires qu'il excite. La duchesse lui témoigne une déférence moqueuse, et, sur le pas de la porte, une jeune négresse en belle humeur montre jusqu'au fond du gosier sa blanche denture africaine.

La scène tirée du *Vicaire de Wakefield*, à laquelle le livret ajoute ces quelques lignes d'explication : « J'aurais dû mentionner l'extrême impolitesse de M. Burchell, qui, pendant ce discours, était assis la tête tournée du côté du feu, et s'écriait à chaque phrase : *Blague !* » présente un tableau d'intérieur anglais, de jolies têtes de femmes et des accessoires bien touchés.

L'Espagne, comme l'a vue M. Philip, ne ressemble pas à l'Espagne de MM. Dehoddencq, Armand Leleux, Porion et Giraud, et cependant rien n'est plus strictement vrai que l'*Écrivain public à Séville* de ce peintre. Voilà bien, en effet, l'enseigne *Escribano y memorialista*, écrite en belle ronde et collée contre le mur, au coin de la calle de la Sierpe, la table chargée de papiers, la capa de muestra jetée négligemment au dos de la chaise, le petit chien endormi sur un pli du manteau, et Juan Moralès écrivant ce que lui dicte une jeune femme en basquine et en mantille, quelque cigarera sans doute plus experte à rouler un papelito et à faire claquer les castagnettes qu'à manier la plume, — la Carmen de Mérimée, peut-être. — La cape rayée, avec ses belles franges, exciterait l'admiration de tous les arrieros et de tous les cosarios qui poussent des mulets devant eux de Fontarabie à Cadix, et il a fallu que l'*escribano* eût griffonné bien des poulets et le *memorialista* bien des requêtes pour faire l'acquisition d'un vêtement si splendide.

De l'*Écrivain public à Séville* au *Baptême presbytérien*, il y a loin, comme climat et comme sujet. Ici, le laisser aller de la vie en plein air; là, l'intimité étroite du foyer domestique. L'enfant reçoit l'eau sacrée des mains d'un vieillard vénérable, non dans une cathédrale aux splendides vitraux, mais dans une chambre simple, correcte, froide, où règne pour tout luxe la rigoureuse propreté de ces sectes qui n'admettent pas l'art. — Pourtant qu'elles sont adorables, sous leurs coiffures rigides, ces jeunes filles plus blanches que le lait, plus blanches que la neige, plus blanches peut-être même que leur linge éblouissant, et qui semblent ne pas vouloir d'ombre sur leur visage, car l'ombre pourrait avoir l'air d'une tache!

Vous avez peut-être cru jusqu'à présent que le daguerréotype était le dernier mot de l'exactitude : vous reviendriez de cette idée en voyant les deux petites toiles de M. R. Hannah, — *Une Loge*, la *Lecture du roman*. La *Loge* est une loge de théâtre vue de pleine face : sur le rebord de velours s'accoudent un gentleman et une lady dont l'un lorgne et l'autre lit le journal; avec une loupe on déchiffrerait l'article du journal, et l'on discernerait la scène reflétée par le flint-glass de la lorgnette. C'est le fini poussé aux dernières limites. La *Lecture du roman* se compose de la manière la plus bizarre du monde : la toile est occupée par une caisse de calèche dont la capote est rabattue et qui laisse voir une jeune miss vêtue à la dernière mode et si profondément absorbée dans la lecture de son roman, qu'elle n'a pas un coup d'œil pour la Serpentine-River et les grands arbres du parc. Au rebord de la capote se montrent les gants de coton et la tête curieuse du groom tâchant de lire une page par-dessus l'épaule de sa maîtresse. Chose singulière ! Doré a fait, lui aussi, une calèche aux Champs-Élysées, dans un tout autre goût, il est vrai ; car Doré et M. Hannah sont des antipodes en fait d'art.

M. Hurlstone est un des rares peintres anglais restés fidèles à la manière expéditive et large de Reynolds. — Au premier aspect on prendrait son *Jeu de la morra* pour une esquisse du maître : c'est la même couleur blonde et chaude, le même travail visible de brosse, le même contraste de lumières en pleine pâte et d'ombres frottées. — Ses petits paysans italiens ont de la physionomie et gesticulent avec une vivacité toute méridionale ; leurs haillons rapiécés, élimés, montrant la corde, sont rendus d'une touche rapide et sûre ; les fonds, lestement ébauchés, fuient bien. — Dans ses deux autres tableaux, les *Adieux de Boab dil à Grenade,—Arthur et Constance*, M. Hurlstone se rapproche davantage de la façon de faire de ses compatriotes.

Citons un excellent portrait de feu le *docteur Wardlow*, de M. Macnee : — c'est un homme âgé à cheveux blancs, à figure intelligente et douce, vêtu de noir et assis dans un fauteuil, près d'une table chargée de livres et de papiers.— M. Macnee nous paraît, avec M. Grant, le meilleur portraitiste de l'école anglaise, si nous en jugeons sur cet échantillon unique ; car c'est l'unique toile que l'artiste ait envoyée à l'Exposition, et nous le regrettons.

VII

MM. LANDSEER — COOPER — LANCE

Les animaux qui meublent avec nous le globe terraqué — nous ne parlons pas au point de vue de l'histoire naturelle, mais au point de vue de la philosophie — sont dignes de l'attention sympathique de l'observateur; ils portent en eux un mystère incompréhensible que leur silence permet d'interpréter de mille façons, sans espérer pourtant qu'il soit jamais pénétré. Descartes les considère comme de pures machines; le père Bougeant croit qu'ils servent de prison aux esprits déchus qui ne prirent pas part à la révolte, mais ne se prononcèrent pas pour l'Éternel. Nous ne partageons ni l'une ni l'autre de ces deux opinions. Il est difficile d'adopter la première quand on a vécu dans la familiarité d'un cheval, d'un chien ou d'un chat; la seconde est une de ces rêveries qu'on ne saurait discuter sérieusement et dont on sourit comme d'une hypothèse ingénieuse, mais folle : toujours est-il que cette création muette, vivant autour de nous et soumise à des lois fatales, a quelque chose qui préoccupe l'imagination.

Ces animaux, ils sont doués des mêmes organes, des mêmes sens que nous, souvent même beaucoup plus parfaits et plus subtils; ils respirent, se meuvent, jouissent, souffrent et meurent; ils ont des affections et des antipathies, des instincts qui ressemblent à des idées; ils communiquent entre eux par des cris, des appels, des avertissements que l'homme lui-même peut comprendre avec quelque attention et sur lesquels ne se méprennent pas les sauvages, les trappeurs, les paysans, les bergers et tous ceux qui vivent dans la solitude, en présence de la nature. Parmi ceux que nous avons ralliés et domestiqués, quelle douceur patiente! quelle résignation courageuse! quelle intelligence attentive! comme ils s'associent à nos travaux de tout leur cœur et de toutes leurs forces! comme ils tâchent de deviner ce qu'on exige d'eux, et quel œil plein d'interrogations ils lèvent vers leur maître quand ils hésitent et ne savent plus! Et, pour ce loyal concours, quelle récompense leur est réservée? une nourriture parcimonieuse, des coups de fouet ou d'aiguillon; puis, quand la vieillesse est venue, accélérée par des fatigues excessives, le couteau du boucher, le marteau de l'équarrisseur, le crochet du chiffonnier. Un destin si dur, et tant d'innocence! une passivité si touchante, et de si cruels supplices! Quelle faute originelle expie le cheval de fiacre? quelle herbe défendue a broutée dans l'Éden le bœuf de labour, ou le pauvre âne roué de coups et dont les jambes grêles flageolent sous une charge énorme? Quand nous étions petit, cette pensée nous tracassait beaucoup, et dans notre simplicité enfantine nous arrangions des paradis pour les bêtes qui avaient été bien sages : des écuries de marbre, avec des auges d'ivoire pleines d'orge dorée recevaient après leur mort les chevaux de coucou trop battus et trop surmenés pendant leur vie; de bonnes étables bien chaudes et bien parfumées de sainfoin, de vertes prairies ombragées de grands arbres, et dont l'herbe étoilée de marguerites leur montait jusqu'aux genoux, attendaient là-haut les pauvres bœufs meurtris du joug et de l'assommoir; des anges-palefreniers, des séraphins-bouviers, avaient éternellement soin d'eux, et les flattaient de leur main plus douce qu'un duvet de cygne. Les ânes broutaient des chardons d'une saveur exquise et renaissant d'eux-mêmes sous la dent. — Ce n'était peut-être pas très-orthodoxe, mais cela nous semblait conforme à la justice divine.

Saint François d'Assise appelait les hirondelles « mes sœurs, » et cette amicale dénomination le faisait passer pour un peu fou, malgré sa sainteté; et cependant il avait raison : les animaux ne sont-ils pas pour l'homme d'humbles frères, des amis d'un ordre inférieur, créés par Dieu comme lui, et suivant avec une placidité attendrissante la ligne qui leur a été tracée depuis le commencement du monde? — Battre un animal est une action impie et barbare comme celle de battre un enfant. — Le moyen âge, dans ses ténèbres, a eu presque peur des animaux, dont les yeux, pleins de questions muettes et de pensées indéfinies, lui paraissaient illuminés d'une malice démoniaque; il les a parfois accusés de sorcellerie et les a brûlés comme des hommes. Ce sera une des gloires de la civilisation d'avoir amélio[illegible] la condition des bêtes et de leur épargner toute torture inutile. — Les Anglais nous ont depuis longtemps précédés dans cette voie. Personne ne rit plus aujourd'hui de leur amour des chevaux et des chiens, thème ordinaire des caricatures de 1815.

L'existence de l'Anglais, beaucoup moins distraite et beaucoup moins extérieure que la nôtre, son *home* rigoureusement fermé, sa vie de château et de cottage, ses habitudes réfléchies et volontiers taciturnes, sa concentration intime autour du foyer domestique, lui rendent nécessaire la société de ces compagnons silencieux, avec lesquels le plus timide se sent à son aise : Byron le dandy eut pour ami Boatswain, un terre-neuve; Cowper le mélancolique apprivoisait des lièvres, et en a parlé longuement dans ses mémoires. Nous avons fait la remarque qu'on ne rencontrait guère de tableau à la galerie anglaise de l'Exposition universelle où un chien ne jouât son rôle, et presque toujours c'est le personnage le mieux réussi.

Ce goût général en Angleterre explique la pureté de race, admirée et sentie du plus ignorant, des chiens, des chevaux, des bœufs, des moutons de ce pays, et l'immense popularité qu'a dû y acquérir un peintre tel que sir Edwin Landseer, qui, certes, n'eût pas obtenu chez nous un pareil succès, car notre admiration est réservée aux grandes machines, aux sujets d'histoire, aux scènes classiques où l'homme seul a de l'importance.

Ce n'est pas cependant que nous n'ayons de fort remarquables peintres d'animaux. Rosa Bonheur, Brascassat,

Troyon, Jadin, Philippe Rousseau, Decamps, ont traité ce genre avec une incontestable supériorité, mais d'une manière toute différente et dans un esprit pour ainsi dire contraire. Les artistes que nous venons de citer ont considéré l'animal au point de vue purement pittoresque; ils se sont attachés à rendre avec le plus de vérité possible sa forme, sa couleur, sa pose, les épis de son poil, la moire ou les zébrures de sa robe; mais, ne lui croyant pas d'âme, ils ne l'ont pas cherchée. En fait d'animaux, l'école française est matérialiste, et l'école anglaise spiritualiste.

Dites à Landseer, par exemple, que les animaux n'ont pas d'âme et ne pensent pas, et vous verrez comme vous serez reçu, malgré sa politesse de gentleman. Il ne pourra s'empêcher en lui-même de vous mettre, pour cette énormité, bien au-dessous de cet âne qui porte si gentiment un coquelicot sur l'oreille dans son tableau de la *Forge*.

Landseer donne à ses chers animaux l'âme, la pensée, la poésie, la passion. Il les fait vivre d'une vie intellectuelle presque semblable à la nôtre; s'il l'osait, il leur enlèverait l'instinct et leur accorderait le libre arbitre; ce qui l'inquiète, ce n'est pas l'exactitude anatomique, les attaches savantes, la solidité de la pâte, la maestria de la touche : c'est l'esprit même de la bête, et, sous ce rapport, nul peintre ne saurait lui être égalé; il pénètre le secret de ces cerveaux obscurs, il sait ce qui fait battre ces petits cœurs inconscients, il lit dans ces prunelles rêveuses l'étonnement vague qu'y produit le spectacle des choses. A quoi songe le chien de chasse près du foyer, le mouton qui rumine sur ses genoux ployés, le cerf levant vers le ciel son mufle noir et lustré d'où pendent des filaments de bave? Landseer vous le racontera en quatre coups de pinceau. — Il est dans la confidence des bêtes : le chien, lui donnant une poignée de patte comme à un camarade, lui récite la gazette du chenil; le mouton, faisant cligner son œil pâle, lui bêle ses chagrins innocents; le cerf, qui a le don des larmes comme une femme, vient pleurer dans son sein la cruauté de l'homme, et l'artiste les console de son mieux, — car il les aime d'une tendresse profonde, et il n'a point pour leurs peines le dédaigneux mépris du sot.

Les *Animaux à la forge* sont, comme dimension, le tableau le plus important que Landseer ait envoyé à l'Exposition universelle. La composition en est fort simple. Dans une forge dont les murs noircis par la fumée et la poussière du charbon forment un fond d'une neutralité favorable, un cheval bai cerise, à la robe satinée et chatoyante, aux formes pleines et rebondies, laisse nonchalamment travailler la corne de son sabot à un forgeron, et retourne à demi la tête comme pour suivre ce travail qui l'intéresse. Près de lui, un petit âne, à qui la fillette qu'il porte, Titania rustique ornant son Bottom, a placé près de l'oreille une fleur rouge, attend son tour d'un air tranquille et modeste; Sterne n'eût pas choisi d'autre monture pour Maria, ni Janin pour Henriette; un chien maigre placé sur le premier plan semble happer au vol les raclures de corne qu'enlève son maître; près de la porte ouverte, un merle dans sa cage siffle son air au ciel bleu.

Nous autres Français nous désirerions une pâte plus nourrie, une touche plus ferme, un dessin plus sévère; mais quel charme, quel sentiment!

C'est un curieux tableau de mœurs — intéressant comme une page déchirée de Walter Scott — que le *Départ des conducteurs de bestiaux pour le Sud :* — les troupeaux rassemblés, bœufs de divers pelages, moutons aux cornes recourbées comme celles du Jupiter Ammon, vont se mettre en route et descendre des hauteurs vers la plaine; déjà quelques groupes sont en marche et ont pris les devants. — C'est le moment des adieux : le poney blanc, attendant que son maître saute en selle, penche la tête vers la terre et tâche d'attraper quelque brin d'herbe du bout de la lèvre; les femmes embrassent leurs maris ou leurs fiancés; un vieux bourre philosophiquement sa pipe, tandis qu'on lui remplit sa corne de wiskey; un enfant, trop jeune pour comprendre les mélancolies du départ, regarde un petit chien aboyant après une poule qui, furieuse, le menace du bec et couvre ses poussins de ses ailes. — Aux deux bouts de la vie, même insouciance.

Il y a mille fins détails dans ce tableau charmant, dont la pensée première a quelques rapports avec celle du tableau de Léopold Robert, le *Départ des pêcheurs de l'Adriatique*. — Mais quelle différence dans l'effet produit! Ce n'est pas la douleur morne, l'accablement profond, la froide teinte d'automne qui navre le cœur comme un pressentiment, mais une tristesse légère souriant à travers des larmes et que dissipe déjà l'espoir du retour. Le ciel clair, pommelé de quelques flocons de nuages, ne fait aucune menace sinistre; — les lointains s'azurent gaiement sous un rayon de soleil; — et puis, selon son habitude, Landseer a donné la place d'honneur aux animaux, et l'homme n'est guère dans sa toile qu'un accessoire.

Le *Déjeuner dans les montagnes* est une jolie idée, rendue de la façon la plus spirituelle. La scène a pour théâtre une des plus pauvres chaumières des highlands : une baraque de bouts de planches, de torchis et de pierrailles; au foyer sans manteau de cheminée, et dont la fumée sort par le toit, pend une crémaillère pour le chaudron à faire la bouillie d'avoine; — une lumière rare filtre par une lucarne — le lieu n'est pas splendide, et cependant l'on n'y meurt pas de faim, — voyez plutôt, la table est mise pour tout le monde.

Une délicieuse jeune femme, vêtue d'une robe bleue et coiffée d'un petit bonnet de percale blanche, donne le sein à un nourrisson sur lequel elle s'incline amoureusement, et fait briller dans l'ombre son délicat profil argenté de suaves reflets. En voilà un qui déjeune! — Autour d'un baquet se pressent cinq chiens de races et de poils différents, mais d'avidité pareille, qui plongent dans une abondante pâtée leurs museaux courts ou effilés, roux, noirs ou jaunes; — deux ou trois petits chiens tettent leur mère, qui n'en perd pas un coup de dent. Il faut bien que tout le monde vive!

Jack en faction est un conservateur très-gras, très-rebondi, très-rogue, qui garde une boutique de tripes contre les tentatives faméliques de pauvres chiens maigres, osseux, réduits à la plus simple anatomie, et qui ne possèdent pas la pièce de monnaie indispensable pour payer le morceau de mou, régal des chats et des chiens opulents. — Une scène de comédie humaine jouée par des acteurs à quatre pattes. Toutes ces physionomies canines sont rendues par Landseer avec une singulière finesse d'expression.

Sur le haut de son perchoir, un magnifique ara émiette à deux petits perroquets, ses enfants, un biscuit de mer, objet de la convoitise d'un griffon debout sur ses pattes de derrière; au bas du perchoir repose majestueusement, sur des enveloppes de lettres déchirées, un king's-Charles tenant avec gravité dans sa gueule une plume verte et rouge tombée de l'aile du perroquet: il est impossible de mieux saisir les attitudes et les regards de ces différents animaux.

Vous savez comme les chiens aiment la chaleur; avec quelle volupté ils s'accroupissent devant les tisons, allongent leurs pattes et leur museau dans la cendre, au risque de s'y roussir le poil, ne se reculant sous aucun prétexte. Ils sont là une demi-douzaine, peut-être davantage, se heurtant, se pressant à la flamme du charbon de terre qui brûle encore et dont ils peuvent profiter seuls, car cette paire de souliers, ces bas défaits et ce couteau posé sur le banc, indiquent que le maître est couché.

Les béliers à l'attache, le *Sanctuary*, ont été trop popularisés par la gravure pour qu'il soit nécessaire d'en donner une description détaillée.

M. Cooper a peint un *Groupe de vaches dans le parc d'Osborne*, et une *Matinée dans les prairies de Windsor*, où l'on retrouve le fin sentiment de Paul Potter; et M. Lance, sous le titre de *Rouge et noir*, de la *Vie et la mort*, a exposé deux très-singuliers tableaux de nature morte : le premier, qui n'a aucun rapport avec le roman de Stendhal, représente un homard écarlate dans une marmite couleur de suie; l'autre montre l'antithèse d'un nid plein d'œufs et de canards sans vie, d'une carpe pâmée et de poissons rouges frétillant dans un bocal, où l'on aperçoit, sur le verre formant miroir, l'image réfléchie de l'artiste.

VIII

MM. COLLINS — ELMORE — POOLE — HORSLEY — GLASS
UWINS — SALOMON — DYCE — DOBSON — ETC.

Nous voici arrivé déjà à notre huitième article, et nous sommes loin d'avoir épuisé la matière. L'école anglaise est, il est vrai, la plus nombreuse et la plus originale après l'école française; il convenait donc de s'y arrêter longtemps et avec détail. — Des artistes d'une individualité tranchée, et connus tout au plus de nom sur le continent, méritaient une étude approfondie, et nous avons consacré plusieurs colonnes, quelquefois même un article tout entier, aux plus importants et aux plus caractéristiques. Maintenant, pour rendre justice à tout le monde, il nous faudra procéder d'une façon plus sommaire; car il nous reste encore l'immense et remarquable série des aquarellistes, *painters of water colour's*, sans compter la statuaire. Nous serons forcé de ranger sous la même rubrique une assez grande quantité de peintres, et de ne leur accorder à chacun qu'un nombre restreint de lignes. — Pour ne pas perdre de place à dire que nous n'en avons pas, commençons tout de suite.

Sous le titre de *Souvenir de Bethléem*, M. Collins a mis en action un passage de la vie de madame de Chantal. La pieuse dame, visitant une pauvre femme en couches, se rappelle la naissance du Christ dans une étable : le tableau de M. Collins fait naître naturellement ce souvenir. A peine abritée par un appentis couvert de chaume, la jeune mère, couchée sur une natte de sparterie dont les brins s'effiloquent, couverte d'un mince lambeau d'étoffe, soutient son enfant, qu'elle regarde d'un œil noyé et attendri. Derrière elle, une petite fille effeuille et répand des soucis, — triste fleur du pauvre, — comme pour fêter la bienvenue du nouveau-né. Quelques bouts de bois mort, foyer éteint, charbons noirs vêtus de peluche blanche, sont semés à terre, car il n'y a pas de cheminée dans cette hutte ouverte à tous les vents : heureusement, c'est l'été, et le soleil joue parmi les feuilles transparentes. Du reste, abandon complet : pas de saint Joseph, pas de bœuf ni d'âne caressant de leur souffle ce petit Jésus de la misère. Rassurez-vous pourtant :

voici la charité chrétienne qui arrive dans sa robe de religieuse et qui coud, même en marchant, une brassière de futaine, première pièce de la layette : ce cher ange ne mourra pas.

Ce tableau est peint dans la manière gothique, naïve et sèche qui caractérise la secte des préraphaélistes anglais, dont les coryphées sont MM. Millais et W. Hunt. Les détails, rendus avec une extrême minutie, ont une réalité surprenante, sans détruire cependant l'effet sympathique de l'œuvre.

L'on s'arrête avec plaisir devant la *Novice* de M. Elmore. Une jeune novice, assise sur le grabat de sa cellule, est distraite de ses méditations pieuses par le gai tumulte de la vie, les chants d'amour et les bourdonnements de guitare que la brise de mai apporte avec tous les mauvais conseils du printemps. Elle ne peut s'empêcher de prêter l'oreille à ces chansons joyeuses, d'aspirer ces parfums énervants, et sa joue pâle rougit, et sa narine palpite, et son chaste sein se soulève sous la guimpe. Elle pense qu'elle aussi aurait pu être libre, amante, épouse, mère; que la grille de fer ne s'est pas encore abattue entre elle et le monde; que la pierre de son tombeau n'est pas scellée irrévocablement, et que sa volonté suffirait pour quitter ces murailles froides et nues sur lesquelles l'image de sainte Thérèse se pâme en face d'un christ d'ivoire jauni. — Mais la vieille abbesse, exténuée de macérations, arrive soutenue par une religieuse, et sa présence austère va faire envoler ces fantasmagories tentatrices : la novice prendra le voile, et, après avoir usé de sa lente sandale le pavé du cloître, ira se reposer dans ce mélancolique cimetière hérissé de croix qu'on entrevoit à travers la porte ouverte, perspective qui seule peut consoler de la cellule. La tête de la novice est charmante, et ses traits purs sont caressés du pinceau le plus délicat.

Une Scène de controverse religieuse sous Louis XIV, traitée d'un style plus sévère, comme le demandait le sujet, est une toile recommandable à tous égards. Des ecclésiastiques, des moines et des ministres de la religion réformée se groupent heureusement autour d'une table recouverte d'un tapis de lampas vert et chargée de livres, de traités et de paperasses. Un jeune moine montre à un ministre, d'un air de triomphe, un passage sans réplique qu'il souligne du doigt; ses traits ascétiques sont empreints d'un fanatisme sincère; la raison tâche de répondre à la foi et cherche un argument: — le trouvera-t-elle? Nous en doutons, car le cas paraît embarrassant, et le digne ministre ne fait pas trop bonne contenance: puissent Luther, Calvin et Théodore de Bèze lui venir en aide! Les assistants, selon la religion à laquelle ils appartiennent, sont impressionnés diversement. — Un jeune garçon de sept ou huit ans s'ennuie de cette discussion interminable, et sa mère se penche pour le faire tenir tranquille.

Un peu d'air ambiant adoucirait la sécheresse tranchante des contours et ferait de cette toile une des meilleures de l'école anglaise.

Ce défaut ne se retrouve pas dans l'*Origine de la querelle des Guelfes et des Gibelins*, plus souple, plus libre et plus baignée d'atmosphère. — L'agencement des figures est pittoresque, le coloris agréable, l'exécution très-fine. Il est vrai que les costumes du moyen âge prêtent plus à la peinture que les modes majestueusement gourmées du temps de Louis XIV.

M. Poole a envoyé un tableau intitulé le *Passage du gué*, qui sort des habitudes de la peinture anglaise. — C'est une jeune fille soulevant son petit frère dans ses bras pour lui faire passer un ruisseau. Le faire de M. Poole est vague, large et flou ; M. Poole empâte et noie ses contours au lieu de les rendre coupants et de leur donner le fil, comme à des lames de rasoir ; les yeux bridés, le sourire épanoui, les joues fouettées de rose et les ombres argentées de ses deux figures semblent indiquer l'étude de Prudhon. Le fond brouillé d'azur et de lumière fuit bien.

La *Reine des bohémiennes* n'a aucun rapport avec la mélancolique Isabelle d'Égypte, d'Achim d'Arnim ; elle ne berce pas l'enfant mandragore aux cheveux de millet et aux yeux de pepins : c'est une joyeuse fille capricieusement attifée et tenant perchée sur son doigt une pie moins babillarde qu'elle. Les *Messagers de Job*, composition d'une certaine importance historique, sont conçus dans un tout autre style, et la signature seule vous fait reconnaître M. Poole : les peintres anglais diversifient plus leur manière que les nôtres, et ils semblent prendre plaisir à dérouter les yeux ; il y a de l'effet et de la vigueur dans cette toile, et la résignation de Job devant ces hérauts de malheur est aussi bien comprise que rendue.

M. Horsley se présente avec cinq toiles qui méritent l'attention à divers titres ; nous nous arrêterons spécialement à sa *Jane Grey*, qui n'a rien de mélodramatique et se contente d'être un délicieux petit tableau de genre. Lady Jane, vêtue d'une robe de velours violet, est assise près d'une fenêtre, dans son cabinet, et tient un livre, que lit par-dessus son épaule un vieillard, Roger Ascham, placé dans le jardin et appuyé au rebord du balcon ; le livre, frappé par un rayon, éclaire en dessous la figure de lady Jane, modelée sans ombres et toute blanche ; cet effet de clair-obscur est un tour de force réussi, chose rare. Une mandoline à ventre côtelé, un panier rempli de quelques fleurettes, un sablier posé sur une table à pieds d'ébène tournés, — le tout rendu avec une grande finesse de pinceau, — meublent agréablement les vides de la composition.

La *Réunion musicale* offre un concours d'amateurs exécutant un madrigal de l'abbé Clari ou de tout autre compositeur classique. — C'est un de ces sujets qu'affectionnaient Terburg et Gaspard Nestcher et qui fourniront toujours un thème commode aux variations de la peinture. Le maître de musique est assis au clavecin et derrière lui se tiennent debout un jeune homme en pourpoint de satin blanc et deux jeunes filles, dont l'une a sa partie notée à la main. Les têtes sont charmantes, les étoffes illuminées de reflets brillants à leurs cassures, traitées avec un soin tout hollandais. L'auditoire se compose d'un vieux cavalier, fin connaisseur sans doute, dont la moustache à fils d'argent se hérisse à quelque trait douteux, et d'une vieille dame, vénérable douairière, prenant son plaisir en patience et sommeillant à demi, les mains sur les bras de son fauteuil et les pieds sur un coussin de tapisserie.

Un enfant frappant à une porte, un homme courbé par l'âge et debout près d'une fosse ouverte, symbolisent philosophiquement les deux âges extrêmes de la vie, l'*enfance et la vieillesse :* l'un entre et l'autre va sortir.

Nous regrettons de ne pouvoir que citer l'*Ami fidèle*, l'*Allegro et le Penseroso*, les deux autres toiles de M. Horsley.

La *Marche de nuit*, de M. Glass, représente des cavaliers enveloppés de longs manteaux et coiffés de heaumes bizarres, dont la forme semble remonter à l'époque saxonne, traversant un gué peu profond, et prenant, aux vagues reflets de la lune, des apparences fantasques et mystérieuses. Où vont-ils ainsi, ces sombres cavaliers? — Délivrer quelque plaintive demoiselle méchamment enfermée dans une tour, surprendre un camp ou tendre une embuscade au voyageur? — On ne sait. — Ils passent, et la nuit garde fidèlement leur secret.

Il y a beaucoup de sentiment dans la *Veuve napolitaine pleurant son enfant mort*, de M. Uwins : l'enfant, couronné de roses blanches, moins pâles que sa figure, aux tons de cire, est allongé sur sa couche funèbre, auprès de laquelle sa mère sanglote et se tord les mains, en proie à ce biblique désespoir de Rachel, qui « ne voulait pas être consolée parce qu'ils n'étaient plus. » Cependant le carnaval débraillé rit et gambade dans la rue, insultant sans le savoir, par sa grossière joie, à l'incurable douleur maternelle.

Les mœurs italiennes sont familières à M. Uwins : le *Sculpteur d'images* en est une preuve. Il a bien saisi le type de ce Phidias du coin de la rue, taillant des Sirènes pour les proues de navire, des Bacchus pour les ostéries, des madones pour les chapelles de carrefour, des Christ pour les calvaires, des bras et des jambes pour les ex-voto, et coloriant le tout de manière à contenter les amateurs de la statuaire polychrome. Des moines, des marins, des cabaretiers, des femmes aux enfants malades, forment sa clientèle caractéristique et pittoresque. L'atelier, encombré de figures de toutes sortes, grandes et petites, achevées ou à l'état d'ébauche, offrait à l'artiste des ressources dont il a fort adroitement profité. — Les *Vendanges dans le Médoc* ont du mouvement, de la gaieté et de la chaleur.

Nous avons bien lu autrefois quelques numéros du *Spectateur* d'Addison, mais apparemment le cahier où se trouve l'histoire de *Brunetta et Philis* ne nous est pas tombé sous la main ou le contenu nous est sorti de la mémoire, car nous ignorons ce que peut représenter le joli tableau de M. Salomon, inscrit au livre sous ce titre trop succinct. La scène se passe dans un salon rempli de monde, que traverse fièrement une jeune femme aux airs d'infante, dont une mulâtresse porte la queue en souriant avec malice, tandis qu'une jeune personne s'évanouit à cet aspect et renverse sur le dos de son fauteuil une tête charmante qu'abandonnent les couleurs de la vie. Les assistants ne semblent pas touchés de l'événement comme ils le devraient et chuchotent en ricanant. Voilà tout ce que nous pouvons dire; les costumes indiquent le commencement du siècle dernier. Ce que nous savons très-bien, c'est que les figures sont spirituellement touchées, d'une couleur agréable, finies, sans sécheresse, et d'un type moins exclusivement britannique que celles de la plupart des toiles dont nous avons rendu compte.

M. Dyce, dans sa *Vierge* et son *Enfant Jésus*, a cherché le style des anciens maîtres italiens, tels que Jean Bellin, Cima da Conegliano, Pérugin, et rempli un contour d'une netteté gothique, d'une couleur atténuée à plaisir : ce pastiche archaïque est assez habilement fait. L'*Entrevue de Jacob et de Rachel* n'a pas la simplicité biblique qu'eût exigée le sujet, mais la tête de Rachel a du charme. Nous aimons beaucoup moins le *Roi Joas lançant la flèche de la délivrance :* la pose mélodramatique, le dessin roide et la couleur métallique de Joas ne sont rien moins qu'agréables; cependant l'on doit des éloges à M. Dyce, parce qu'il a des intentions de style assez rares chez les artistes britanniques.

Tobie et l'Ange, la *Charité de Dorcas*, de M. Dobson, montrent aussi une recherche louable des qualités sévères de l'art, et, par cela même, méritent d'être mentionnés favorablement.

On sait que Phaon, ayant fait passer l'eau dans sa barque à Vénus, déguisée en vieille femme, la déesse reconnaissante, après avoir repris sa forme sur la rive opposée, lui fit présent d'une fiole d'essence, dont il se frotta, et qui le rendit le plus beau des hommes. — M. Brocky a traité ce sujet antique, très-favorable à la peinture, avec une préoccupation visible de la couleur blonde et rose de Rubens, qu'on retrouve aussi dans sa *Psyché*. Abandonnant la sveltesse anglaise, il a imité les contours rebondis et l'embonpoint opulent des femmes du peintre anversois.

En revanche, si M. Brocky est Flamand, M. Boxall, dans son portrait de femme, se montre un vrai fils d'Albion. C'est une charmante chose que cette tête aux bandeaux de soie, au front de neige, aux yeux de saphir, aux joues de rose, aux lèvres de corail, qui vous regarde avec une intensité si calme, un sourire si délicieusement relevé de *smorfia* et de *sneer*, et dont le corps se fond dans un nuage de dentelle et de mousseline laiteuses : sûr de la beauté de son modèle, le peintre ne lui a mis d'autre ornement qu'une fleur au corsage, un pétale vermeil et une feuille vert de mer, deux touches presque effacées : ce n'est rien et c'est tout!

Citons encore deux bons portraits d'homme et de femme de M. Watson, — une très-belle tête de femme âgée de madame Carpenter, qui rappelle la manière de Lawrence, et dont les traits ne sont pas sans rapport avec ceux de la reine Élisabeth dans ses dernières années, et arrivons aux paysages, qui ne sont pas si nombreux qu'on aurait pu le croire et que nous le pensions nous-même.

M. Linnell voit la nature à travers Hobbéma et Ruysdaël : — ce ne sont pas de mauvaises lunettes. La *Route dans une forêt*, un *Chariot emportant des arbres*, la *Récolte de l'orge*, figureraient sans disparate dans une galerie d'anciens tableaux; ils en ont déjà la patine, la couleur fauve et légèrement enfumée. Le *Prophète désobéissant*, renversé de son âne par un lion qui le dévore, nous plaît moins que les autres tableaux de M. Linnell; il a cependant de belles parties : les cèdres rougis par un rayon du couchant sont d'un noble caractère.

La traduction mot à mot de la nature, tel est le but que s'est proposé M. Anthony; il nous a donné dans ce système deux versions interlinéaires d'une vallée et d'une forêt, des hêtres et des fougères sous lesquels un chien de chasse est en quête, des rochers se réfléchissant dans une eau calme. Comme cela arrive souvent, à force de vérité, M. Anthony paraît quelquefois faux, ou du moins bizarre.

M. Pyne a mis beaucoup d'air et de fluidité dans son *Derwent water* : un grand lac en pleine lumière, doublant ses rives dans sa claire glace, sans premiers plans vigoureux, sans repoussoirs, sans artifice de métier. Il y a là un rayon de Claude Lorain. Le *Collége d'Eton* et la *Vue de Heidelberg sur le Necker*, sont aussi de fort belles toiles.

C'est de Constable que procède M. Oakes. Sa *Vallée*, ombragée de grands arbres, où glisse, sous une estacade rustique et parmi de larges plantes aquatiques, une petite rivière endormie dans laquelle trempe la ligne d'un enfant, a beaucoup de mystère, d'humidité et de fraîcheur.

Dans quelle catégorie placer M. Redgrave? — Il a fait la *Fille du pauvre gentilhomme*, une *Ophélie* assise sur un tronc de saule, une bague d'herbe au doigt, des brins de paille dans les cheveux, et jetant des fleurs au fleuve qui doit l'emporter. Mais il a aussi exposé des paysages : le *Mi-*

voir de la forêt, le *Ravin des poëtes*, où Coleridge, Woodsworth et Southey aimaient à se retirer sous l'ombre verte pour y rhythmer leurs vers aux chansons des oiseaux, au bruit des petites cascatelles de la source. Certes, le site est bien choisi pour y poétiser, et le silence dont on y jouit doit être plus inspirateur que le silence du cabinet.

M. Stanfield ne fait pas de paysage proprement dit : il mêle à ses compositions des figures, des actions historiques, de l'architecture et de la marine. Les *Troupes françaises passant à gué la Magra en 1796* ressemblent à certaines toiles d'Horace Vernet et de Bellangé, à cette différence près que le fond y domine les personnages; la *Bataille de Roveredo*, le *Château d'Ischia*, vu du môle, le *Fort de Tilbury*, sont des toiles remarquables, peintes avec une facilité large, une sûreté de perspective, une exactitude d'ombres portées qui rappellent un peu le faire expéditif et brillant des décorateurs. Quels que soient leurs mérites, nous préférons le *Dogre hollandais*, un petit tableau tout simple. La tempête a emporté la brigantine de la barque, qui roule pesamment entre le ciel gris et la vague pâle, contre lesquels luttent sans trop d'espoir trois matelots trempés d'écume. Sur le cadre sont inscrits en lettres noires ces vers d'une ancienne ballade :

On the Dogger's bank, in the cold North sea
Wearily, day and night, toil we
Weary, wet, hungry and cold
Three poor fishermen, we kly and old.

Ce qu'on peut traduire à peu près de la sorte :

« Ainsi nous, pauvres pêcheurs, faibles, vieux, harassés, mouillés, affamés et glacés, travaillons-nous tous les trois péniblement sur ce Dogger-Bank dans la froide mer du Nord. »

L'impression du tableau rend exactement celle des vers.

Les Anglais excellent dans les vues architecturales et pittoresques, et leurs gravures ont fait la fortune de plus d'un livre de voyage : quoiqu'ils gardent les principales lignes des monuments et des sites qu'ils reproduisent, ils vous trompent souvent par des échelles exagérées, des effets romantiques, des vues à vol d'oiseau, des brouillards où dansent des arcs-en-ciel, des premiers plans arrangés comme des coulisses de théâtre. Turner, Allom, Prout, Roberts, Fielding, Harding, Callow ont fait chatoyer la brume britannique sur les cinq parties du monde.

M. Holland nous paraît être un de ces enchanteurs. Sa vue de la *Tamise en aval de Greenvich* est réelle, en ce sens qu'on y retrouve bien les lignes connues ; mais cette architecture si vaste, si baignée d'atmosphère ; mais ces escaliers d'où il semble que va partir la galère de Cléopâtre ; mais ce fleuve ondoyant comme une mer, et cette lune étrange apparaissant dans le ciel par une déchirure d'un bleu noir, vous emportent en pleine fantaisie. L'*Hôpital de Greenvich* et la *Vue de Rotterdam* sont moins étranges, surtout la vue de Rotterdam entendue dans la manière de W. Wyld.

Combien de fois l'a-t-on faite, cette *Vue de Venise prise du large*, avec sa Zecca, sa bibliothèque de Sansovino, ses deux colonnes de porphyre africain, son palais ducal aux trèfles moresques, son pont des Soupirs, son quai des Esclavons, et combien de fois la refera-t-on encore ! M. Roberts avait bien le droit de la peindre après Canaletto, après Joyant, après Wild, après Ziem.

L'*Intérieur de l'église de Saint-Etienne, à Vienne*, l'*Intérieur de l'église de Saint-Gomar, à Lierre*, ne craindraient pas la comparaison avec les plus beaux Peter-Neer : les ogives s'élancent bien, les nervures s'entre-croisent sans se confondre ; le soleil entre par les vitraux, et glisse sur les dalles des tombeaux avec une illusion qui rappelle le Diorama.

IX

MM. DANBY — LEWIS — HAAG — CORBOULD

En relisant notre dernier article pour voir si, avant de passer à l'aquarelle, nous n'avions pas oublié quelque toile recommandable, nous nous apercevons que nous n'avons pas mentionné le *Canon du soir*, de M. Danby, — un chef-d'œuvre, tout simplement; — aussi ferons-nous tout de suite un *repentir*, comme les peintres lorsqu'ils ont tracé un faux contour, et reviendrons-nous sur nos dernières lignes.

Le soleil se couche dans un amas de nuages gris entassés par bancs au bord de l'horizon, et dont les flocons rougissent comme des braises aux reflets de l'astre prêt à disparaître derrière la barre inflexible de la mer; par-dessus ces bandes de vapeurs,

And all that gorgeous company of clouds,

— un vers de lord Thurlow, que Byron se proposait d'emprunter un jour, — le ciel, dégagé et pur, passe par les transitions de l'aventurine, du citron pâle, de la turquoise au bleu froid et aux teintes violâtres de la nuit. La mer s'endort calme, unie, huileuse, illuminée de quelques rayons frisants. Entre le ciel et l'eau, un navire découpe sa silhouette sombre et ses agrès ténus comme des fils d'araignée. Sur le flanc du navire, un tourbillon de fumée opaque, bleuâtre et lourde, traversé d'un éclair rouge, signale le coup de canon du soir. Le pavillon est amené.

On ne saurait imaginer l'effet poétique de cette scène : il y a dans cette toile une tranquillité, un silence, une solitude qui impressionnent vivement l'âme. Jamais la grandeur solennelle de l'Océan n'a été mieux rendue.

Calypso pleurant le départ d'Ulysse, du même auteur, est aussi un tableau d'un grand mérite : les vagues déroulent leurs volutes frangées d'écume sur le rivage de l'île avec un balancement plein de souplesse et de vérité; le soleil, comme un bouclier de fer rougi dans la forge, descend dans les brumes chaudes, éclairant les écueils de sa réverbération. Mais le *Canon du soir* est une marine *vraie*, et la *Calypso pleurant le départ d'Ulysse* est une marine *historique*, c'est-à-dire plus conventionnelle, sous prétexte de style, et la figure mythologique de la nymphe inconsolable lui donne un faux air de ces papiers peints de salle à manger représentant les aventures de Télémaque, qu'on trouve encore en province. — Nous engageons M. Danby à ne pas historier désormais ses admirables paysages.

Notre faute réparée, arrivons sans plus de retard à l'aquarelle. On sait à quel point de perfection nos voisins d'outre-Manche ont poussé ce genre — national, — dans lequel ils n'ont pas de rivaux sérieux; ils y ont acquis une vigueur, un éclat, un effet incroyables. Si trop souvent leurs tableaux à l'huile ressemblent à des aquarelles, en revanche leurs aquarelles ressemblent à des tableaux à l'huile pour l'intensité, la chaleur et l'énergie du ton; ils ont des couleurs d'une préparation irréprochable et formant une gamme des plus étendues; des papiers unis comme des glaces, grenus comme des murailles, selon l'effet qu'ils veulent obtenir, et qui supportent les travaux les plus variés, depuis la franchise du lavis jusqu'aux ficelles de l'égratignage. — Leur exposition de peintures à l'eau est donc très-nombreuse et riche en ouvrages remarquables.

Parmi les plus originaux, nous placerons M. Lewis. Si nous avons bonne mémoire, M. Lewis, avant de se rendre au Caire, a voyagé en Espagne. Nous connaissons de lui un album de dessins lithographiés contenant des vues prises à l'Alhambra, à l'Antequerula, à l'Albaycin, au Généralife et autres sites caractéristiquement mauresques de Grenade, d'un crayon aussi fidèle que pittoresque et hardi. Il avait exposé à un *salon*, dont nous ne saurions fixer la date, des *toreros* et des *manolas* avant et après la course, d'une couleur locale et d'une coquetterie pailletée à réjouir les *aficionados* les plus exigeants. Le *Scribe arabe au Caire* fera naître des nostalgies chez tous ceux qui ont eu le bonheur de visiter les beaux pays aimés du soleil auxquels une civilisation niveleuse n'a pas encore enlevé leur cachet primitif.

Dans une espèce de cabinet fermé par un merveilleux treillage de bois fenestré comme une truelle à poisson ou comme ces papiers-dentelle frappés à l'emporte-pièce dont on recouvre les dragées de baptême, le scribe — le *tolbeb*, — coiffé d'un turban vert, indiquant qu'il a fait le pèlerinage de la Mecque, ou qu'il a la prétention de descendre de la famille du prophète, malgré l'humble profession qu'il exerce au coin d'un carrefour, une paire de bésicles à cheval sur son nez aquilin, dont le bout s'enfouit parmi les flocons d'une vénérable barbe blanche, emmitouflé d'un caftan pistache un peu passé de couleur, mais encore très-propre, et laissant voir une robe de dessous rayée de petites raies contrariées roses et blanches, semble copier d'après un exemplaire du Coran, sur un bout de parchemin, quelques-unes de ces suras talismaniques que les Orientaux douent du pouvoir de prévenir les maladies ou le mauvais œil, à la requête de deux femmes, l'une blanche et l'autre noire, la maîtresse et l'esclave, qui suivent son travail avec la curiosité qu'on attache à une opération de sorcellerie.

La blanche porte l'habbarah quadrillé de bleu qui sert de domino aux femmes du Caire lorsqu'elles vont dans la rue. Son visage, à demi couvert d'un de ces voiles de crin noir semblables à des barbes de masque dont on remplace au Caire les plis de mousseline en usage à Constantinople, ne montre que deux grands yeux brunis de poudre d'antimoine, un front mordu par le bord rouge du tarbouch, et des tempes d'où s'échappent des nattes de cheveux entremêlées de sequins; un pantalon de soie orange retombe sur ses jambes à plis bouffants, et fait apercevoir ses tons vifs par l'interstice de l'habbarah. La pose de cette figure accoudée au divan du tolbeb a bien la nonchalante souplesse des femmes orientales, habituées à traîner leur vie sur des piles de coussins et de carreaux, et l'abandon de ces corps que n'a jamais gênés le corset. La négresse, comme si la couleur de sa peau la masquait suffisamment, a le visage découvert, et sa face prend des luisants d'ébène au milieu des linges blancs dont elle est affublée. Appuyée à un de ces coffrets de cèdre incrustés de nacre si communs en Orient, elle joue puérilement avec l'encrier du scribe, un de ces longs étuis de cuivre où l'on renferme les *calams*, et qu'on se passe dans la ceinture comme un poignard pacifique.

Nous avons esquissé à peu près la situation des trois personnages; mais, ce qui est difficile à rendre, c'est le monde infini de détails d'une fidélité et d'une perfection inouïes dont M. Lewis a meublé sa composition. Comment exprimer ce tapis de Smyrne qui laisse compter chaque brin de sa laine, ces babouches cassées et polies au talon, cette pipe au lulé bruni posant sur un plat de cuivre, ces vêtements pendus au mur, ce revêtement de faïence aux dessins rappelant ceux de l'Alhambra, cette fine natte des Indes, cette gargoulotte de terre poreuse venue de Thèbes, ce bassin rempli de raisins blonds et pourprés, ces petits chats guettant d'un œil à demi ouvert un papillon arrêté au-dessus de quelques quartiers d'orange et de quelques fleurs de grenade, jonchant çà et là le pavé du cabinet, — tout cet intérieur si réel qu'en l'isolant avec la lorgnette des tableaux voisins il produit la plus complète illusion ?

C'est à la gouache qu'est peint le *Scribe du Caire*, de même que le *Harem du bey*, qui introduit le spectateur dans un de ces mystérieux paradis de l'Orient où le regard profane ne pénètre jamais.

La scène a pour théâtre une grande et haute salle d'architecture arabe, aux murs blancs stuqués ou plaqués de marbre, aux pavés de mosaïque, aux plafonds de cèdre, aux treillages compliqués, dentelle de bois laissant filtrer le jour et la brise tout en arrêtant le regard, comme un voile qui permet de voir sans être vu.

Des armoires d'ébène, des cabinets ciselés de mille dessins fantasques et chargés de porcelaines, des cornets de la Chine pleins de fleurs, des niches à stalactites, des tabourets étoilés de burgau, des plateaux de cuivre sur des pieds sculptés, des nattes, des tapis et un immense divan de satin jaune ramagé réalisent, dans cet intérieur splendide, le caprice luxueux de l'Orient.

Il s'agit de l'examen d'une nouvelle esclave, une Nubienne à la peau bronzée, aux cheveux tressés et séparés en cordelettes, comme ceux des antiques idoles égyptiennes, parée de colliers de rassade, tatouée de bleu au front et au sein par la coquetterie sauvage, et que le kislar-agassi vient de recevoir des mains du djellab. — C'est une de ces filles qui frissonnent sous le chaud climat du Caire et dont l'épiderme reste froid en été comme la peau d'un serpent. Trouvera-t-elle grâce aux yeux du bey, cette pauvre créature barbare, au torse et aux bras de statue, avec ses paupières obliques, ses pommettes arrondies et cette bouche où l'indéfinissable sourire des sphinx fait la moue sur des lèvres plissées? Sera-t-il sensible, ce bey, saturé de plaisir, et que réveilleraient tout au plus les houris vertes et rouges du paradis de Mahomet, aux beautés sombres de la Vénus africaine? L'eunuque soulève l'habbarah qui couvre la Nubienne, enveloppée seulement d'un grand pagne de gaze blanche bordée d'une large raie rouge, comme une toge romaine, et semble compter sur un caprice de voluptueux blasé. Les femmes, cadines et odalisques, roulées sur le divan, autour et aux pieds du maître, ont beau prendre des airs de suprême dédain et affecter du bout des lèvres un simulacre de rire jaune; l'inquiétude perce à travers leur fausse ironie. Le bey s'est un peu soulevé, et regarde attentivement cette inconnue, à peine essuyée de la poudre du désert et du beurre rance, grossier cosmétique de l'esclavage, qui peut-être demain sera la sultane favorite.

Le bey n'est pas un de ces vieillards hébétés d'opium, hallucinés de hatchich, cadavres couleur de momie et tourmentés des fureurs monstrueuses de l'impuissance. Un turban de cachemire enveloppe sa belle tête, aux traits nobles et réguliers, — un peu anglais cependant. — Son corps, que n'a pas envahi l'embonpoint, se révèle jeune et gracieux sous un caftan lilas tendre; des manches larges en gaze de soie laissent admirer ses mains aristocratiques et fines; on dirait un lord qui s'est passé la fantaisie d'un harem; à sa droite est couchée une de ces gazelles dont les yeux ont fourni et fourniront encore tant de comparaisons aux poëtes arabes; à sa gauche se renverse, sur des carreaux de satin rose, une femme, Circassienne ou Géorgienne, offrant le type le plus pur de la race caucasique: ovale parfait, nez légèrement aquilin, petite bouche et grands yeux teints de kh'ol.

Elle appuie sa main à sa joue, et toute son attitude a la nonchalance superbe d'une favorite sûre de son empire; elle regarde la Nubienne comme une lady regarderait un caméléon ou toute autre bestiole étrange inspirant la curiosité et le dégoût: un tarbouch à longue crinière de soie bleue, une veste nacarat roide de broderies, une ceinture de cachemire, une chemise de gaze, des pantalons de taffetas blanc, composent sa toilette, aussi fastueuse qu'élégante. Sur un pli d'étoffe dort auprès d'elle un joli chat, très-peu soucieux de ce qui se passe.

Les Orientaux, qui considèrent les chiens comme des animaux immondes, sans toutefois leur faire aucun mal, ont une grande affection pour la gent féline. Mahomet, comme on sait, coupa sa manche plutôt que de réveiller son chat endormi dessus. M. Lewis, qui connaît aussi bien les mœurs musulmanes que M. Hope, l'auteur d'*Anastase* ou les *Mémoires d'un Grec*, ne manque jamais de placer une de ces charmantes bêtes dans ses tableaux d'Orient.

Une autre femme en veste vert-pomme agrémentée d'argent joue aux pieds du maître avec un éventail à miroir entouré de plumes d'autruche; une troisième, à la robe rayée de cerise, semble parodier le geste pudique de la Nubienne croisant ses mains sur sa poitrine. Contre le mur se tient debout une jeune mulâtresse de quatorze ou quinze ans, en dolman jaune, qui rit avec un rire sympathique à la nouvelle venue; un petit enfant, à demi enfoui dans les coussins, lève le nez et jette aussi son coup d'œil.

A l'autre extrémité, derrière le groupe de l'esclave et de l'eunuque, un négrillon apporte le narguilhé du bey à la carafe en acier ciselé du Khorassan, au long tuyau flexible de maroquin bleu cerclé de fils d'argent, au fourneau chargé du meilleur tombeki de Macédoine; une gazelle semble être un peu troublée de ce mouvement; et, sur un large disque de cuivre, des pastèques ouvertes montrent leur neige rose, des oranges étalent leurs quartiers de topaze, et des grenades répandent les rubis de leur écrin, tandis qu'un second chat se frotte au pied d'un escabeau.

Nous avons décrit avec détail le *Harem d'un bey*, — plutôt en touriste qu'en critique, — car le talent de M. Lewis nous transporte *in medias res*, et il fait voyager au Caire ceux qui s'arrêtent devant son aquarelle. La réalité ne vous en apprendrait certainement pas davantage, — si vous obteniez la faveur bien rare d'entrer dans l'oda des femmes.

Aux qualités d'un artiste européen, M. Lewis joint une patience chinoise et une délicatesse persane dans l'exécution des soies, des broderies, des soutaches, des fleurs, des ramages, des arabesques, et, comme si ces tours de force ne lui suffisaient pas, il a fait entrer par ces treillages, dont la complication lasserait la scie d'un éventailliste de Ningpô ou de Pékin, un rayon de soleil qui en projette l'ombre découpée sur les murs blancs, les visages roses, les soies miroitantes, et jusque sur le pelage de l'antilope régulièrement quadrillé comme un damier, sans que l'harmonie locale soit dérangée en rien. Nous recommandons surtout les peaux transparentes coloriées et picotées comme celles dont on fait en Orient les fantoches de Karagheuz, et en France les vues pyrotechniques au spectacle de Séraphin, qui forment vitre dans le fond. Il semble que le papier soit éclairé par derrière. N'oublions pas ces hirondelles entrées par la fenêtre ouverte et posées tranquillement auprès d'un vase de fleurs. C'est un petit détail oriental qui nous rappelle nos stations à Constantinople, au café qui avoisine la mosquée du sultan Bayezid, et où les hirondelles voltigeaient parmi la fumée, fixant sur les consommateurs leurs petits yeux ronds et brillants comme des clous noirs; car, au pays de l'Islam, les animaux vivent avec l'homme dans une familiarité amicale et confiante.

Mentionnons, tout en regrettant de ne pouvoir les décrire, les chameaux de la *Halte au désert*. M. Lewis a trouvé le moyen de ne ressembler ni à Decamps, ni à Marilhat, ni à Chacaton, ni à Bida, ni à Salzmann, ni à aucun des peintres qui ont pris pour thème habituel la reproduction des paysages, des intérieurs et des scènes de l'Orient.

Le *Jour de Pâques à Rome* réunit la collection complète des costumes si pittoresques de Nettuno, d'Albano, de Tivoli, de Castel Gandolfo, de Gensano, groupés au pied de l'obélisque de Paul V devant le balcon d'où doit tomber la bénédiction papale *urbi et orbi;* il y a de robustes paysannes aux lourdes jupes, aux tabliers épais comme des tapis, au corset soutenu de planchettes et de bandes de tôle, au collier de médailles bénites; des chevriers guêtrés de chiffons et de cordelettes, des conducteurs de buffles aussi sauvages que leurs troupeaux, des pifferari venus des Abruzzes, des bandits à mine rébarbative, derniers modèles de Léopold Robert; des âniers poussant leur bête, des abbate, des moines souffletant de leurs sandales le pavé romain — une foule à réjouir l'œil du voyageur et du peintre. — Cette fois, M. Lewis a procédé plus largement, et la gouache n'est employée que pour quelques rehauts. La couleur est plus chaude, plus blonde, plus transparente, mais aussi l'originalité moins tranchée.

M. Haag a deux grandes aquarelles — une *Soirée au château de Balmoral*, une *Matinée dans les montagnes d'Ecosse*, toutes deux très-remarquables.

La première représente Sa Majesté la reine Victoria debout sur le seuil de l'antique manoir, et recevant les chasseurs qui viennent lui offrir le pied du cerf. La reine, en robe de dentelle, le cordon de l'ordre en sautoir, a près d'elle le prince de Galles, en costume écossais; le prince Albert et d'autres personnages, portant aussi le jupon quadrillé, s'échelonnent autour du porche, éclairés par la lueur résineuse de torches que soutiennent des piqueurs, et dont le reflet rouge contraste avec la clarté argentée et bleue de la lune montrant son disque au fond du ciel nocturne. Des serviteurs déchargent un autre cerf posé sur un cheval de puissante encolure : on sait comme il est difficile d'obtenir à l'aquarelle ces tons rembrunis, ces ombres vigoureuses, cette opacité que réclame une scène de nuit, et qu'on atteint si aisément à l'huile par le bitume, la terre de Cassel, la momie et les glacis de tons roux superposés : M. Haag a vaincu ces obstacles avec beaucoup de bonheur.

La seconde aquarelle, — une *Matinée dans les montagnes d'Écosse*, — nous fait voir l'ascension de la famille royale au Lochnagar : un sentier de montagne, bordé de fenouil, de lavandes et de bruyères violettes, traversé de cascatelles qui vont se perdre dans l'abîme, tournoie au flanc du mont. Le prince Albert, à demi caché par un détour, marche en tête de la caravane; la reine, dont un guide tient le cheval à la bride, vêtue d'une amazone grise ornée de velours noir, coiffée d'un chapeau de feutre à bords retroussés et à plume, occupe le centre de la composition; les princes et princesses de la famille royale précèdent ou suivent sur de vigoureux ponies; les hommes de la suite, la carabine sur l'épaule, escaladent à travers les arbres et les rochers. Le ton général est vif, lumineux, et les montagnes fuient bien à travers la brume bleuâtre; l'enfoncement des premiers plans, coupé à pic, fait bien comprendre que l'on est parvenu à une grande hauteur : ces figures, empreintes de toute la distinction de l'art anglais, au milieu d'une nature alpestre et sauvage, produisent un charmant effet de contraste.

M. Corbould élève presque l'aquarelle jusqu'à l'histoire, dans sa *Femme adultère*, composition d'un grand nombre de personnages, et dans laquelle il a cherché le style : le Christ propose à celui des scribes et des pharisiens qui se sentira pur de tout péché de jeter la première pierre. Il y a là des physionomies judaïques que les synagogues d'Amsterdam et les eaux-fortes de Rembrandt pourraient revendiquer, et qui, malgré la douceur du lavis, se renfrognent assez rébarbativement. Mais la femme adultère, agenouillée auprès du Sauveur, a vraiment l'air d'une lady surprise en criminelle conversation, pour parler le langage de la juridiction anglaise, tant elle s'affaisse avec une grâce toute moderne et toute britannique, laissant pleurer ses longs cheveux sur sa gorge, recouverte d'une gaze transparente, comme une beauté de keepsake. — C'est un défaut dont on ne peut pas en vouloir beaucoup à un peintre que d'avoir fait une femme coupable trop jolie, et l'aquarelle de M. Corbould renferme assez de qualités pour racheter sa pécheresse.

Nous avons eu l'occasion de remarquer plusieurs fois que les artistes anglais aimaient à tirer leurs sujets des drames et des comédies. M. Corbould a emprunté à M. Scribe la scène si théâtrale du *Prophète refusant de reconnaître Fidès*. Ce riche fond d'architecture gothique, ces colonnettes élancées, ces roses de vitraux, ces dais de brocart, ces armures d'or et d'acier, ces étoles, ces dalmatiques, ces costumes si variés, ces personnages aux attitudes dramatiques, devaient naturellement séduire un peintre. Le tableau est tout fait; aussi M. Corbould a-t-il suivi presque littéralement la mise en scène de l'Opéra. Le prophète, dans ses habits royaux et pontificaux, occupe le centre de la composition et foudroie d'un geste impérieux la pauvre Fidès, au milieu de ses inopportunes réclamations de maternité. Il était temps, car déjà le trio noir des anabaptistes commençait à croasser, les épées sortaient du fourreau, et les gantelets, hérissés de dagues, convergeaient vers la poitrine du prophète.

M. Corbould a tiré un parti avantageux de ce carnaval sacré de splendeurs bizarres, et son aquarelle serait parfaite avec un peu plus de désordre, de tumulte et d'entrain. Ses personnages, quoique très-nombreux, ne font pas foule, et posent trop les uns à côté des autres. Le tourbillon de Delacroix aurait besoin de passer à travers tout cela. Le groupe des femmes agenouillées, à droite, sur le premier plan, est d'une grâce trop mignarde.

Le *Comte de Surrey* contemplant la belle Géraldine à l'aide du miroir magique présente encore un de ces effets qui appartiennent à la fantasmagorie du théâtre, et dans lesquels le caprice du peintre peut se donner carrière.

Toute la scène, plongée dans une ombre où se devine confusément le mobilier ordinaire d'une officine de sorcellerie, alambics, matras, cornues, grimoires cabalistiques, zodiaques, crocodiles empaillés, laisse rayonner un nimbe lumineux au centre duquel apparaît la belle Géraldine, comme Hélène à Faust. Le comte, éperdu, tend les bras vers l'image fugitive, et semble vouloir s'élancer hors du cercle magique, au risque de faire évanouir la vision.

Nous ne connaissons guère en France que Louis Boulanger qui ait fait des aquarelles de cette dimension. Il y apportait un haut sentiment artistique. mais l'artiste anglais ne lui est pas inférieur comme richesse de ton et science de procédé.

X

MM. CATTERMOLE — W. HUNT — HAGHE — TOPHAM — WARREN FIELDING — CALLOW — HARDING — NASH, ETC.

M. Cattermole occupe depuis longtemps une place distinguée entre les peintres *of water colours*, et cette place, il la mérite. Jamais réputation ne fut plus légitime. Lorsque beaucoup de ses confrères apportent dans l'aquarelle ce fini de miniature et ces travaux au pointillé qui font les délices du vulgaire, lui la traite en artiste, en maître, avec une largeur, une aisance et une hardiesse rares. Il procède par teintes plates rehaussées de hachures et de quelques points de gouache pour les lumières, et tout cela touché d'une manière libre et spirituelle qu'on ne saurait trop louer. Quelques-unes des aquarelles de M. Cattermole, et ce ne sont pas les pires, n'offrent que des croquis lavés rapidement, où le grain du papier joue son rôle et produit de charmants effets; la plupart de ces petites compositions sont d'une gamme harmonieuse et claire qui montre une intelligente étude de Paul Véronèse et des maîtres vénitiens : leurs sujets, choisis ordinairement parmi l'histoire ou la légende du moyen âge, n'ont rien de la roideur gothique ni du faire minutieux que l'on croit trop souvent devoir adopter lorsque l'on traite des scènes analogues. M. Cattermole a continué dans l'aquarelle la révolution romantique commencée par Scheffer, Deveria, Poterlet, Delacroix, L. Boulanger, et surtout Bonnington, le peintre le plus naturellement coloriste de l'école moderne, dont il a su s'approprier beaucoup de qualités sans copie servile : — il a le mouvement, le caractère, la couleur locale et l'entrain de ces maîtres, et, comme eux, le goût du bric-à-brac féodal, des lits à quenouilles, des escabeaux à pieds tors, des buffets sculptés chargés de vaisselle, des crédences découpées en dentelle, des rideaux de brocart aux plis cassants, dans des salles à ogives surbaissées, à plafonds côtelés de nervures, à lambris de chêne brun, où l'imagination aime à loger les burgraves du Rhin et les thanes d'Écosse : nul, s'il l'eût voulu, n'eût mieux illustré les romans de sir Walter Scott.

Une des plus remarquables aquarelles de M. Cattermole est celle désignée sous ce titre bizarre : « Sir Biorn aux yeux étincelants. » Ce personnage d'humeur farouche et mélancolique « avait pour habitude de placer en guise de compagnie les armures de ses ancêtres autour de la table à laquelle il s'asseyait pour boire. »

Ce sujet étrange est tiré d'une légende de la Motte-Fouqué, *Sintram et ses compagnons*, et M. Cattermole l'a traité d'une manière très-intelligente et très-poétique.

Sir Biorn, dans une salle de son manoir héréditaire, est assis tout seul à la table du festin, d'où les hommes sont bannis : il vit au milieu du passé, et, ne pouvant ressusciter ses aïeux, dont les corps robustes tombent en poussière sous leurs tombes blasonnées au fond de la chapelle sépulcrale du vieux château, il a fait asseoir à côté de lui leurs armures vides, espèces de fantômes de fer qui simulent les formes disparues et gardent comme le pli de la vie dans leurs articulations rigides. Ils sont là tous, depuis l'aïeul de la race jusqu'au dernier mort, chaque panoplie disant, par sa structure et sa rouille, la date du héros qu'elle représente; ce sont des corselets de Milan rayés et bombés comme des corsets de femme, des cuirasses aux ornements repoussés, des plastrons de fer, des cottes de maille, des buffles recouverts d'écailles métalliques, des casques, des pots, des morions, des salades, des armets, des heaumes, des timbres de toutes sortes aux lambrequins contournés, aux cimiers extravagants, dragons accroupis, chimères grommelantes, ailes d'aigle et de chauve-souris, gueules de loup, mufles de lion, qui semblent vouloir dévorer la tête qu'ils protégent; des visières fenestrées et ocellées bizarrement, des masques d'acier présentant des profils d'oiseaux de proie, des gorgerins, des brassards, des jambards, des genouillères, des targes, des rondaches de tous les styles et de toutes les époques; un musée d'artillerie au grand complet!

Ce qu'il y a d'effrayant, c'est que toutes ces armures soulèvent le hanap avec le gantelet qui leur tient lieu de main et se versent des rasades dans leur casque sans tête, dont la visière et la mentonnière s'écartent comme des mâchoires: l'une, ivre-morte, a roulé sous la table; l'autre met familièrement ses pieds de fer dans le plat; une troisième se soulève en chancelant pour porter un toast; celle-ci s'accoude gravement, avec un air de dédain suprême pour ces faibles buveurs; celle-là s'endort et ronfle comme si le vent du nord s'engouffrait dans sa poitrine creuse; toutes font des poses de l'homme une caricature anguleuse et roide de l'effet le plus sinistre. Cette ferraille héraldique en gaieté a quelque chose de vertigineux: l'âme des ancêtres habite ces chevaliers de métal, et revient volontiers boire le vin noir des morts à ce repas funèbre. Sir Biorn « aux yeux étincelants » semble parfaitement à l'aise au milieu de cette fantastique compagnie; il les préfère, ces nobles armures, sous lesquelles battirent des cœurs héroïques, aux hommes dégénérés de son temps, engeance lâche et vile, perdue de vices. — Avec ces convives de fer, il n'entendra pas de sottes maximes, de plates adulations, d'impudents mensonges; aucune dissonance moderne ne troublera son rêve du passé; il pourra se croire encore aux beaux temps de la féodalité et de la chevalerie.

Sir Biorn entouré à table des armures de ses ancêtres, n'est-ce pas le symbole de la noblesse avec ses générations solidaires, transportant le passé dans le présent et n'admettant pas que le temps ait coulé pour elle comme pour les autres hommes? Plus d'un noble ne fait-il pas comme sir Biorn aux yeux étincelants, et, sans asseoir dans sa salle à manger les panoplies de ses aïeux, ne vit-il point en pensée avec tel baronnet mort à l'assaut de Constantinople sous Baudouin, ou sur la route de Jérusalem dans l'ost de Godefroy de Bouillon?

Il était difficile de mieux arranger et d'ajuster d'une manière plus souple cette série d'armures parodiant les actes de la vie que ne l'a fait M. Cattermole. Au premier coup d'œil, on croirait qu'il s'agit d'une débauche de burgraves qui n'ont pas daigné ôter leur harnais de bataille pour boire la cervoise ou le vin du Rhin à pleins vidrecomes; en s'approchant, on voit que les visages manquent à ces heaumes, que les bustes sont absents de ces cuirasses retentissantes et qu'on n'a devant soi qu'une orgie de spectres au linceul d'acier.

La couleur est chaude, franche, transparente; des reflets jouent sur les surfaces polies des cuirasses, et des rehauts scintillants petillent à propos sur les clous d'or, les cannelures et les ornements en relief. La figure de sir Biorn, indiquée en quatre touches, a beaucoup de poésie.

Hamilton de Bothwell Haugh s'apprêtant à tirer sur le régent Murray, frère naturel de Marie, reine d'Écosse, au moment où celui-ci traverse Linlithgow, le 23 janvier 1570, est un de ces sujets d'histoire anecdotique qui conviennent à l'aquarelle, par le caractère des costumes, le pittoresque de la scène, le piquant de l'effet, et dont M. Cattermole a tiré le meilleur parti.

Nous aimons moins Macbeth reprochant aux meurtriers de Banquo d'avoir laissé échapper Fléance. — L'artiste si fin et si spirituel d'indication dans les petites figures ne réussit pas aussi bien lorsque la taille de ses personnages s'élève; une touche juste et bien sentie suffit pour une tête grande comme l'ongle, elle donne à l'amateur ce plaisir d'achever la pensée du peintre, qui fait le charme des esquisses. Une proportion plus grande exige un rendu réel, un modelé consciencieusement poursuivi qui enlèvent à l'aquarelle sa franchise de lavis, son brusque petillement de touche; en un mot, presque tous ses heureux hasards d'exécution. — C'est le cas du Macbeth de M. Cattermole.

Le thane, assis sur un dais de damas cramoisi aux reflets sanglants, se penche d'un air courroucé vers les deux assassins hébétés et confus, dont la physionomie bestiale laisse libre le touchant remords de n'avoir commis qu'une moitié de crime. — Que diable! on n'est pas parfait, et Macbeth devrait rabrouer un peu moins durement ces pauvres coupe-jarrets qui ont fait de leur mieux.

Au fond, dans l'ombre rouge du trône, ricane affreusement le hideux groupe des sorcières, personnification des mauvaises pensées du thane; Euménides dégradées par le moyen âge jusqu'aux formes ridicules du sabbat

Les brigands portant à Benvenuto Cellini un de ses ouvrages pour en faire l'estimation sont un thème heureux pour l'aquarelliste : l'atelier du ciseleur, encombré d'aiguières, de statuettes, de coupes, de bijoux à différents états d'avancement, prête à mille jeux de lumière, à mille caprices de touche on ne peut plus favorables. M. Cattermole s'en est donné à cœur joie. L'air narquois de ce grand coquin de Benvenuto, reconnaissant une de ses œuvres dans le hanap d'or incrusté de pierreries que lui présente le bandit, assez embarrassé de ce sourire ironique, est rendu avec une grande finesse d'intention ; on comprend que le tour paraît de bon aloi à l'orfévre peu scrupuleux en fait de morale et qu'il ne fera pas appeler le barigel; quant à l'estimation du joyau, fiez-vous-en à sa vanité pour y mettre un bon prix.

Nous ne pouvons analyser en détail les *Pèlerins à la porte du monastère*, le *Traître trahi*, la *Lecture de la Bible au temps de la Réforme*, la *Bibliothèque du monastère*, le *Prêche*, la *Lecture de la Bible*, la *Porte du monastère*, — motifs familiers, presque semblables, que M. Cattermole reprend avec de légères variations, et où il se montre encore plus remarquablement peintre que dans les sujets précis ; c'est pour lui une occasion commode de grouper des figures aux haillons pittoresques devant un porche ogival, d'asseoir des *têtes rondes* sur des bancs de chêne en toutes sortes d'attitudes recueillies et pensives, de pencher des moines à crâne chauve vers des parchemins jaunes et des bouquins aux fermoirs de cuivre, et de faire vivre au milieu d'architectures du vieux temps ce monde de chevaliers, de moines, de prêtres, de soudards et de malandrins, dont il sait la physionomie sur le bout du pinceau. Rien n'est plus léger, plus blond, plus vivement croqué, plus franchement enlevé; deux ou trois traits de pinceau sur une teinte locale précisent un détail, esquissent une physionomie.

Ce que les Anglais appellent *old golden time*, et ce que nous nommons le bon vieux temps, a dans M. Cattermole un interprète plein de conviction et de chaleur; il a vécu dans l'intimité des anciens baronnets saxons, chez les thanes et chez les moines, sous les vertes forêts où Robin Hood trinquait avec Richard Cœur-de-Lion; il sait planter les massacres de cerfs ou de daims aux parois des grandes salles, colorier le blason au-dessus de la vaste cheminée où brûle un chêne, rendre sur le buffle jaune la trace noire de la cuirasse déposée, engloutir un crâne luisant comme l'ivoire dans la cagoule d'un froc, poser juste sur le nez du père cellérier une touche de carmin bachique.

M. W. Hunt, qui n'a rien de commun avec M. W. H. Hunt, l'auteur d'*Isabelle et Claudio*, de la *Lumière du Monde*, du *Troupeau égaré*, ne compte pas moins de onze aquarelles à l'Exposition, toutes remarquables à divers titres.

Commençons par l'*Attaque du Pâté*, pendant que nous avons encore toutes nos forces, car la croûte paraît devoir opposer une vigoureuse résistance :

Un gamin d'une douzaine d'années, juché sur une chaise, devant une de ces tables

Que sculpte avec un clou l'ennui des écoliers,

enfonce résolûment la fourchette et le couteau dans la carapace d'une tarte de mouton, plat national que les ménagères confectionnent si bien au delà du détroit. De la force dont il y va, il fendra la pâte, l'assiette et le bois; comme il penche la tête, comme il contracte le front, comme il plisse les lèvres! Il en rougit, il en sue, le malheureux! — Sous la table gît sa toupie avec la ficelle, son cahier de devoirs aux feuillets recroquevillés et sa casquette écossaise; à côté de lui est placée une poivrière percée de petits trous, assaisonnement obligé de la tarte de mouton.

Une seconde aquarelle, intitulée le *Pendant de l'Attaque*, représente la victoire du gamin sur le pâté; rien n'est changé : on revoit la chaise, la table avec ses égratignures et ses détériorations exactement pareilles, la toupie, la ficelle, le cahier, la casquette; seulement la poivrière a été transportée de gauche à droite, le plat est vide, et l'écolier, repu, nage dans les béatitudes de la digestion. — Il fait son kief, aussi heureux qu'un zouave qui aurait démoli à lui seul la tour Malakoff. Le pâté a vécu!

Ces deux aquarelles ne sont pas, comme on pourrait le croire, des caricatures, mais bien des études familières à la façon de Hogarth, très-finement rendues et saupoudrées d'un grain d'humour britannique.

La *Froide Matinée* est conçue dans le même sentiment de copie naïve de la nature, avec une pointe de comique : la neige couvre la terre, et ses nappes d'argent, où se sont à peine encore imprimées quelques semelles matinales, se confondent dans le lointain avec les brumes grises du ciel ; deux enfants en costume de Savoyard, les yeux pleurants, le nez violet, les joues vergetées, les mains gourdes et tuméfiées d'engelures, soufflant devant eux les visibles fumées de leur haleine, semblent se dire : « Quel froid de chien! » Jusqu'ici ce n'est que la représentation fidèle jusqu'à la grimace et à la laideur de deux petits malheureux grelottants; l'on pourrait s'attendrir, si l'on voulait, sur le sort de ces pauvres enfants sortis de si bonne heure, à qui l'aigre bise arrache des larmes aussitôt gelées; mais l'artiste n'a-t-il pas eu l'imagination grotesque de mettre sous le bras du plus grand... une bassinoire! Que faire d'un pareil ustensile dans ce paysage glacé? — sans doute bassiner les draps blancs de l'hiver; quel singulier caprice!

Le jeu du cricket consiste, si nous ne nous trompons, à envoyer et à recevoir une balle avec une espèce de batte en bois à peu près comme dans notre jeu de paume. M. W. Hunt nous montre dans son petit joueur de cricket un pur échantillon de race anglaise : ce jeune garçon, solide, musculeux, à chair rouge et compacte, nourri de bœuf saignant et de double bière, pourra, lorsqu'il sera grand, continuer les exploits de Tom Cribbs et d'Adam comme boxeur. Est-il carrément et crânement campé! comme il se piète, comme il s'établit sur ses jarrets et brandit sa batte pour accueillir la balle qu'il voit rebondir vers lui! — Nous vous en répondons, le coup sera bien asséné.

La *Jeune Fille avec une corbeille de fleurs* est une charmante mulâtresse, griffe ou quarteronne, ne gardant qu'une goutte de sang noir sous sa peau couleur de café au lait;

ses cheveux bleus, un peu crespelés encore, se tordent autour de son front intelligent, et le sourire joue lumineusement sur sa bouche d'œillet épanoui. A côté d'elle des lilas, des muguets et autres fleurs de printemps mêlent leurs thyrses, leurs étoiles et leurs grelots dans un panier de jonc.

Une petite fille d'une grâce craintive, baignée d'un clair obscur discret, représente la *Timidité*. Le *Chanteur de ballades* reproduit un de ces types si fréquents à Londres, qui vous poursuivent de leurs mélodies plaintives jusque sur les watermen de la Tamise.

M. Hunt a envoyé aussi plusieurs aquarelles de nature morte, des raisins et des prunes, des primevères et des nids d'oiseaux, des roses, des lièvres et des ramiers étudiés, pour ainsi dire, au microscope, et d'une prodigieuse finesse de détail, qui font honneur à son observation et à sa patience.

Citons les *Capucins à matines* et la *Salle d'audience à Bruges*, de M. Haghe. Un remarquable effet de lumière recommande les *Capucins* et rappelle un peu ces oppositions d'ombre et de clair où excellait Granet, le peintre des cloîtres; dans la *Salle d'audience à Bruges*, la grande cheminée historiée de figures, le plafond à compartiments, tous les détails si riches de l'architecture flamande sont rendus avec une rare entente de la décoration : — les personnages qui animent l'intérieur sont aussi fort bien touchés.

M. Topham, qui traite l'aquarelle à la manière libre et large de Cattermole, avec un sentiment plus particulièrement gracieux, a trois sujets : *Rory o' More*, la *Diseuse de bonne aventure en Andalousie*, la *Cabane du pêcheur*. Ses types de femmes ont cette élégance de keepsake que l'art sévère voudrait répudier, mais qui n'en plaît pas moins, et qui est naturelle aux peintres anglais, beaucoup moins préoccupés que les nôtres de l'idéal antique. Tout cela est d'une couleur argentée et blonde, ravivée de lueurs roses un peu fausses, mais séduisantes comme un mensonge bien fait et préférable à une vérité maussade.

M. Warren est le président de la nouvelle Société des peintres d'aquarelle; — il prêche d'exemple et ne s'endort pas dans son fauteuil. — Ses *Frères de Joseph montrant à Jacob le vêtement de Joseph*, *Abraham et Agar*, les *Mages en voyage*, témoignent de louables efforts pour élever l'aquarelle aux sévérités de la peinture à l'huile; mais nous leur préférons la *Jeune Fille d'Assam portant de l'eau*, statue égypto-grecque à demi enfouie par la luxuriance d'une végétation tropicale, et le *Bossu racontant une histoire dans un café à Damas*, scène empreinte d'une intime couleur orientale. Ce bossu-là descend en ligne directe du bossu des *Mille et une Nuits*, et il nous semble l'avoir vu, il y a trois ans, à Kadi-Keui, jouant des rôles bouffes dans une troupe de comédiens turcs.

Mentionnons pour finir M. Fielding, qui fait la marine dans le sentiment de Bonnington : hautes falaises, vagues qui déferlent, tourbillons de mouettes blanches sur des *ciels* gris; M. Tayler avec son *Tir au papegay*, son *Roger de Coverley*, sa *Chasse au faucon*, son *Tir au lièvre de montagne*; M. Harding, auteur de la *Chute du Rhin à Schaffouse*; M. Duncan, dont les *Bateaux hollandais recevant un coup de vent* sont une vraie merveille; M. Callow, qui a exposé des *Vues de Marseille* et *de Tours;* MM. Fripp, Evans, M'Kewan, Nash, Richardson. Mais nous n'aurons jamais tout dit.

XI

MM. JOHN BELL — AMBUCHI — MACDOWELL — GOTT
GIBSON — CAMPBELL.

La statuaire, fruit naturel des civilisations païennes, qui mûrissait à l'air libre sous le ciel bleu de la Grèce et de ses colonies, n'est, à l'époque moderne, qu'une plante de serre chaude, cultivée à grands frais, et le plus souvent étiolée, malgré les soins qu'on lui donne. Cette observation générale ne veut pas dire qu'il n'y ait eu des statuaires pleins de talents depuis l'antiquité jusqu'à nos jours; mais elle constate, en ce qui regarde l'art lui-même, un fait que chaque exposition vient confirmer.

Le nu est la condition essentielle de la statuaire. — Nous savons bien qu'on nous répondra qu'il existe des statues très-belles et entièrement drapées. — Cette draperie flotte autour du corps comme la forme autour de l'idée, s'y collant étroitement par places, ailleurs voltigeant à plis légers et dessinant ce qu'elle paraît cacher, comme ces doubles et triples traits dont les maîtres renforcent un contour trop pauvre; c'est un commentaire qui suit le texte et l'explique, une caresse de l'atmosphère ambiante, une harmonie accompagnant la mélodie; rien ne ressemble moins aux vêtements réels que la draperie telle que l'entendaient les anciens.

Pourquoi, dira-t-on, cette nécessité du nu? La forme la plus parfaite que l'homme puisse concevoir est la sienne propre. Son imagination ne saurait aller au delà; la représentation du corps humain, dégagée de toute particularité et de tout accident, constitue le beau idéal. C'est ce que Winkelmann fait comprendre admirablement dans ces graves et nobles phrases, où il proclame le triomphe des Grecs en fait de statuaire :

« Ces figures idéales sont, comme un esprit éthéré purifié par le feu, dépouillées de toutes les misères mortelles, à ce point qu'on n'y découvre ni veines ni tendons. La sublime idée de ces artistes était d'en faire comme des essences douées d'une suffisance (*sufficienza*) abstraite et métaphysique, dont la superficie servît de corps apparent à un être éthéré, condensé dans ses points extrêmes et revêtu d'une ressemblance humaine, mais sans participer de la matière qui compose l'humanité, ni être soumis à ses besoins. Une essence ainsi formée explique celle qu'Épicure attribuait aux dieux, c'est-à-dire non un corps, mais un semblant de corps qui n'avait pas de sang, mais une espèce de sang. »

Il est difficile de donner en moins de mots une notion plus juste de l'idéal antique, que favorisait une religion anthropomorphe, où les dieux, les demi-dieux et les héros, dans une divine nudité, revêtaient la forme épurée de l'homme comme une incarnation pour se rendre visibles, confiant leur immortalité terrestre à la chair étincelante de Paros.

Les mœurs favorisaient cette étude perpétuelle du nu : les thermes, les gymnases, les académies, les cirques, les théories, les cérémonies publiques, offraient sans cesse à l'artiste les plus purs modèles ; la beauté prise comme expression de l'idéal était l'objet des préoccupations de tous, et Platon formulait sa définition fameuse : « Le beau est la splendeur du vrai. » Il ne faudrait pas prendre ici *vrai* dans le sens du *réel* à la façon de M. Courbet, mais dans le sens absolu et métaphysique.

Le corps humain étant admis comme la figure de l'idéal, ses formes furent ennoblies, agrandies, dégagées de tout détail misérable; on balança ses lignes par une eurhythmie savante : chacune de ses attitudes fut pondérée d'après les lois d'une statique raisonnée; un type particulier désigna chaque dieu, chaque héros, et l'on arriva ainsi à tailler ces blancs poëmes de marbre dont les strophes brisées se retrouvent dans les fouilles pour faire l'admiration et le désespoir de l'art moderne.

Le christianisme primitif, se souvenant encore des idées

iconoclastes judaïques, avait pour la statuaire une aversion instinctive : il ne voyait d'ailleurs dans les chefs-d'œuvre de Phidias, de Praxitèle, de Lysippe, de Scopas et de Miron que des idoles représentant les démons sous des traits menteurs ; l'immatérielle et chaste nudité de ces marbres divins lui paraissait une grossière débauche de sensualisme. — Vénus, pour lui, n'était qu'une femme dans une pose impudique, et non pas la réalisation de l'idée la plus haute et la plus pure du beau ; il ne comprenait pas que la matière avait disparu de cet art si élevé, si parfait, qui ne lui empruntait, comme Dieu, qu'une poignée d'argile pour rendre ses créations visibles : l'ascète des Thébaïdes, se roulant sur le sable en feu, en proie aux obsessions lascives du démon méridien, n'admettait pas la tranquillité sereine de l'artiste pour qui les tentations n'existent plus, et qui, dans la nudité de la plus belle femme, ne voit que les moyens de rendre plastiquement son rêve intérieur.

Il fallut, pour ressusciter la statuaire dans le vrai sens du mot, le retour énergique de la Renaissance, sinon vers les croyances, du moins vers les formes du paganisme. Sans doute les imagiers du moyen âge taillèrent sous les porches des cathédrales des figurines d'une grâce fluette et touchante, frêles tiges portant à leur extrémité, comme une fleur de la passion, des têtes empreintes d'un charme douloureux pareil au sourire d'un enfant malade ; mais c'est œuvre de foi, de patience et de mélancolie, — l'art éternel n'est pas là.

A ce moment suprême de la Renaissance, l'antiquité, mal

enterrée par les barbares, sortit du sol, et la pure lumière du ciel éclaira encore ces dieux charmants et superbes qui furent les dieux d'Homère, de Phidias et de Virgile. Michel-Ange, Donatello, Ghiberti, Benvenuto Cellini, Jean Goujon, Germain Pilon, retrouvèrent, d'après quelques fragments grecs et romains, la beauté, qu'on pouvait croire à jamais perdue.

Depuis, la tradition s'en est conservée avec un soin religieux; mais la statuaire n'existe guère plus que comme le sanskrit, le grec et le latin, à l'état de langue morte, quoiqu'en France surtout les gouvernements aient à toutes les époques fait de généreux efforts pour conserver cet art digne des dieux, des héros et des rois, cet art le plus austère et le plus idéal de tous sous sa forme concrète. Lepautre, Coysevox, Coustou, Houdon, Canova, Bartolini, Pradier, David, ont parlé ce bel idiome du marbre et du bronze, comme s'ils eussent vécu en des temps plus favorables; cependant l'on peut dire que la statuaire ne trouve pas dans nos civilisations un milieu qui lui soit propre. La chair n'est pas encore relevée de l'anathème qu'elle avait mérité à la suite de l'immense orgie romaine, et que voulez-vous que fasse le sculpteur des chapeaux, des talmas, des fracs et des pantalons dont nous sommes revêtus? Avec les mœurs chrétiennes, la nudité sévèrement proscrite ne s'entrevoit que sur les amphithéâtres de dissection ou sur les tables d'ateliers, et les réelles formes humaines sont aussi inconnues que celles de la licorne ou du griffon; il faut à l'artiste une énorme puissance d'abstraction pour se représenter cette humanité plus voilée qu'Isis, la mystérieuse déesse, et ses œuvres n'ont que de rares appréciateurs.

Gœthe pria, dit-on, son ami Frédéric, élégant et beau jeune homme, de se déshabiller au bord du lac et de marcher sur la rive, n'ayant jamais vu l'homme se détacher dans sa forme pure des masses vertes du paysage, spectacle si fréquent au temps de l'antiquité. Cette fantaisie, puérile en apparence, a un sens profond et peut expliquer pourquoi le grand art disparaîtra dans un temps donné pour faire place au genre, à moins d'une révolution de mœurs que nul ne saurait prévoir. — Comment s'intéresser à la représentation d'une chose ignorée? — L'homme est contenu dans ses habits, qu'il ne dépouille jamais, comme le squelette dans le corps, et l'on arrivera à ne plus rendre que cet épiderme de vêtements; alors, adieu fresques, peintures monumentales, tableaux d'histoire, statues de dieux et de déesses, symboles du beau absolu.

Ces réflexions, applicables à toutes les nations modernes, le sont encore davantage aux Anglais, dont la vie a gardé quelque chose de l'austérité puritaine, et qui n'admettent pas, comme nous autres catholiques, les splendeurs de l'art dans le sanctuaire. Le cloître de Westminster repousserait assurément les trois Grâces nues qui étalent leur blanche beauté sous les ogives du Campo-Santo de Pise, à côté des cénotaphes chrétiens; la statuaire est donc un art encore plus factice chez eux que chez nous, et leurs efforts pour s'y élever méritent des éloges.

Nous allons prendre un peu au hasard et comme ils se présenteront à notre mémoire les ouvrages exposés par les statuaires anglais : il nous serait difficile d'ailleurs de les ranger par ordre de mérite ; leur originalité n'est pas bien tranchée, et nul ne l'emporte sur les autres d'une manière éclatante : ce que l'on trouve dans presque tous, c'est une sorte de grâce élégante et romanesque opposée peut-être au génie sévère de la sculpture, mais qu'il faut accepter comme essentiellement anglaise.

L'*Omphale se moquant d'Hercule*, de M. John Bell, nous a frappé par la bizarrerie de l'idée. — Omphale, coiffée d'un bonnet phrygien à oreillettes, se tient dans la pose de l'Hercule Farnèse, dont elle tâche de parodier les muscles en faisant ressortir ses rondeurs féminines : appuyée sur la massue, elle serre dans sa main passée derrière le dos les trois pommes du jardin des Hespérides avec un mouvement nerveux et un air de défi. Cette femme jouant à l'athlète et revêtant la peau du lion de Némée prêtait à la sculpture, et la nécessité de mettre les nerfs en saillie a empêché M. Bell de tomber dans cette gracieuse langueur qui est le charme et le défaut de ses compatriotes : la tête nous a semblé un peu petite, probablement à cause des exagérations volontaires du torse.

Le *Berger tirant sur un aigle* se comprend peu. — D'abord on ne voit pas l'aigle, ensuite il n'y a ni arc ni flèche : la pose des bras et le mouvement de la figure indiquent seuls l'action : — les jambes écartées forment des angles aigus désagréables.

C'est à un épisode de *Don Quichotte* que le sujet de *Dorothée* est emprunté : la jeune fille du laboureur a quitté une partie des vêtements d'homme qui la déguisaient, donné la liberté à sa belle chevelure contenue par une résille, et, croyant n'être vue de personne en cet endroit solitaire, laisse tremper au fil de l'eau ses pieds délicats souillés de la poudre du chemin. Cette figure se distingue par une extrême coquetterie d'arrangement; la tête a tout le charme de la première jeunesse, et les jambes, vues jusqu'au-dessous du genou, sont d'un galbe très-pur.

Quel est le statuaire qui n'a fait son Andromède ou son Angélique? C'est un de ces rares sujets qui comportent le nu, si indispensable au sculpteur. L'*Angélique* de M. Bell se contourne assez heureusement sur son rocher, et ses cheveux se déroulent sur son joli corps sans le cacher.

Le *Bacchus enfant*, de M. Ambuchi, dont le nom à désinence italienne fait suspecter la qualité anglaise, se roule sur des pampres, joue avec son pied et mord une grappe dans un marbre souple et habilement travaillé.

M. Macdowell, plâtres ou marbres, a cinq numéros : *un Rêve, Ève hésitant, Jeune fille lisant, Jeune fille se préparant au bain, Psyché* (buste).

La *Jeune fille lisant* nous a beaucoup plu, et, si elle était mieux éclairée, elle attirerait certainement l'attention de la foule. La pénombre qui la baigne n'empêche cependant pas le visiteur consciencieux de découvrir ses qualités. Une jeune fille, dont les formes adolescentes conservent encore quelque chose de la gracilité enfantine, penche sa tête charmante vers un livre que soutiennent ses belles mains un peu maigres; rien n'est plus simple; mais ce qu'on ne peut rendre, c'est la suavité chaste, l'innocence angélique, la transparence délicate de ses traits, auxquels un marbre choisi prête sa chair neigeuse.

La *Jeune fille se préparant au bain* retient sur sa poitrine les plis de la draperie qu'elle va laisser tomber à ses pieds lorsqu'elle entrera dans l'eau, avec un mouvement plein d'une grâce pudique: mais elle ne peut cependant ramasser si bien l'étoffe, que le contour d'une gorge virginale ne trahisse ses efforts. L'*Ève hésitant* représente une jolie femme en costume de paradis terrestre, qui ressemble peut-être trop à une lady par ses traits aristocratiques et fins, et sa taille mince qu'on croirait avoir subi la pression élastique du corset. Le *Rêve* est un de ces titres que les statuaires donnent à leurs figures d'étude : *Psyché* a une tête charmante, bien faite pour inspirer de la jalousie à Vénus et rendre amoureux... l'Amour. — La manière de M. Macdowell rappelle un peu celle de M. Pollet dans l'*Etoile du matin ;* il a cette élégance un peu longue et ce fin sentiment des formes féminines modernes, si différentes des robustes types antiques.

Il y a beaucoup de mérite dans le *Ruth glanant* de M. Gott : la glaneuse, à demi agenouillée, se penche pour ajouter un épi à la mince gerbe qu'elle presse sous son bras; le corps, porté en avant, produit une ligne accidentée dont tous les profils sont heureux ; la tête, prise moitié à la nature, moitié à l'antique, est du plus pur caractère. On voit que M. Gott habite Rome et qu'il s'y inspire des bons modèles.

Le *Chasseur et le Chien*, de M. Gibson, montrent chez leur auteur l'étude de l'antique, mélangée à celle de Canova et de Thorwaldsen : le chasseur, qui retient avec effort le molosse, tendant sur sa laisse à s'étrangler, offre une de ces anatomies classiques un peu passées de mode, mais n'en exigeant pas moins une science réelle. L'*Hylas entraîné par les Nymphes* est bien petit. Que feront ces deux grandes filles de ce chétif jouvenceau ? Une aurait suffi et au delà pour lui ! Il y a cependant d'agréables détails dans ce groupe.

On prendrait pour une copie de statue antique la *Princesse Pauline Borghèse*, de M. Campbell : elle est assise dans une chaise curule et contemple le portrait de Napoléon. — Il n'y a pas besoin, lorsqu'on représente la princesse Pauline Borghèse, de chercher le beau idéal : il suffit de reproduire le plus fidèlement possible ses traits charmants et purs, modelés d'avance pour la statuaire. C'est ce qu'a fait M. Campbell. Les draperies caressent le corps amoureusement et se fripent avec souplesse sous le ciseau ; seulement il nous a semblé que les contours de la poitrine ne sont pas assez riches, s'il faut en croire la délicieuse statue de Canova, qu'on admire à Florence au palais Pitti.

Le *Ganymède* du même auteur est un charmant éphèbe, d'une grâce ronde et molle, type incertain entre la jeune fille et le garçon, que l'aigle se prépare à enlever au ciel dans ses serres puissantes, et dont la physionomie fait songer au portrait du jeune Lambton de Lawrence.

Vous avez sans doute vu, à l'entrée de Hyde-Park, la statue colossale du duc de Wellington en Achille. *L'Ajax* de M. Marshall demande aux dieux la lumière dans une pose analogue : nous avouons ne pas aimer beaucoup ce grand gaillard académique, fendu comme un compas et froidement forcené; mais, en revanche, le *Premier Chuchotement de l'amour* nous plaît beaucoup : il y a dans ce groupe une réminiscence de la *Jeune fille confiant son secret à Vénus*, de Jouffroy; seulement, c'est une réminiscence renversée : un petit Cupidon, se haussant sur ses pieds, attire à lui une jeune vierge, qui se penche assez complaisamment et lui susurre à l'oreille une de ces confidences dont le secret est gardé, même par les plus bavardes. — La *Cruche cassée* consiste en une petite fille de sept ou huit ans, éplorée devant les morceaux de sa cruche; ce n'est pas à cet âge qu'on laisse tomber son pot de grès à la fontaine, et vous n'avez pas bien compris votre sujet, monsieur Marshall; demandez-le plutôt à Greuze, qui s'y connaît; ces malheurs-là n'arrivent qu'aux fillettes de quatorze ou quinze avrils : votre baby aura le fouet en rentrant à la maison, et ce n'est pas par la crainte du fouet que pleurent chez l'artiste français les filles qui cassent leur cruche.

Sabrina, espèce de naïade romantique, se recommande par le travail du marbre, — la *Concorde* est un groupe symbolique en plâtre, représentant l'alliance de la France et de l'Angleterre, — une bonne pensée heureusement rendue.

Il y a trois Westmacott portés sur le livret, comme statuaires. Commençons par sir R. Westmacott, — un artiste renommé à Londres, et qui mérite sa réputation. — La *Voyageuse sans asile* sort des sujets mythologiques ordinaires. Une pauvre femme, vêtue de haillons grossiers, s'est assise, épuisée de fatigue, sur le bord de la route. Son mince paquet et son bâton de voyage gisent à côté d'elle; la misère et la souffrance ont amaigri ses traits; mais dans son giron, comme dans un berceau de prince, dort un bel enfant, la bouche entr'ouverte, encore blanche de lait, qui, lui, n'a éprouvé ni le froid ni la faim, car il est sur le cœur de sa mère, et sa petite main presse vaguement le sein nourricier. — Chose rare en sculpture, car le marbre est difficile à s'attendrir, il y a du sentiment dans ce groupe. — l'*Enfant endormi* sur un coussin, que le poids de son petit corps affaisse à demi, fera sourire toutes les mères. — La *Nymphe se préparant au bain* rentre dans les thèmes habituellement variés par les sculpteurs : le mouvement par lequel elle défait l'agrafe de sa ceinture est assez gracieux.

Le *Joueur de cymbales*, la *Jeune fille avec un faon*, la *Jacinthe des bois*, forment le contingent de M. R. Westmacott junior, et offrent une proportion égale des qualités et des défauts ; peut-être même les défauts l'emportent-ils.

Le troisième Westmacott n'a qu'une seule statue : la *Péri*, une figure ailée, couronnée de lotus et croisant les mains dans une attitude de regret et de mélancolie ; sur le socle est tracée cette inscription :

One morn, a Peri at the gate
Of Eden stood disconsolate.

M. Sharp, dans l'*Enfant effrayé par un lézard*, a montré un sentiment assez juste des formes frêles de la première adolescence : certaines portions sont bien étudiées dans leur verte maigreur; ses bustes de Flore et de Bacchante pèchent par une grâce trop mignarde.

L'*Ève à la fontaine*, de M. Baily, se recommande par l'aisance de la pose, la flexibilité serpentine de la ligne, la rondeur élégamment féminine des formes et le charme de la tête, qu'anime une virginale coquetterie. — L'*Étoile du matin* a la sveltesse idéale que réclame un pareil sujet.

M. Munro a fait un charmant petit groupe de *Francesca da Rimini* lisant avec Paul le livre qui fut le Galehaut. Par une idée ingénieuse du statuaire, les mains des amants se joignent sur le fatal passage, au delà duquel ils ne lurent pas davantage ce jour-là.

Il est plus difficile de parler avec détail des statues que des tableaux : quelques inflexions de lignes, impossibles à rendre par des paroles, forment la plupart du temps toute la différence d'une nymphe à une autre. — Aussi arrêterons-nous ici notre compte rendu et citerons-nous seulement les noms de MM. Earle, Foley, Adams, Durham, Lawlor, Hancock, Weekes, Stephens, qui ont fait, eux aussi, des Èves, des Baigneuses, des Psychés, des Nymphes, recommandables par les qualités d'exécution.

XII

COLLECTION CHINOISE.

En entrant dans la galerie des Beaux-Arts à l'avenue Montaigne, vous avez sans doute remarqué deux bronzes de Jules Cordier, un mandarin et son épouse, purs types de l'empire du Milieu qui grimacent avec un sérieux jovial sur leurs piédouches; ils ne pouvaient être mieux placés et semblent monter la garde à la porte de la collection chinoise rapportée par M. de Montigny, ancien consul de France à Shang-Haï et Ning-Po.

Traversez une petite salle, en ayant soin de jeter un coup d'œil aux *Régates vénitiennes* de Wyld, au *Démocrite* de Courzon, et aux paysages de Thuilier, et vous vous trouverez en pleine Chine.

Quel singulier peuple que les Chinois! Ils ont tout inventé et n'ont rien perfectionné; ils connaissaient la boussole, la poudre, l'imprimerie, le gaz, bien avant que le reste du monde se doutât de ces précieuses découvertes. Immobiles dans leur sagesse antique comme les poussahs sur leur socle, ils ne prouvent leur vie que par un imperceptible dodelinement de tête et un petit ricanement mystérieux qui donne à sous-entendre qu'ils en savent plus long qu'ils n'en disent; minutieusement attachés aux rïtes, ils reproduisent l'existence des ancêtres dans toutes ses formes, comme des enfants qui, vêtus des habits de leurs grands-pères, les parodient avec une gravité risible. Les Chinois naissent âgés de deux mille ans et semblent porter sur leur front jaune les rides de leur passé. Leur langue ne bégaye encore que des monosyllabes, comme aux premiers jours, et leur écriture idéographique demande vingt ou trente ans d'études pour être lue couramment. Ils ont un génie bizarre, maniaque et patient, qui ne ressemble au génie d'aucun peuple, et qui, au lieu de s'épanouir comme une fleur, se tortille comme une racine de mandragore. Nuls pour la beauté sérieuse, ils excellent dans la curiosité; s'ils n'ont rien à envoyer aux musées, en revanche ils peuvent remplir toutes les boutiques de bric-à-brac de créations baroques et difformes, du caprice le plus rare. Vous avez sans doute vu ce nain de la rivière des Perles qu'on avait enfermé dans une potiche pour qu'il s'y rabougrît d'une façon curieuse; c'est l'image la plus juste du génie chinois.

Les Chinois ont une manière d'envisager l'art qui leur est toute particulière. — Les autres nations, à commencer par les Grecs, qui l'ont atteint, cherchent le beau idéal; les Chinois cherchent le laid idéal; ils pensent que l'art doit s'éloigner autant que possible de la nature, inutile selon eux à représenter, puisque l'original et la copie feraient double emploi. La belle malice de rendre les choses comme elles sont! et le rare effort d'imaginative! Ce n'est pas ainsi qu'un artiste prouve sa puissance créatrice; mais composer un monstre qui ait les apparences de la vie, inventer des paysages chimériques, peindre de couleurs fictives des êtres imaginaires, faire tenir dans le même cadre des objets que la perspective sépare, voilà à quoi un maître se reconnaît. Un tigre bleu-de-ciel, un lion vert-pomme, sont bien plus curieux que s'ils étaient tout bêtement coloriés de leurs nuances naturelles. Et puis le laid est infini et ses combinaisons monstrueuses offrent à la fantaisie des champs illimités. — Dans quel ciel étrange s'envole l'imagination d'un peintre chinois à cheval sur le dragon national, au dos verruqueux, aux aigles onglées, au ventre imbriqué de squames, par-dessus les nuages d'or d'un horizon de laque, les grottes de rochers factices, les pagodes aux huit toits retroussés en sabot, et les lacs où les hérons pensifs trempent leurs becs!

L'exposition chinoise renferme quelques peintures et quelques albums assez curieux, et c'est par là que nous commencerons notre compte rendu. C'est le fil par lequel elle se rattache à l'Exposition universelle des beaux-arts.

L'on a pour habitude, en Chine, d'appendre dans les appartements des espèces de cartels représentant une figure de l'histoire, de la mythologie ou de la légende, accompagnée d'une strophe de quelque ancien poëte célèbre, écrite par quelque calligraphe en réputation. Dans tout l'Orient on attache bien plus d'importance à la beauté des caractères graphiques que chez nous; ces écritures compliquées ressemblent à des arabesques, et peuvent entrer comme partie intégrante dans l'ornementation : témoin l'Alhambra, dont les murailles sont de grandes pages d'écriture où des fleurs et des rinceaux s'entremêlent aux lettres cufiques des versets et des sentences. — Nous avons remarqué parmi ces cartels une *Naissance de Vénus* qui, pour n'avoir pas le moindre rapport avec celle de M. Ingres, ne manque pas d'une certaine grâce bizarre et toute chinoise; des valves d'une coquille de nacre entr'ouverte et portée par une frange d'écume sort à demi une figurine mince, fluette, dans une pose admirablement maniérée, aux cheveux d'un noir bleu, aux yeux obliques et bridés, aux sourcils d'encre de Chine, aux ongles longs et transparents, une créature sans pieds comme l'hirondelle apode, qui doit sembler au mandarin halluciné d'opium aussi belle pour le moins que l'Anadyomène des Grecs, et qui a sur elle l'avantage d'être impossible.

Une autre peinture représente une jeune fille sortant d'une fleur de nymphæa-nélumbo, gracieux mystère théogonique dont l'inscription, tracée à côté en lignes perpendiculaires, nous dirait sans doute le secret, si nous savions le chinois; mais nous avouons modestement notre nullité comme sinologue.

D'autres pancartes offrent plusieurs figures de femmes contemplant des pots de reines-marguerites; suivant de l'œil le vol des grues à travers les nuages; respirant, par le treillis de leurs fenêtres, le parfum amer de l'amandier poudré de sa neige printanière; écrivant sur un papier à fleurs d'argent et d'or une pièce de vers en bouts-rimés, regardant leurs sourcils en feuille de saule, leur bouche de jaspe rouge et leur teint transparent comme le jade dans le métal poli d'un miroir, ou bien contournées sur l'angle de quelque meuble avec ces poses languissantes et mélancoliquement nerveuses que les peintres chinois savent si bien rendre. De telles figures, en dehors de tout art, peuvent cependant faire rêver et ne manquent pas d'un certain charme; elles conduisent l'imagination au fond de ces gynécées de bambous, de porcelaine et de laque, aussi fermés aux Européens que les harems des pachas d'Asie. Un poëte de nos amis, inspiré par cet idéal de paravent et de théière, a composé autrefois les vers suivants, qui trouveront naturellement leur place ici :

Celle que j'aime à présent est en Chine,
Au fleuve Jaune, où sont les cormorans;
Dans une tour de porcelaine fine,
Elle demeure avec ses vieux parents.

Elle a les yeux retroussés vers les tempes,
Le pied petit à tenir dans la main,
Le teint plus clair que le cuivre des lampes,
Les ongles longs et rougis de carmin.

Par le treillis elle passe sa tête,
Que l'hirondelle en volant vient toucher,
Et chaque soir, aussi bien qu'un poëte,
Chante le saule et la fleur du pêcher!

Quelques tableaux dont les personnages ont des têtes et des mains d'ivoire et sont vêtus d'étoffes réelles plissées dans le sens du mouvement, reproduisent avec une vérité fantasque des scènes de la vie intime chinoise; des lettrés s'exercent à composer sur des rimes données d'avance, et boivent de petites tasses de vin ou d'eau-de-vie de riz pour exciter leur verve; des mandarins à lunettes d'or reposent leur gravité sur des fauteuils de bambou, lisant quelque ancien manuscrit, pendant qu'autour d'eux des domestiques rafraîchissent l'air avec des écrans; de jeunes débauchés fument l'opium dans ces pipes d'ébène semblables à des flûtes traversières, qui reçoivent le narcotique enflammé sur un champignon de porcelaine; des femmes égratignent de leurs ongles les trois cordes d'une mandoline; des enfants à mine falote s'amusent avec des jouets moins grotesques et plus possibles qu'eux assurément. Dans ces différentes scènes, on peut remarquer que les hommes arrondissent leurs larges ventres et etagent leurs triples mentons avec une complaisance visible, tandis que les femmes sont toujours minces, mignonnes, frêles, et ne dessinant pas la moindre rondeur sous leur tunique de soie; l'obésité chez l'homme, la gracilité chez la femme, telle est l'élégance suprême en Chine.

Deux dessins d'un genre tout différent méritent qu'on s'y arrête à cause de leur originalité : ce sont des Anglais, — des barbares d'Occident aux cheveux roux, — comme disent les civilisés de l'empire du Milieu, compris de la façon la plus étrange et la plus grotesque. Une lady, montée à califourchon sur un cheval pie, se promène, suivie d'un officier en habit rouge, de deux ou trois matelots, et d'un cuisinier portant un coq sous son bras; — rien n'est plus drôlatique; les traits de la physionomie britannique sont très-bouffonnement caricaturés. — Des marins débarquent devant le consulat anglais, dont l'architecture, traduite à la chinoise, présente l'aspect le plus extravagant; un bateau à vapeur à cheminée bleu-de-ciel, et d'une structure à faire rire l'ombre de Watt, se balance sur une mer tire-bouchonnée qui n'a d'équivalent que les marines turques appendues aux murailles des barbiers à Constantinople.

Mais laissons de côté ces bagatelles, et arrivons à la partie vraiment sérieuse de la collection composée des objets les plus rares et les plus précieux en émaux, bronzes, porcelaines, laques, cabinets et meubles de toutes sortes; l'on n'a admis que les types les plus purs et les plus anciens : les pièces modernes ne servent que comme point de comparaison.

Les émaux cloisonnés sont d'une grandeur et d'une richesse jusqu'à présent inconnues en Europe; les bronzes antiques à incrustations d'or et d'argent proviennent en partie du trésor de l'empereur mongol Houang-Tsoung; quant aux meubles anciens, aux tableaux en relief incrustés de jade et autres pierres précieuses, la perfection du travail, le prix de la matière, indiquent une origine impériale; aussi ont-ils été tirés des antiques résidences souveraines, des provinces du nord et du centre de la Chine, ce monde mystérieux où nul Européen n'a mis le pied encore.

Nous avons dit au commencement de ce chapitre que le principe des Chinois, en fait d'art, était de s'écarter autant que possible de la nature; dans l'acception exacte du mot, ce sont de pauvres peintres. — Lam-Qua, de Canton, leur plus célèbre artiste, a vu des peintures européennes, et a fait, en se conformant aux lois de la perspective et des ombres portées, des ouvrages qui ne sont pas sans mérite comme couleur et comme finesse, quoique nous préférions l'ancienne manière, si libre, si originale et si fantasque; mais, dans l'arabesque pure, dans l'ornementation capricieuse du bronze, de la porcelaine, du bois, de la laque et des pierres dures, les Chinois sont des maîtres inimitables, et l'on ne peut qu'admirer les mille produits de leur imagination inépuisablement fertile.

Peut-on voir quelque chose d'un goût plus exquis, comme dessin, couleur et fantaisie, que le grand brûle-parfums de forme ronde inscrit sous le n° 1? — Son galbe est celui d'un vase pansu auquel s'agrafent deux dauphins en forme d'anse; le corps, en bronze émaillé à cloisons, disparaît sous le plus charmant fouillis de fleurs, de coquilles, de rosaces et de chauves-souris empêtrant leurs ailes à des guirlandes; les dauphins aux fosses béantes, aux babines déchiquetées en lambrequins, aux nageoires d'or et d'émail, aux replis papelonnés d'écailles, mordent de leurs rostres recourbés le bord du vase et en battent les flancs de leur queue fourchue; sur le couvercle s'accroupit hideusement un monstre fabuleux de la difformité la plus rare, tout rugueux de verrues, tout hérissé de griffes et de crocs, bizarre assemblage de membres soudés par le caprice, semblable à un dragon et à une racine dont les nodosités présenteraient par hasard une apparence d'animal, le tout posé sur un socle de bois d'aigle, *tsé-tan-mouk* en chinois, qu'on tire ordinairement de la Cochinchine; — l'ornement, qui n'emprunte à la nature que quelques formes qu'il contourne et dévie à son gré, est une création de l'homme dont les prototypes n'existent nulle part. C'est le vrai domaine de la chimère, et c'est pour cela que les Chinois y excellent.

Un second brûle-parfums, placé non loin de celui que nous venons de décrire, aussi en émail cloisonné, offre trois étages en retraite, patiemment découpés à jour, et portant sur le dernier, formant couvercle, le lion impérial jouant avec une boule. — Mais quel lion! L'art héraldique n'en a pas dans sa ménagerie de plus farouche ni de plus exorbitant.

Un troisième représente une pagode dont les faces sont fenestrées de treillis en bronze ciselé, et les galeries décorées de fleurs et d'arabesques découpées à jour. La coupole, faite d'un filigrane d'ornements enlacés, brillant des plus vives couleurs de l'émail, est surmontée d'une gourde en bronze doré; le frêle et gracieux édifice s'appuie sur un pied de tsé-tan-mouk travaillé comme une dentelle, et il y en a une vingtaine comme cela : vases antiques, torchères, coupes, porte-bonnets, garnitures d'étagères, étuis à parfums, bols, flambeaux, trépieds, cornets, se combinant de la façon la plus fantasque avec les rinceaux de l'ornementation : fleurs chimériques, fruits de l'autre monde, oiseaux des ciels de laque, dragons de paravent, têtes d'éléphants recourbant leurs trompes en anses et en volutes, singes se grattant l'aisselle et faisant la grimace, bonzes priant dans des grottes de stalactites, avec une variété infinie de formes et de couleurs que la parole est inhabile à rendre et qui charme toujours les yeux.

Les bronzes offrent aussi le plus haut intérêt; l'art de fondre ce métal et d'en former des vases remonte à l'antiquité la plus reculée et se perd pour ainsi dire dans la nuit des temps. Les historiens chinois disent que Yu, qui fut associé à l'empire par Chun plus de deux mille deux cents ans avant l'ère chrétienne, fit fondre neuf grands vases d'airain, sur chacun desquels on grava la carte et la description d'une des neuf parties de l'empire. — C'est, comme vous voyez, une industrie qui ne date pas d'hier.

Sous la dynastie des Ming, dans la période Houen-Té, qui correspond aux années écoulées de 1426 à 1436 de l'ère chrétienne, pendant le règne de Houan-Tsoung, le feu prit au palais impérial et dura plusieurs jours. La violence de l'incendie fit fondre une quantité prodigieuse d'or, d'argent et d'airain qu'on retrouva mêlés ensemble sous les cendres et les décombres. — On fabriqua de cet alliage un grand nombre de vases très-estimés à la Chine et d'un grand prix.

Ces détails, que nous empruntons au livret de M. Montigny, donneraient lieu à un curieux rapprochement. — L'airain de Corinthe, qui, lui aussi, contenait de l'or et de l'argent, n'était-il pas le résultat d'une fusion semblable due à l'incendie des principaux édifices de la ville par le barbare consul romain Mummius? — Peut-être les deux histoires ne sont-elles qu'une légende inventée par les marchands de curiosités de Rome et de Péking, pour vendre plus cher leurs vases et leurs statuettes.

La collection des bronzes est aussi nombreuse que variée; nous y avons remarqué des vases d'un goût très-pur et d'une simplicité de formes qui se rapproche de l'étrusque et du grec. — Un surtout nous a plu par son galbe correct et fin : des oiseaux grimpant après le col du vase composent ses anses avec leurs becs et leurs ailes. — Ce joli bronze damasquiné d'argent et incrusté de filets ne serait pas déplacé sur une tablette du musée de Naples, parmi les objets trouvés dans les fouilles d'Herculanum et de Pompeïa. — Mais bientôt le goût chinois reprend le dessus et les monstres reviennent jouer leur rôle habituel : ce ne sont plus que chimères, lions, buffles, guivres, lézards, crapauds, crabes, démons cornus, griffus, moustachus, nouant leur replis, plissant leurs membranes, allongeant leurs pinces, secouant leur crinière à papillotes, arquant leurs échines aux vertèbres en relief, parmi les pivoines, les lotus, les bambous et les *mains de Confucius :* l'idéal du genre est une scorie de bronze placée sur un socle de bois sculpté représentant des vagues; l'écume de la fonderie superposée à l'écume des flots! Dans ces stries, ces bulbosités, ces bavochages du métal, l'œil peut voir toutes les formes qu'il veut; l'art chinois a dit au hasard de donner un échantillon de son savoir-faire, et le hasard a été presque aussi adroit que l'invention : — il a produit du premier coup une difformité inimitable.

Les tableaux en relief sont très-intéressants : ce sont des vues de ports, des villes, des pagodes, des paysages, des oiseaux, des éléphants, rendus par une espèce de mosaïque saillante en pierre de couleur sur des fonds de laque de diverses teintes. Rien n'est plus riche et plus amusant à l'œil que cette création de jaspe, de jade, de nacre, d'aventurine, de lapis-lazuli. — Tantôt c'est un arbre fleuri aux feuilles de malachite sur lesquelles des oiseaux au plumage d'agate, de cornaline et de burgau, battent joyeusement des ailes ; — tantôt un bonze d'ivoire et de pierre oolithique qui adore une grue sacrée en nacre de perle sur un fond laqué jaune ; d'autres fois c'est un éléphant en jade vert-d'eau, qui s'avance, portant un vase de fleurs en pierres précieuses, ou quelque fantaisie semblable.

Des meubles magnifiques, cabinets, étagères, lits, fauteuils, écrans, buffets, en bois de camphre, de sandal, de bois impérial, de bois d'aigle, amusent par leurs formes inusitées et la perfection avec laquelle ils sont faits. — Le grand lit de Ning-Po, en bois de pako et bois impérial, à pieds massifs, ornementé de médaillons d'ivoire et de buis sculptés, décrit un cercle parfait dont le haut se courbe en dôme et le bas s'arrondit en bateau ; les étagères, avec leurs cases proportionnées aux objets qu'elles doivent contenir, échappent aux habitudes de la symétrie européenne. — Des échantillons rares, ou pour mieux dire introuvables, des plus exquises porcelaines de King-té-Tchinn, des grès de Shang-Haï, des poussahs en pagodite, des instruments de musique, des amulettes faites de pièces de monnaies liées ensemble, complètent cette merveilleuse collection, qui ne sortira pas de France, et qui vous fait franchir pour quelques instants la muraille de la Chine.

XIII

M. INGRES.

Le premier nom qui se présente à la pensée lorsqu'on aborde l'école française est celui de M. Ingres. Toutes les revues du Salon, quelle que soit l'opinion du critique, commencent invariablement par lui : en effet, il est impossible de ne pas l'asseoir au sommet de l'art, sur ce trône d'or à marchepied d'ivoire où siégent couronnées de lauriers les gloires accomplies et mûres pour l'immortalité. L'épithète de souverain, que Dante donne à Homère, sied également à M. Ingres, et les jeunes générations que traverse sa vieillesse radieuse la lui ont décernée. D'abord nié, longtemps obscur, mais persistant dans sa voie avec une constance admirable, M. Ingres est aujourd'hui arrivé à la place où la postérité le mettra, à côté des grands maîtres du seizième siècle, dont il semble, après trois cents ans, avoir recueilli l'âme : noble vie à prendre pour exemple, et que l'art remplit tout entière, sans une distraction, sans une défaillance, sans un doute! Enfermé volontairement au fond du sanctuaire dont il avait muré sur lui la porte, l'auteur de l'*Apothéose d'Homère*, du *Saint Symphorien*, du *Vœu de Louis XIII*, a vécu dans l'extatique contemplation du beau, à genoux devant Phidias et Raphaël, ses dieux; pur, austère, fervent, méditant, et produisant à loisir les œuvres témoignages de sa foi. Seul, il représente maintenant les hautes traditions de l'histoire, de l'idéal et du style; à cause de cela, on lui a reproché de ne pas s'inspirer de l'esprit moderne, de ne pas voir ce qui se passait autour de lui, de n'être pas de son temps, enfin. Jamais accusation ne fut plus juste. Non, il n'est pas de son temps, mais il est éternel. — Sa sphère est celle où se meuvent les personnifications de la beauté suprême, l'éther transparent et bleu que respirent les sibylles de la Sixtine, les muses du Vatican et les Victoires du Parthénon.

Loin de nous l'intention de blâmer les artistes qui se pénètrent des passions contemporaines et s'enfièvrent des idées qu'agite leur époque. Il y a, dans la vie générale où chacun trempe plus ou moins, un côté ému et palpitant que l'art a le droit de formuler et dont il peut tirer des œuvres magnifiques; mais nous préférons la beauté absolue et pure, qui est de tous les temps, de tous les pays, de tous les cultes, et réunit dans une communion admirative le passé, le présent et l'avenir.

Cet art, qui n'emprunte rien à l'accident, insoucieux des

modes du jour et des préoccupations passagères, paraît froid, nous le savons, aux esprits inquiets, et n'intéresse pas la foule, incapable de comprendre les synthèses et les généralisations. C'est cependant le grand art, l'art immortel et le plus noble effort de l'âme humaine : ainsi l'entendirent les Grecs, ces maîtres divins dont il faut adorer la trace à genoux. — L'honneur de M. Ingres sera d'avoir repris ce flambeau que l'antiquité tendit à la Renaissance, et de ne pas l'avoir laissé éteindre lorsque tant de bouches soufflaient dessus, dans les meilleures intentions du monde, il faut le dire.

Notre admiration pour M. Ingres date de loin ; nous avons déjà loué comme ils le méritent la plupart des tableaux de cette exposition, où, abjurant toute bouderie d'amour-propre, l'illustre peintre a répondu généreusement à l'appel de la France, et laissé voir à tous les chefs-d'œuvre qu'il ne montrait qu'à un petit nombre d'amis ; nous sommes heureux de les trouver réunis, et d'exprimer encore une fois l'impression qu'ils nous ont produite, et que le temps n'a fait que confirmer.

Commençons par l'*Apothéose d'Homère*, — *ab Jove principium*. — L'*Apothéose d'Homère*, comme chacun le sait, servait de plafond à une des salles du musée Charles X, et Dieu sait combien de torticolis nous avons gagnés en la contemplant : nous pouvons l'admirer maintenant à notre aise redressée contre un mur, ce qui est sa vraie position, car la composition entendue avec la placidité sereine d'un bas-relief antique ne plafonne pas du tout.

Nous ne croyons pas, après avoir visité toutes les galeries du monde, que l'*Apothéose d'Homère* redoute la comparaison avec un tableau quel qu'il soit. Si quelque chose peut donner l'idée de la peinture des Apelles, des Euphranor, des Zeuxis, des Parrhasius, telle que les témoignages des anciens nous la retracent, c'est assurément l'*Apothéose d'Homère*. En retranchant les personnages modernes qui garnissent le bas du tableau, elle eût pu, ce nous semble, figurer dans la pinacothèque des Propylées, parmi les chefs-d'œuvre antiques.

Devant le péristyle d'un temple dont l'ordre ionique rappelle symboliquement la patrie du Mélésigène, Homère déifié est assis avec le calme et la majesté d'un Jupite aveugle; sa pose immobile indique la cécité, quand même ses yeux blancs comme ceux d'une statue ne diraient pas que le divin poëte ne voit plus qu'avec le regard de l'âme les merveilles de la création qu'il a retracées si splendidement. Un cercle d'or ceint ses larges tempes, pleines de pensées; son corps, modelé par robustes méplats, n'a rien des misères de la caducité; il est antique et non vieux: l'âge n'a plus de prise sur lui, et sa chair s'est durcie pour l'éternité dans le marbre éthéré de l'apothéose. D'un ciel d'azur que découpe le fronton du temple, et que dorent comme des rayons de gloire quelques zones de lumière orangée, descend dans le nuage d'une draperie rose une belle vierge tenant la palme et la couronne. Aux pieds d'Homère, sur les marches du temple, sont campées dans des attitudes héroïques et superbes ses deux immortelles filles, l'Iliade et l'Odyssée : l'Iliade, altière, regardant de face, vêtue de rouge et tenant l'épée de bronze d'Achille; l'Odyssée, rêveuse, drapée d'un manteau vert de mer, ne se montrant que de profil, sondant de son regard l'infini des horizons et s'appuyant sur la rame d'Ulysse: — l'action et le voyage!

Ces deux figures, d'une incomparable beauté, sont dignes des poëmes qu'elles symbolisent; quel éloge en faire après celui-là!

Autour du poëte suprême se presse respectueusement une foule illustre : Hérodote, le père de l'histoire, jette l'encens sur les charbons du trépied, rendant hommage au chantre des temps héroïques; Eschyle montre la liste de ses tragédies; Apelles conduit Raphaël par la main; Virgile amène Dante, puis viennent Tasse, Corneille, Poussin, coupés à mi-corps par la toile; de l'autre côté, Pindare s'avance, touchant sa grande lyre d'ivoire; Platon cause avec Socrate; Phidias offre le maillet et le ciseau qui ont tant de fois taillé les dieux d'Homère; Alexandre présente la cassette d'or où il renfermait les œuvres du poëte. Plus bas s'étagent, en descendant vers l'âge moderne, Camoëns, Racine, Molière, Fénelon, rattaché au chantre de l'*Odyssée* par son *Télémaque*.

Il règne dans la portion supérieure du tableau une sérénité lumineuse, une atmosphère élyséenne argentée et bleue, d'une douceur infinie; les tons réels s'y éteignent comme trop grossiers, et s'y fondent en nuances tendres, idéales. Ce n'est pas le soleil des vivants qui éclaire les objets dans cette région sublime, mais l'aurore de l'immortalité; les premiers plans, plus rapprochés de notre époque, sont d'une couleur plus robuste et plus chaude. Si Alexandre, avec son casque, sa cuirasse et ses cnémides d'or, semble l'ombre d'une statue de Lysippe, Molière est vrai comme un portrait d'Hyacinthe Rigaud.

Quel style noble et pur! quelle ordonnance majestueuse! quel goût véritablement antique! Dans ce tableau sans rival, l'art de Phidias et d'Apelles est retrouvé.

Si l'*Apothéose d'Homère* est exclusivement grecque, le *Martyre de saint Symphorien*, comme l'*Incendie du bourg* de Raphaël, semble indiquer une certaine préoccupation de Michel-Ange. M. Ingres s'est dit sans doute : Ce n'est pas assez d'avoir la composition simple, la forme correcte, le contour précis; il faut montrer que l'on est capable de ces outrances anatomiques tant admirées, qui amènent les muscles à la peau et font de l'homme vivant un écorché d'amphithéâtre; et il a rassemblé dans son tableau tous les tours de force de dessin imaginables; depuis le *Jugement dernier* de la Sixtine, on n'a rien vu de si savant, de si fort, de si robuste : — C'est le *nec plus ultra* du style et de l'art. Pour le vulgaire, il trouvera sans doute ces musculatures exagérées, et comparant son bras chétif aux bras de ces licteurs athlétiques, il s'étonnera de la différence, ne sachant pas que l'art n'a pas pour but de rendre la nature, et s'en sert seulement comme moyen d'expression d'un idéal intime. Si forts que soient les géants de Michel-Ange, ils ne traduisent pas encore toute l'énergie secrète de sa pensée.

Mais il n'y a pas dans le *Saint Symphorien* que des contractions de muscles et des difficultés de dessin vaincues; la figure du martyr est une des plus sublimes que la peinture ait fixées sur la toile, et au milieu de ce déploiement de force physique, parmi ces torses montueux, ces membres pleins de nodosités, la force morale resplendit svelte et pure en son éclat immatériel; le jeune saint aux bras de femme, à la figure imberbe et pâle, l'emporte de tout l'ascendant de l'âme sur ce préteur, sur ces licteurs, sur ces victimaires, sur ces bourreaux à physionomies bestiales, à tournures d'Hercule, basanés par le grand air et l'action. — Voilà pourquoi ils tendent leurs nerfs, crispent leur grand trocanter et font renfler leurs biceps; ils se sentent vaincus, et aussi le préteur risque un effroyable raccourci, impossible à tout autre qu'à M. Ingres, pour ordonner du doigt qu'on emmène ce faible adolescent qui les écrase tous.

Quel admirable geste dans sa sainte violence, que celui de la mère se penchant hors des créneaux et, du haut des remparts, poussant au martyre le fils de ses entrailles! La chrétienne, chez elle, a tué la mère; on voit qu'elle a hâte de jeter son fils au Christ, qui est mort pour nous, et qu'elle trouve les bourreaux trop lents; chaque minute de retard est une éternité de bonheur de moins.

La couleur de ce tableau a été critiquée à sa première apparition, bien à tort selon nous; elle est mate, sobre, magistrale, avec ces tons neutres de la fresque laissant prévaloir la pensée et le style : et même dans l'acception vulgaire qu'on donne au mot couleur, connaissez-vous quelque chose de plus fin, de plus suave, de plus tendre que les pieds, les mains, les bras et la tête du saint Symphorien, et que cette draperie d'un jet si noble, d'une blancheur si pure, qu'il pourra la garder au ciel, devant le trône de Dieu, parmi les élus? — Et le jeune garçon qui se penche pour ramasser une pierre, et la femme qui presse son enfant contre son cœur et l'enveloppe de ses bras, comme si on voulait le lui arracher, ne sont-ils pas merveilleusement modelés et peints?

Le *Vœu de Louis XIII* a été popularisé par la belle gravure de Calamatta; il est donc inutile de le décrire ici en détail. — Avec quelle céleste *smorfia* et quelle dignité protectrice la sainte Vierge accueille l'offre que le roi de France lui fait de son royaume, comme s'il n'était pas déjà à elle! — Depuis Raphaël aucun peintre n'avait peint une madone si belle, si fière, si chaste et pourtant si douce. La Madone de Saint-Sixte, la Vierge à la Chaise, la Vierge au Poisson, l'admettraient pour leur sœur, et leurs enfants Jésus joueraient avec celui qu'elle tient debout sur ses genoux divins.

Le Louis XIII vu de dos, inondant du velours fleurdelisé de son manteau royal le premier plan du tableau et ne montrant qu'en profil perdu cette tête pâle et caractéristique, à la moustache et à la mouche noires; les grands anges relevant les courtines pour mieux laisser voir l'apparition céleste; les petits séraphins supportant le cartouche où est inscrit le vœu, sont dessinés et peints de main de maître. — Si le style se perdait, c'est là qu'il faudrait l'aller chercher.

L'*Œdipe devinant l'énigme du sphinx* semble avoir été

peint par un artiste grec de l'école de Sicyone, tellement un pur sentiment d'antiquité y respire; ce n'est pas de l'archaïsme, c'est de la résurrection. Certes, c'est bien ainsi qu'il s'est posé, le beau et fier jeune homme, ses deux lances de cuivre à la main et son chapeau de voyage rejeté sur les épaules, devant le monstre sournois à tête et à gorge de vierge, à ailes d'épervier et à croupe de lionne, qui le regarde d'un œil oblique et, l'énigme proposée, lève déjà sa patte griffue! Il a trouvé le mot; il va répondre; ses lèvres s'ouvrent, et le sphinx, vaincu, n'a plus qu'à se précipiter de son rocher; des pieds pâles, des ossements et des crânes apparaissent vaguement dans la gueule noire de la caverne et montrent le danger couru par les voyageurs à qui leur mauvaise fortune faisait prendre ce chemin funeste. L'Œdipe est devenu avec le temps d'une couleur superbe; on dirait un Giorgione à voir ses chairs blondes se détacher d'un fond d'outremer sous cette chaude patine que les années donnent souvent aux œuvres des dessinateurs, tandis qu'elles carbonisent celles des coloristes.

Nous ne connaissions pas le portrait en pied de Napoléon premier consul, qui appartient à la ville de Liége; c'est une œuvre d'un singulier intérêt historique. Le premier consul est en costume officiel : habit à collet carré, culotte courte en velours nacarat, bas de soie blancs, souliers à boucles; la tête fine, maigre, jaune, consumée de génie, presque maladive, diffère beaucoup du masque impérial, tel qu'il est moulé dans toutes les mémoires, et se rapproche de ce portrait célèbre du premier consul se promenant dans les jardins de la Malmaison, par Isabey, dont on rencontrait encore quelquefois, il y a dix ans, la gravure, devenue rare. Ce costume de velours cerise, brodé d'or, rendu avec l'exactitude austère que M. Ingres met à tout ce qu'il fait, est d'une audace de ton à effrayer les plus hardis, et, par son intensité, fait ressortir les tons d'ivoire de la tête et des mains, admirablement belles.

Nous avons ici même rendu compte de l'*Apothéose de Napoléon*. Ce serait de l'amour-propre de croire que les lecteurs du *Moniteur universel* s'en souviennent, et cependant nous éprouvons quelque embarras à répéter ce que nous avons dit. — Nous nous bornerons à faire une rapide esquisse du tableau détaché du plafond de l'Hôtel de Ville, dont il orne une des salles.

M. Ingres a conçu son sujet avec une simplicité antique, comme si à Rome un artiste grec eût été chargé de faire en camée l'apothéose d'un César; il a mis Napoléon déifié sur un quadrige, qu'une Victoire ailée conduit au temple de la Gloire; près de lui une jeune Renommée le couronne; au-dessus de sa tête plane l'aigle sacrée; au fond, sur un horizon de mer bleue, se dessine la sombre silhouette d'une île; à l'autre bout de la carrière rayonne le temple étincelant d'or et de lumière; au bas de la composition figure un trône vide, et la France éplorée tend les mains vers l'apparition radieuse; Némésis s'élance et terrasse l'Anarchie.

Cet Empereur nu dans sa pourpre comme un Olympien, ce char d'or aux roues tourbillonnantes, ces quatre chevaux divins habitués à fouler le bleu pavé du ciel, et fiers comme s'ils étaient détachés des frises du Parthénon, cette Victoire aussi noble que celle qui délie sa sandale sur le bas-relief du temple de la Victoire Aptère, quel maître de Grèce, de Rome ou de Florence n'eût été orgueilleux de les avoir conçus et réalisés avec ce style si pur et cette beauté suprême?

La *Vénus Anadyomène* est peut-être la figure que le peintre a caressée le plus amoureusement; commencée dans sa jeunesse, il l'a quittée, reprise, comme on fait d'une maîtresse adorée, et voilà quelques années à peine qu'il s'en est séparé en faveur de M. Reiset. Jamais, ni dans l'ivoire de l'Inde, ni dans le marbre de Paros, ni sur le bois, ni sur la toile, l'art n'a représenté un corps plus virginalement nu, plus idéalement jeune, plus divinement beau; des blonds cheveux tordus roulent quelques perles amères sur le sein déjà rosé par l'émotion de la vie, tandis que les pieds blancs comme l'écume argentée de la vague gardent encore la pâleur froide de la chair humide; de petits Amours, dansant sur le bout des flots, présentent à la déesse nouvelle un miroir de métal poli; après s'y être regardée, elle sera femme tout à fait; elle aura conscience de sa beauté.

Quelle charmante fantaisie que le *Roger délivrant Angélique!* Nous doutons que l'Arioste ait jamais été mieux traduit : est-il beau et chevaleresque le Roger dans son armure d'or, ajustant sa lance, le coude en saillie, comme un saint Michel gothique terrassant le dragon sous un porche de cathédrale! Rarement le sens intime du moyen âge a été mieux compris; l'Hippogriffe au bec de griffon, aux ailes d'aigle, à la croupe de cheval, ouvre ses serres comme un chimérique animal du blason grimpant après un écu, avec une impossibilité vraisemblable, une bizarrerie romantique qu'on n'attendrait pas d'un talent aussi sérieux que celui de M. Ingres; quant à l'Angélique, c'est la figure la plus suave, la plus délicieuse dans sa chaste pâleur nacrée, que puisse rêver une imagination amoureuse du beau. Le caractère est tout différent de celui de la *Vénus Anadyomène*, quoique toutes deux soient des femmes nues baignant leurs pieds d'argent dans la mousse du flot; Angélique n'est pas une statue qui vit, c'est une femme, et une femme moderne; on le sent à nous ne savons quoi de plus fin, de plus élancé, et pourquoi ne pas le dire, quoique le mot arrive singulièrement ici, de plus chrétien. Comme elle renverse son cou de cygne, un peu trop long peut-être, comme elle répand la cascade blonde de ses cheveux, comme elle lève au ciel ses yeux d'un azur tendre!

Nous pouvons compter au nombre des tableaux d'histoire un petit tableau traité en esquisse et représentant *Jupiter et Antiope*, chaud et coloré comme un Titien, dont il a tout l'aspect. — Le corps de l'Antiope est charmant; — on y devine la tiédeur et le souffle de la vie. M. Ingres possède presque seul, parmi les peintres modernes, le don de peindre les femmes et de les faire belles, en évitant le joli, écueil des artistes qui cherchent la grâce.

Notre-Seigneur remettant à saint Pierre les clefs du paradis en présence des apôtres ornait autrefois l'église de la Trinité-du-Mont, à Rome, où une copie le remplace. C'est un tableau d'un style sévère, qui rappelle les cartons d'Hampton-Court : les draperies sont largement agencées, les têtes ont un caractère énergique et robuste, comme il convient à des pêcheurs d'hommes qui vont jeter le filet sur l'univers pour ramener des âmes. Le saint Pierre est superbe, et le Christ ne pouvait mieux choisir la *pierre* sur laquelle devait s'élever un jour l'édifice immense du catholicisme ; les clefs qui plus tard se croiseront sur l'écusson papal sont bien à leur place, dans ces mains musculeuses et basanées. La tête du Christ mêle au type traditionnel le sentiment particulier de l'artiste ; c'est ainsi que les maîtres savent être neufs en traitant des sujets en apparence usés. — Cinq ou six thèmes de ce genre ont suffi pendant des siècles aux grandes écoles d'Italie. La couleur de ce tableau, que chaque jour améliore, prend une intensité toute vénitienne et nous remet en mémoire une toile analogue de Marco Roccone qu'on voit à la galerie des beaux-arts, sur le Grand-Canal. Les gris, tant reprochés à M. Ingres il y a quelques années, ont disparu sous une belle teinte chaude et dorée. Les draperies, d'abord un peu entières de ton, se sont harmonieusement rompues. Nous insistons là-dessus parce que les peintres actuels devancent sur leurs tableaux l'action du temps, et simulent la fumée des ans par des vernis jaunes et des glacis de bitume qui en compromettent l'avenir. L'éclat neuf d'une peinture fraîche est sans doute moins agréable, mais ces sacrifices à une harmonie temporaire peuvent devenir funestes.

L'original de la *Vierge à l'hostie* est en Russie maintenant ; — celle qui figure à l'Exposition universelle n'est cependant pas une copie, mais la répétition, avec changement, d'un sujet favori, telle que se la permettaient souvent les grands maîtres anciens. Le saint Nicolas et le saint Georges ont disparu pour faire place à deux anges thuriféraires : la sainte Vierge, joignant par les pointes les longs doigts de ses belles mains, adore, les yeux baissés — avec une expression de modestie tempérée d'orgueil, car elle est la mère de ce Dieu qu'elle prie, — l'hostie, blanc soleil rayonnant au-dessus du calice où, mystère insondable, s'est incarné le fils qu'elle tenait tout à l'heure dans ses bras : la tête de la Madone est d'une suavité divine. Ses traits purs, d'un type grec christianisé, ont cette incomparable noblesse qui est le secret bien gardé de M. Ingres ; jamais chaste ovale ne circonscrivit yeux plus pudiques, nez plus fin, bouche mieux arquée par un charmant demi-sourire. Nous ne reprocherons à ce visage vraiment céleste que quelques teintes d'un rose trop humain sur le haut des joues. — Le sang n'a plus sa pourpre violente dans les veines des êtres immatériels ou spiritualisés par l'assomption, et ne colore que faiblement ces corps aromaux, pour emprunter une expression au vocabulaire phalanstérien de Fourier. Peut-être l'artiste a-t-il voulu exprimer par cette rougeur la Rose mystique des Litanies./Une véritable difficulté pour la peinture, c'est de faire sentir la souplesse et le mouvement du corps humain sous une armure de fer. — Ce problème, M. Ingres l'a complétement résolu dans sa *Jeanne d'Arc*. Sous la cuirasse bombée s'arrondit et palpite le sein de la jeune vierge ; ses hanches féminines se devinent à travers le tonnelet de mailles, et quand même elle aurait sur la tête son casque, la visière fermée, son sexe ne serait un mystère pour personne; la luisante carapace d'acier qui la recouvre ne lui ôte rien de sa sveltesse vigoureuse: sa tête, aux traits purs et réguliers, qu'accompagnent des cheveux partagés sur le front et coupés à la hauteur des oreilles, respire le calme contentement du rêve réalisé, le tranquille enthousiasme de la mission accomplie. Son épée et sa masse d'armes pendent encore à son côté, mais son heaume, désormais inutile, repose, avec ses gantelets, sur un coussin placé à ses pieds; sa main étendue sur l'autel semble prendre Dieu à témoin qu'elle a tenu la promesse faite à son roi. Elle porte haut l'oriflamme victorieuse sous les voûtes de la cathédrale de Reims, où Charles VII reçoit l'huile de la sainte ampoule; mais cette grande scène, qui aurait ôté à Jeanne d'Arc de son importance, se passe hors de la vue du spectateur. — Autour de l'héroïne de Vaucouleurs se pressent, dans un espace peut-être trop étroit, Doloy, son écuyer; Jean Paquerel, religieux augustin, son confesseur, deux ou trois pages qu'on croirait découpés dans quelque miniature de manuscrit gothique, tant ils ont le caractère de l'époque, et s'arrangent avec un sentiment moyen âge dans les coins irréguliers que leur laisse la composition pivotant sur une seule figure. Ceux qui refusent la couleur à M. Ingres n'ont qu'à regarder attentivement les ornements de l'autel, tabernacle, ciboire, flambeaux, et ils changeront à coup sûr d'idée : il y a là des *ors* du ton le plus riche et d'une vérité à faire illusion. Le trompe-l'œil ne signifie pas grand'chose en art, et M. Ingres le méprise plus que personne; mais, poussé à ce point, il prouve une véritable puissance de coloriste. — Grâce à M. Ingres, Jeanne d'Arc possède enfin une image digne d'elle.

L'*Odalisque couchée*, peinte à Rome en 1814 et exposée quelques années plus tard au Salon, fit pousser les hauts cris aux prétendus connaisseurs du temps. — Chose singulière! M. Ingres fut poursuivi des mêmes injures qu'on prodigua ensuite aux chefs de l'école romantique : — on l'accusa de vouloir faire rétrograder l'art jusqu'à la barbarie du seizième et du quinzième siècle, — la barbarie de Léonard de Vinci, de Raphaël, d'André del Sarto, de Corrége et d'André Mantegna, apparemment! — A peine lui accordait-on quelques qualités de dessin; — c'était, disaient les critiques, froid, sec, plat, dur, gothique enfin! pour lâcher le grand mot.

Et pourtant, si jamais créature divinement belle s'étala dans sa chaste nudité aux regards des hommes indignes de la contempler, c'est à coup sûr l'*Odalisque couchée;* rien de plus parfait n'est sorti du pinceau.

Soulevée à demi sur son coude noyé dans les coussins, l'odalisque, tournant la tête vers le spectateur par une flexion pleine de grâce, montre des épaules d'une blancheur dorée, un dos où court dans la chair souple une délicieuse ligne serpentine, des reins et des jambes d'une suavité de forme idéale, des pieds dont la plante n'a jamais foulé que les tapis de Smyrne et les marches d'albâtre oriental des piscines du harem ; des pieds dont les doigts vus, par-dessous, se recourbent mollement, frais et blancs comme des boutons de camellia, et semblent modelés sur quelque ivoire de Phidias retrouvé par miracle ; l'autre bras languissamment abandonné, flotte le long du contour des hanches, retenant de la main un éventail de plumes qui s'échappe, en s'écartant assez du corps pour laisser voir un sein vierge d'une coupe exquise, sein de Vénus grecque, sculptée par Cléomène pour le temple de Chypre et transportée dans le sérail du padischa.

Une espèce de turban de cachemire, arrangé avec un goût extrême, et dont les franges retombent derrière la nuque, enveloppe le sommet de la tête, découvrant des cheveux en bandeaux sur lesquels s'enroule une natte de cheveux en forme de couronne ; des fils et des grappes de perles complètent cette coiffure orientale. Les yeux, dont la prunelle glauque regarde de côté ; le nez, aux narines roses comme l'intérieur d'un coquillage ; la bouche, épanouie par un sourire nonchalant ; les joues pleines, un peu larges ; le menton, d'une courbe ronde et voluptueuse, forment un type où l'individualité de l'Orient se mêle à l'idéal de la Grèce. — C'est bien là, et telle a dû être l'intention du peintre, la beauté esclave dans sa sérénité morne, étalant avec indifférence des trésors qui ne lui appartiennent plus, et se reposant nue au sortir de son bain, dont les dernières perles sont à peine séchées, à côté de la cassolette qui fume, entre le chibouck et la collation de fruits et de conserves, ne prenant pas même la peine de renouer sa ceinture à la massive agrafe de diamants. Quelle élégance abandonnée dans ses longs membres qui filent comme des tiges de fleurs au courant de l'eau! quelle souplesse dans ces reins moelleux, dont la chair semble avoir des micas de marbre de Paros sous la vapeur rose de la vie qui les colore légèrement! et quel soin précieux dans tous les accessoires, les bracelets, le chasse-mouches en plumes de paon, les bijoux, la pipe, les draperies, les coussins, les linges fripés et jetés çà et là! — La tribune de Florence, le salon carré de Paris, la galerie de Madrid, le musée de Dresde admettraient ce chef-d'œuvre parmi leurs plus belles toiles.

M. Ingres aime ce sujet si favorable à la peinture, ce prétexte si commode de nu dans notre époque habillée des pieds à la tête. — Il a fait plusieurs odalisques ou baigneuses.

La seconde odalisque est une jeune femme blonde, accablée des langueurs énervantes du sérail et penchant sa tête sur ses bras entre-croisés parmi les flots de sa chevelure ruisselante; son corps demi-nu se tord dans une pose contractée par un spasme d'ennui. — Peut-être quelque secret désir inassouvi, quelque folle aspiration vers la liberté agite cette belle créature enfermée vivante dans le tombeau du harem, et la fait se rouler sur les nattes et les mosaïques. Une jeune esclave abyssinienne, dont la veste entr'ouverte laisse voir la gorge fauve comme du bronze, est agenouillée près de la favorite blanche et lui joue sur le tchéhégour quelques-unes de ces mélodies sauvages et bizarres qui endorment la douleur comme un chant de nourrice, à moins toutefois qu'elles n'inspirent d'étranges nostalgies de patries inconnues. —Au fond se promène d'un air maussade et soupçonneux un eunuque noir, attendant la fin de la crise ou la redoutant. —Tous les détails de costume et d'ameublement ont cette scrupuleuse fidélité locale qui est un des mérites de M. Ingres. Il est impossible de mieux peindre le mystère, le silence et l'étouffement du sérail : pas un rayon de soleil, pas un coin de ciel bleu, pas un souffle d'air dans cette chambre ouatée, capitonée, imprégnée des parfums vertigineux du tomback, de l'ambre et du benjoin, où s'étiole, loin de tous les regards, la plus belle fleur humaine.

La *Baigneuse*, assise et vue de dos, se modèle dans un clair-obscur argenté, réchauffé de reflets blonds ; un gazillon blanc et rouge se tortille avec coquetterie autour de sa tête, et son beau corps, peint grassement, développe ses riches formes féminines revêtues d'une couleur qui semble prise sur la palette de Titien. Des linges d'un blanc chaud et doré, à franges effilées et pendantes, comparables aux draps sur lesquels s'allongent les Vénus et les maîtresses de prince du grand peintre de Venise, font valoir par leurs beaux tons mats les chairs fermes et superbes de la baigneuse; un bout de rideau tombant sur le coin du tableau est le seul *repoussoir* que se soit permis l'artiste ; tout le reste se maintient dans une gamme claire, puissante et tranquille, sur un jour qui tombe de haut, probablement par une de ces verrues de cristal qui bossuent les coupoles des bains

tures à Constantinople. — Ici, tout est réuni, beauté et vérité, dessin et couleur.

Quel regard inquiet d'oiseau surpris jette par-dessus son épaule cette petite *Baigneuse* farouche, à la prunelle de charbon dans un teint de citron vert! Qu'elle est furtive, effarée et charmante! on dirait un fragment de statue grecque bruni avec les tons fauves du Giorgione.

Nous allons aborder maintenant la série des tableaux de genre exposés par M. Ingres, si une telle dénomination, comprise comme on l'entend aujourd'hui, peut s'accorder avec des œuvres toujours sérieuses quelles que soient leurs dimensions : — la grandeur du cadre ne fait rien à l'affaire. — N'est-ce pas en effet un tableau d'histoire du plus haut style, que le *Pape Pie VII tenant chapelle?* Bien que les figures n'aient que quelques pouces de hauteur, quelle grandeur historique, quel calme auguste, quelle sérénité sacerdotale! Le pape, les pieds perdus dans ses longs vêtements blancs, comme un Hermès dans sa gaîne, trône sous le dais rouge écussonné des armes du saint-siége, appliqué à la muraille que décorent les fresques de Ghirlandajo et de Luca Signorelli. A côté de lui, un cameriere vêtu de noir, lit un livre — un bréviaire sans doute; — les cardinaux étalent leurs camails d'hermine sur la pourpre romaine, rangés en files symétriques, ayant au-dessous d'eux les prélats violets. Sur le devant, en dehors de la balustrade, se groupent quelques personnages : hallebardiers, prêtres, curieux; au fond, dans la demi-teinte la plus savante, montent et descendent les formidables figures du *Juge-*

ment dernier. Ce fond est, à notre avis, la seule copie vraie qu'on ait jamais faite de l'œuvre colossale de Michel-Ange. l'impression est la même que si l'on était réellement dans la chapelle Sixtine.

M. Ingres est revenu deux fois à ce sujet, en le modifiant. Dans le second tableau, le pape, les prélats occupent à peu près la même place; seulement un religieux de Saint-François, en sandales et en froc, vient se prosterner aux pieds de Sa Sainteté avant de prêcher et lui demander sa bénédiction.

On ne saurait imaginer à quelle puissance d'illusion l'illustre artiste est arrivé dans ces deux toiles; c'est la nature même, forme et couleur, plus le style et ce je ne sais quoi qu'un grand maître ajoute comme signature indélébile aux choses qu'il copie.

Le succès de la Ristori dans la tragédie de Silvio Pellico donne un intérêt d'actualité au délicieux petit tableau de *Paolo et Francesca*, qu'une lithographie fort bien faite a d'ailleurs déjà popularisé. Le volume de Dante, qui portait en marge les dessins à la plume de Michel-Ange, a été perdu malheureusement; on aurait pu y inscrire au trait la composition de M. Ingres: Paolo allonge son cou avec un mouvement d'oiseau amoureux pour atteindre la bouche de Francesca, qui laisse tomber le livre « où l'on ne lut pas davantage. » Au fond apparaît le Malatesta difforme et boiteux, Sganarelle féroce, tirant du fourreau sa grande épée, pour trancher sur leur tige ces deux beaux lis du jardin d'amour. — Jamais le gracieux épisode du cinquième cercle de l'*Enfer* d'Alighieri n'a été traduit plus intelligemment.

M. Ingres, qui était si grec dans l'*Apothéose d'Homère*, si romain dans le *Martyre de saint Symphorien*, si oriental dans ses diverses *Odalisques*, est ici un vrai imagier du moyen âge, plus la science du dessin et le style, qu'il n'oublie jamais. Cette facilité à s'empreindre de la couleur locale d'un sujet est une des nombreuses qualités du grand artiste qu'on a le moins remarquées, et sur laquelle nous insistons, car nul n'a poussé plus loin cette puissance de de transformation. *Jean Pastorel présentant à Charles V le prévôt et les échevins de Paris* semble copié d'après une tapisserie du temps. *Don Pèdre de Tolède rendant hommage à l'épée d'Henri IV*, *Henri IV jouant avec ses enfants devant l'ambassadeur d'Espagne*, ont l'exactitude historique et la couleur locale des portraits de l'époque, faits par Porbus ou par Clouet ; il y a même un certain air de Lebrun dans le *Philippe V décorant du cordon de la Toison-d'or le maréchal de Berwick après la bataille d'Almanza* ; on croirait *le Tintoret et l'Arétin*, *l'Arétin dédaignant* (comme trop légère) *la chaîne d'or que lui envoie l'empereur Charles-Quint*, peints à Venise par un contemporain.

Le portrait élevé jusqu'à l'art est une des tâches les plus difficiles qu'un peintre puisse se proposer ; — les grands maîtres seuls, Léonard de Vinci, Titien, Raphaël, Velasquez, Holbein, Van Dyck, y ont réussi. — M. Ingres a le droit de se mêler à cette illustre phalange ; personne n'a fait le portrait mieux que lui. A la ressemblance extérieure du modèle il joint la ressemblance interne ; il fait sous le portrait physique le portrait moral. — N'est-ce pas la révélation de toute une époque que cette magnifique pose de M. Bertin de Vaux appuyant, comme un César bourgeois, ses belles et fortes mains sur ses genoux puissants, avec l'autorité de l'intelligence, de la richesse et de la juste confiance en soi ? Quelle tête bien organisée ! quel regard lucide et mâle ! quelle aménité sereine autour de cette bouche fine sans astuce ! — Remplacez la redingote par un pli de pourpre, ce sera un empereur romain ou un cardinal. — Tel qu'il est, c'est l'honnête homme sous Louis-Philippe, et les six tomes du docteur Véron n'en racontent pas davantage sur cette époque disparue.

Mêler l'allégorie à la reproduction minutieusement réelle d'un personnage de nos jours est une tentative hardie, on pourrait même dire téméraire, que M. Ingres seul était en état de risquer avec des chances de succès : nous voulons parler du portrait de *Chérubini couronné par la Muse de la musique*. Pour rendre le contraste moins brusque entre un vieillard vêtu d'une sorte de manteau à collet ressemblant fort à un carrick et une figure allégorique couronnée de lauriers, drapée d'une tunique et tenant une lyre d'ivoire, l'artiste a déplacé Chérubini et l'a transporté dans un milieu idéal, un intérieur de style pompeïen ; il l'a fait s'appuyer contre une colonne cannelée, peinte en rouge jusqu'à la moitié du fût, et se détacher d'un fond antique où des arabesques courent sur le stuc des murailles. L'illustre compositeur, sorti de la vie ordinaire, s'est rendu au sanctauire de la muse; il rêve, il médite; les mélodies bourdonnent autour de ses tempes comme des abeilles d'or, et la jeune immortelle aux cheveux noirs, aux sourcils d'ébène, à la bouche de pourpre, étend sa belle main sur la tête chauve du viellard, qu'elle sacre pour la postérité. — Ce bras, en plein raccourci, est une merveille de l'art.

Nous n'avons jamais pu regarder sans être troublé profondément le portrait de Mme D., peint à Rome en 1807 : là, M. Ingres est arrivé à une intensité de vie effrayante : ces yeux noirs et tranquilles sous l'arc mince de leurs sourcils vous entrent dans l'âme comme deux jets de feu. Ils vous suivent, ils vous obsèdent, ils vous charment, en prenant le mot au sens magique. L'imperceptible sourire qui voltige sur les lèvres fines semble vous railler de votre amour impossible, tandis que les mains affectent de jouer distraitement avec les feuilles d'écaille d'un petit éventail, en signe de parfaite insouciance. — Ce n'est pas une femme qu'à peinte M. Ingres, mais le portrait ressemblant de la Chimère antique, en costume de l'Empire. — Une seule tête nous a produit un effet semblable, celle de la fille du Greco peinte par son père, qui en était amoureux, et devint fou, son œuvre terminée.

Citons sans les détailler, car cela nous mènerait trop loin, et tout le monde les connaît, les portraits de madame d'H., de madame L.-B., celui de madame la princesse de B., si fin, si aristocratique, et reproduisant avec tant de charme la grande dame moderne; quelle harmonie délicieuse que ces bras et ces mains d'une pâleur nacrée, se détachant du satin bleu de la robe. Arrêtons-nous au portrait si fier, si hardi, si coloré, que M. Ingres fit de lui-même dans sa première jeunesse; celui de son père est aussi une bien belle chose. Les portraits de M. Molé et de M. de Pastoret sont gravés, et nous n'avons pas besoin d'en parler ici.

Après ces éloges que nous aurions voulu rendre dignes de l'illustre maître, et que la rapidité du journal nous force à improviser au courant de la plume, terminons par un regret ; la *Stratonice*, le joyau, la perle de l'écrin, manque à cette Exposition. La gloire du grand artiste n'en sera pas diminuée : un chef-d'œuvre de plus ou de moins, que lui importe ! Mais nous aurions été fier de voir les étrangers s'arrêter, rêveurs, devant cette merveille sans pareille au monde.

XIV

M. EUGÈNE DELACROIX.

C'est une pensée consolante de voir comme le jour de la justice arrive pour les talents vaillants et fiers qui dans leur amour de l'art n'ont pas mendié les suffrages de la foule par des concessions, et, dédaigneux d'une popularité passagère, se sont obstinés à suivre cette voie escarpée, raboteuse, barrée de ronces, bordée de précipices, mais conduisant aux sommets lumineux où rayonne la vraie gloire. Pour ces mâles natures, il se fait vite une postérité contemporaine, composée d'abord de quelques élèves, de deux ou trois critiques et d'un petit nombre d'admirateurs, sorte de cénacle mystérieux qui possède le secret de leur génie et comprend le sens de leurs œuvres raillées ou méconnues du vulgaire; puis le cénacle se recrute de quelques adeptes auxquels bientôt se joignent de nouveaux venus; le cercle s'élargit d'année en année, enfermant tout le public, et le maître insulté jadis est salué par une acclamation unanime.

Telle a été la vie de M. Eugène Delacroix : autour de son nom il s'est fait pendant près d'un quart de siècle un tumulte assourdissant d'injures, de diatribes, de railleries, de discussions d'une violence extrême; maintenant, la poussière de la lutte est tombée, et le maître longtemps qualifié d'enragé et de fou apparaît radieux dans l'éclat d'une gloire sereine désormais incontestable. L'Exposition universelle de 1855 a posé bien haut M. E. Delacroix; on a revu ces toiles, objets de jugements si divers, et l'on s'est étonné de les trouver si belles, si visiblement marquées au cachet du génie.

Coïncidence étrange! ce jeune siècle, arrivé maintenant à l'âge de raison, a nié dans M. Ingres le dessin suprême;

dans M. Delacroix, la couleur absolue. Il rejetait le style et le mouvement, l'idéal et la passion, méconnaissant à la fois ses deux plus grands artistes; — la beauté ne le séduisait pas plus que le caractère. Il est revenu, il est vrai, sur ce jugement bizarre, que l'on ne s'expliquerait pas si l'on ne savait que le génie a en soi, au moment de son apparition, quelque chose de choquant pour la foule dont il dépasse la portée; — peu à peu l'éducation des masses se fait, et l'admiration succède aux sarcasmes. Le paradoxe se transforme en axiome: louer M. Ingres et M. Delacroix est maintenant un lieu commun.

Ce n'est pas sans une sorte d'orgueil que nous voyons dans le grand salon carré ce pan de muraille couvert par ces tableaux que nous avons été si longtemps presque seul à défendre, et au bas desquels se pressent de nombreux groupes enthousiastes. Avoir pressenti bien avant la foule tout ce qu'un talent contenait d'avenir, l'avoir soutenu dans ses défaillances et fortifié dans ses résolutions, n'est-ce pas la joie et l'honneur d'un critique? Nos coupes de miel ont peut-être effacé sur les lèvres du maître l'amertume de plus d'une éponge imbibée de vinaigre.

Nulle existence d'artiste n'a été mieux remplie que celle de M. Delacroix. A dater de la *Barque du Dante*, c'est-à-dire de 1822, quelle fécondité inépuisable! quelle assiduité sans relâche! quelle persistance acharnée! Le maître n'a pas quitté le combat, même pour délacer un instant son armure bossuée et laver dans la source la sueur, la poudre et le sang de la bataille: jamais sa main n'a abandonné son épée dentelée en scie par les coups des assaillants, jamais il n'a retiré sous la tente son amour-propre meurtri : quelquefois repoussé par le jury comme un rapin à ses premiers essais, il s'est toujours présenté aux Expositions; — même lorsqu'un grand travail le retenait sur l'échafaudage sous une coupole ou devant un mur, il envoyait sa carte au salon et faisait acte de présence par quelque esquisse ou quelque petit tableau plein de sentiment et de couleur.

Toutes les œuvres qui resplendissent dans le salon carré, nous en avons fait, à l'époque de leur apparition, des analyses complètes avec un développement que ne comporte pas une revue générale et synthétique. — D'ailleurs, parmi ces tableaux où se résument les diverses manières de l'artiste, deux seulement sont nouveaux, *Foscari* et la *Chasse au lion*. Nous en donnerons un croquis rapide, que nous ferons précéder de quelques considérations nécessaires à l'intelligence du génie de M. Delacroix.

Le peintre du *Massacre de Scio* est élève, — qui le croirait? — de Guérin, l'élégant et pâle auteur d'*Énée racontant ses aventures à Didon*, de *Clytemnestre poussée au meurtre d'Agamemnon par Égisthe;* mais ses véritables maîtres furent Rubens, Paul Véronèse et Géricault. Il arriva au plus fort de la grande révolution romantique, dont il continua le mouvement dans la peinture, et qui le prit pour chef, peut-être un peu malgré lui.

La queue de l'école Davidienne traînait alors ses derniers anneaux dans la poussière académique, et ses tableaux n'étaient plus que de faibles copies de bas-reliefs grecs ou romains. Les tons de plâtre du modèle se reproduisaient si exactement dans les contre-épreuves peintes, qu'il eût mieux valu faire franchement de la grisaille comme M. Abel de Pujol. Aussi, lorsque parurent la *Barque du Dante* et le *Massacre de Scio*, les yeux, habitués à ces couleurs crépusculaires, furent-ils singulièrement offusqués par cette intensité ardente et cet éclat superbe. On poussa des cris de hibou devant le soleil, et les plus comiques fureurs se donnèrent libre carrière: l'art était perdu, c'en était fait des saines traditions, les barbares étaient aux portes. — Attila approchant de Rome sur son petit cheval à tous crins ne produisit pas plus d'horreur, de tumulte et d'épouvante.

Cependant le coup était porté, et à chaque salon diminuait le nombre des Orestes en proie aux furies, des Ajax insultant les dieux, des Achilles suppliés par Priam. Shakspeare, Gœthe, Byron, Walter Scott, les légendes du moyen âge fournissaient des thèmes neufs au peintre audacieux qui secouait le joug de l'école pour n'écouter que son génie. Jamais artiste plus fougueux, plus échevelé, plus ardent, ne reproduisit les inquiétudes et les aspirations de son époque : il en a partagé toutes les fièvres, toutes les exaltations et tous les désespoirs; l'esprit du dix-neuvième siècle palpitait en lui et y palpite encore. Vous retrouverez dans la moindre de ses toiles le reflet de cette flamme vague qui nous a brûlés jadis : éteinte, hélas! chez beaucoup, elle est chez lui toujours vivace et brillante.

Ce qui frappe en voyant dans son ensemble l'œuvre de M. Delacroix, c'est l'unité profonde qui y règne. L'artiste porte en lui un microcosme complet : il a le ciel de ses arbres, le terrain de ses plantes, les personnages de ses fonds, les draperies de ses chairs, les chevaux de ses cavaliers, les armes de ses combattants, les mers de ses navires, les architectures de ses scènes d'intérieur; tout cela d'un style et d'un ton particulier qui ne pourrait servir à autre chose. Sa création intérieure ne dépend pour ainsi dire pas de la création extérieure, et il en tire ce qu'il lui faut pour les besoins du sujet qu'il traite, sans rien copier autour de lui, et de là résulte une harmonie admirable dont on ne comprend pas d'abord le secret, et que ses imitateurs cherchent en vain à reproduire.

Essayez d'isoler une figure de M. Delacroix ou de la mettre en pensée dans un autre milieu, elle vous paraîtra bizarre ou impossible, car elle est entourée d'une atmosphère qui lui est propre, et respirable seulement pour elle. La couleur, à bon droit si vantée, de l'artiste est dans les mêmes conditions : elle ne se recommande pas par des rouges, des verts ou des bleus d'une grande vivacité, mais par des gammes de nuances qui se font valoir les unes les autres; ses tons si riches ne sont pas beaux en eux-mêmes, leur éclat résulte de leur juxtaposition et de leur contraste; éteignez telle touche criarde en apparence, l'harmonie sera détruite; c'est comme si vous ôtiez la clef d'une voûte. — Cet art du coloris, personne, même parmi les grands maîtres d'Anvers et de Venise, ne l'a possédé à un plus haut degré que M. Delacroix. — Mais M. Delacroix n'est pas seulement coloriste; il a le don, si rare en peinture, du mouvement : ses personnages remuent, gesticulent, courent, se précipitent ; la toile semble les contenir avec peine, — on dirait qu'ils vont s'échapper du cadre : ils ont sur leurs contours comme un flamboiement perpétuel, comme un tremblement lumineux d'atmosphère ; une ligne inflexible ne les attache pas à leurs fonds ; ils sont peints aussi de l'autre côté et pourraient se retourner s'ils le voulaient ; sans se soucier d'être jolis ou beaux, ils sont tout à leur affaire et ne se distraient pas de l'action pour faire leur torse où leur tête dans un coin, à l'adresse du spectateur : comme les acteurs anglais, ils tournent souvent le dos au public et ne regardent que leur interlocuteur, au mépris des conventions du théâtre. Quel admirable metteur en scène de drames que M. Delacroix ! quelle science des groupes ! quelle agitation passionnée, quel effet saisissant et pittoresque, et aussi quelle profondeur compréhensive ! Nul commentateur, pas même Gœthe, n'a pénétré aussi avant dans *Hamlet* que notre grand artiste.

Joignez à ces qualités si hautes une originalité complète qui se signe à chaque touche, et vous ne vous étonnerez pas de l'immense succès qu'obtient M. Delacrix à l'Exposition universelle. — Autrefois on ne voyait que ses défauts, maintenant on ne voit plus que son génie, la vraie manière de comprendre les poëtes et les peintres.

La *Barque du Dante*, — nous conservons au tableau l'appellation familière sous laquelle il est plus connu, — quoique remontant à 1822, c'est-à-dire à la première jeunesse de l'auteur, le contient déjà tout entier ; il a donné là sa mesure, et un pareil début est un coup de maître. Dante et Virgile, conduits par Phlégias, traversent le lac qui entoure la ville infernale de Dité; les damnés s'attachent à la barque et s'efforcent d'y entrer. Dante reconnaît parmi eux des Florentins.

Sur un fond sombre, où courent les rousses fumées de l'incendie éternel, se détachent, debout dans la barque, Dante et Virgile. Dante se presse contre son guide Virgile avec cet effroi qui revient presqu'à chaque tercet de la *Divine Comédie;* le poëte mantouan, habitué depuis une douzaine de siècles aux horreurs du ténébreux empire, est beaucoup plus calme et ne s'inquiète ni des bouches dentues ni des mains convulsives qui mordent et égratignent le plat-bord de la barque, tandis que le Florentin, épouvanté, regarde ces corps tordus par des efforts impuissants et ces torses blafards comme de la chair morte, sur lesquels, parmi des flots d'écume sale, s'écrase la lumière livide du jour infernal. Un de ces damnés, cambré sur le dos d'une vague comme un supplicié sur la roue, est certainement un des plus beaux morceaux qu'ait peints M. Delacroix.

Le Phlégias, avec sa musculature noueuse et contractée, a une tournure tout à fait michelangesque. L'harmonie sourde et voilée des fonds, les tons amortis des eaux, font valoir les damnés du premier plan et le groupe des deux poëtes. Dante reproduit exactement le masque de plâtre traditionnel; la tête de Virgile, dont il n'existe pas de type bien authentique, est faite d'inspiration, et fort belle.

Il y a encore dans ce tableau quelques traces de la manière

du temps; l'élève n'a pas tout à fait secoué le maître, quoique personne, à coup sûr, n'eût pu rayer alors une toile d'un ongle plus souverain; mais le *Massacre de Sciò* nous montre l'artiste libre désormais de toute imitation, de toute influence, et ayant pris pleine possession de lui-même.

Sous un ciel bleu zébré de jaune, blanchit au milieu de l'azur foncé de la mer un terrain nu, ravagé, jonché de morts, glacé de caillots de sang, où le soleil semble fomenter la peste parmi la corruption, dernière vengeance des cadavres; des fumées d'incendie montent dans le lointain, des exterminateurs achèvent l'œuvre de destruction; sur le devant, un nourrisson affamé se suspend au sein tari de sa mère déjà morte; une vieille, hâve, ridée, séchée, hébétée de chagrin, regarde vaguement devant elle; une jeune femme s'appuie en pleurant à l'épaule d'un moribond, dont l'agonie ouvre les yeux hagards et qui se roidit dans sa suprême convulsion. Rien n'est plus tragique que ce groupe, où le désespoir assiste la mort. Plus loin un Turc, faisant cabrer sa monture à croupe pommelée, entraîne une jeune Grecque liée à la queue de son cheval et qui, le torse nu, se renverse en tâchant de défaire les nœuds de sa corde avec un superbe mouvement de révolte pudique. Parmi ces monceaux de morts, de blessés et de mourants, ce corps pur, blanc et virginal produit une dissonance gracieuse d'un effet terrible, qui fait sentir l'horreur du massacre encore davantage. Tout, autour de cette belle fille, prend des teintes plus livides, plus jaunes, plus cadavéreuses, plus pestilentielles, plus vertes, plus violacées. — Des amis s'embrassent en attendant le coup fatal. Un Pallikare désarmé maudit son impuissance dans l'attitude morne des guerriers vaincus.

Ces scènes horribles, dont nul ménagement académique ne dissimule la hideur, ce dessin fiévreux et convulsif, cette couleur violente, cette furie de brosse, soulevaient l'indignation des classiques, dont la perruque frémissait comme celle de Haëndel, et enthousiasmaient les jeunes peintres par leur hardiesse étrange et leur nouveauté que rien ne faisait pressentir. Aujourd'hui le *Massacre de Scio* est devenu classique à son tour. A la galerie du Luxembourg, d'où il est tiré, il ameute les chevalets autour de lui ; on le copie, on l'étudie, on l'admire!

Dans le *Christ au jardin des Oliviers*, que l'humidité moisissait au fond d'une chapelle de l'église Saint-Paul, on remarque un groupe d'anges descendus d'une auréole de nuées lumineuses pour consoler le Fils de Dieu pendant cette veille où il sua la sueur de sang, et qui ne peuvent retenir leurs larmes à l'aspect de cette douleur si humaine et si divine à la fois. Le Christ a pressenti la trahison de Judas, plus pénible que les angoisses et les tortures du Calvaire. Aussi les célestes messagers se balancent-ils muets sur leurs ailes de cygne, dans l'écume de plis de leurs draperies volantes, cachant de leurs mains, entre les doigts desquels filtrent des larmes, leurs délicats visages féminins empreints d'une grâce anglaise où perce comme un volontaire souvenir de Lawrence. Dans toute la personne du Christ, dont la tête est nimbée d'une auréole pâle, respire un sentiment de mélancolie profonde et comme la tristesse du sacrifice accepté ; l'humanité, dont Iscariote fait partie, vaut-elle la peine que pour la racheter on livre sur la croix ses pieds et ses mains aux clous et son flanc à la lance du centurion ?

Marino Faliero décapité sur l'escalier du palais ducal est une des premières compositions où M. Delacroix, entraîné par la mode de l'époque, essaya du costume moyen âge, par réaction contre les draperies tuyautées de l'école pseudo-classique ; personne mieux que lui ne saisit la tournure et la couleur de ces temps si pittoresques cependant, et qu'on avait jugés indignes de la gravité de l'histoire. Le corps de Faliero, dont cette inscription lugubre désigne la place dans la galerie des portraits des doges : — *Hic locus Marini Phaletri decapitati pro criminibus*, — gît en travers de l'escalier, sur les marches duquel sont groupés les inquisiteurs d'État, les membres du conseil des Dix, des hommes d'armes et des curieux ; cet escalier n'est pas l'escalier bâti, beaucoup plus tard, par Antonio Rizzo, et qu'on appela depuis l'escalier des Géants, à cause des deux statues du Sansovino ; mais un autre, plus ancien, placé à l'angle opposé et démoli, où la tradition veut que le supplice de l'altier vieillard ait eu lieu. M. Delacroix s'est bien gardé d'y poser les statues de Mars et de Neptune ; le lion de Saint-Marc figure seul sur les socles. Cette toile d'une couleur exquise, pour l'opulence des costumes, le miroitement des étoffes, l'orfroi des brocarts, pourrait tenir son rang dans une galerie vénitienne, entre Vittori Carpaccio et Paris Bordone.

Le *Roi Jean à la bataille de Poitiers*, la *Mort de Charles le Téméraire* se rattachent à cette époque; cette bataille de Nancy, avec son ciel gris, sa neige piétinée et tachée de sang, ses hommes d'armes transis dans leurs armures de fer, a un aspect farouche, désolé et sinistre : rien ne ressemble moins aux batailles de convention.

Le roman de *Quentin Durward* a fourni le sujet du *Massacre de l'évêque de Liége.* Qu'on nous permette ici de transcrire ces lignes du livret : « Guillaume de la Mark, surnommé le *Sanglier des Ardennes*, s'empare du château de l'évêque de Liége, aidé des Liégeois révoltés ; au milieu d'une orgie dans la grande salle, et placé sur le trône pontifical, il se fait amener l'évêque, revêtu par dérision de ses habits sacrés, et le laisse égorger en sa présence. »

Ce tableau reste, malgré sa date ancienne (1831), un des plus étonnants chefs-d'œuvre de l'artiste. Qui eût jamais pensé que l'on eût pu peindre la rumeur et le tumulte ? Le mouvement, passe encore; mais cette petite toile hurle vocifère et blasphème ; il semble qu'on entende voltiger au-dessus de la table, dans la vapeur sanglante des fanaux échevelés, les cent propos divers et les chansons obscènes de cette soldatesque avinée. Quelles figures de brigands ! quels accoutrements féroces ! quelles tournures truculentes ! quelle bestialité joviale et sanguinaire ! comme cela fourmille et glapit, comme cela flamboie et pue ! quel beau rire égueulé, et quelle gaieté de tigre voyant entrer un mouton dans son antre, à l'aspect du pauvre évêque tremblant de tous ses membres comme ce bélier que nous avons vu jeter en Afrique à l'appétit fanatique des Aissaouas, qui le dévorèrent vivant.

Le Sanglier des Ardennes se soulève à demi de son fauteuil, alourdi par son ivresse et par son armure, et s'appuie à la table sur ses gantelets de fer pour ne rien perdre de ce délicat spectacle : les égorgeurs lèvent déjà le couteau, et le sang de la victime va couler sur la nappe à peine perceptible parmi les flots de vin des brocs renversés. L'architecture de la salle, traitée avec une magie singulière de perspective, ne le cède en rien pour la terreur opaque et sinistre aux plus noirs intérieurs de Rembrandt; elle est si haute et si profonde, que les lumières n'en atteignent pas les recoins, où les ombres se tapissent comme des chauves-souris effrayées ou des spectres surpris : moins fait qu'un tableau, plus fini qu'une esquisse, le *Massacre de l'évêque de Liége* a été quitté par le peintre à ce moment suprême où un coup de pinceau de plus gâterait tout.

C'en était fait du moyen âge pendule et troubadour ; la redingote abricot à jockeis et à lisérés de velours noir disparut pour jamais.

Le *Vingt-huit Juillet* est un morceau unique dans l'œuvre du peintre, qui, cette fois seulement, aborda le costume moderne. Auguste Barbier venait de lancer ses ïambes enflammés, et cette rude poésie à la bouche noire de poudre et aux manches retroussées pour le combat dut échauffer la verve du peintre. On retrouve dans sa composition mi-réelle, mi-allégorique, tous les personnages du poëte, depuis la sorte femme « aux puissantes mamelles » jusqu'au pâle *voyou*,

> Au corps chétif, au teint jaune comme un vieux sou.

Cette Liberté demi-nue, coiffée de bonnet phrygien, agitant le drapeau tricolore au-dessus d'une barricade jonchée de cadavres, étonne et surprend par son aspect fantastique au milieu de personnages d'une réalité crue et brutale; mais cette dissonance acceptée, quelle figure neuve que celle de l'enfant embarrassé dans les buffleteries d'un soldat mort qu'il a dépouillé et tenant un pistolet d'arçon! Comme c'est bien le gamin de Paris, cette graine de héros si elle tombe en bon terrain! Comme ces cadavres du premier plan sont jetés avec une vérité terrible, pêle-mêle parmi les poutres et les pavés!

Outre leur mérite intrinsèque, les *Femmes d'Alger* marquent un événement d'importance dans la vie de M. Delacroix, son voyage en Afrique, qui nous a valu tant de toiles charmantes et d'une fidélité si locale. — Oui, ce sont bien là les intérieurs garnis à hauteur d'homme de carreaux de faïence formant des mosaïques comme dans les salles de l'Alhambra, les fines nattes de jonc, les tapis de Kabylie, les piles de coussins et les belles femmes aux sourcils rejoints par le surmeh, aux paupières bleuies de kh'ol, aux joues blanches avivées d'une couche de fard, qui, nonchalamment accoudées, fument le nargilhé ou prennent le café que leur offre, dans une petite tasse à soucoupe de filigrane, une négresse au large rire blanc.

L'Afrique a produit sur M. Eugène Delacroix une impression vive et durable ; s'il n'est pas resté, comme Marilhat et Decamps, Arabe ou Turc à tout jamais, occupé sur son divan à égrener le chapelet de ses souvenirs d'Égypte ou d'Asie, et dédaigneux comme un musulman de la civilisation des giaours, il le doit à la mobilité ardente de son esprit, trop compréhensif pour se borner à une seule sphère, et qui a des fenêtres ouvertes sur tous les horizons : le haschich oriental n'a causé chez lui qu'une hallucination passagère, et de ce soleil vertigineux, le hâle tombé, il n'a gardé qu'un rayon. Le désert ne l'a pas absorbé dans sa grandeur morne et lentement recouvert de son sable ; et pourtant de ce court voyage au Maroc il a rapporté un monde complet. La *Noce juive* est un chef-d'œuvre de couleur locale, et soutient avantageusement la comparaison avec les plus beaux Decamps. La lumière glisse de haut dans une de ces cours intérieures sur lesquelles s'ouvrent les appartements en Afrique et en Espagne, frisant les murailles blanchies à la chaux, éclairant le groupe central, et laissant dans une demi-teinte fraîche et transparente le reste de l'assistance. Quiconque a visité seulement l'Algérie, sera frappé du talent extraordinaire d'appropriation que montre M. Delacroix dans cette scène. Aucun de ses personnages n'a une attitude européenne ; les voyageurs ont remarqué, pour peu qu'ils soient attentifs, que les musulmans, arabes, turcs, asiatiques, ont des mouvements sans rapport avec les nôtres.

L'habitude de vivre dans des vêtements amples et libres, de s'accroupir ou de se coucher partout où le caprice leur en prend, de quitter et de reprendre leur chaussure, de se courber pour la prière ou l'ablution, de croiser les jambes sur les divans, de rester des heures entières enroulés par le tuyau de cuir du nargilhé, de monter à cheval presque à genoux avec des étriers larges et courts, leur donne des plis particuliers d'articulation auxquels notre corps ne peut se soumettre. L'observation de cette loi est remarquable dans la *Noce juive;* les musiciens assis près du mur dans des poses de quadrumane, les danseuses se cambrant avec des torsions impossibles à nos célébrités de l'Opéra, les assistants appuyés sur le plat de leurs cuisses et se penchant en dehors des galeries, confessent l'Islam par le plus indifférent de leurs gestes. Les juifs mêlés aux Arabes se reconnaissent à leur regard oblique, à leur caractère servile, à leur attitude qui demande pardon.

La couleur de ce tableau est sobre, endormie, tranquille malgré sa richesse, et fait sentir qu'au dehors pleut, sur les terrasses blanches comme de la craie, un soleil aveuglant, implacable et torride.

Si nous n'avions nous-même vu les Aïssaouas se livrer à leurs étranges exercices, se rouler sur la braise, manger des serpents, broyer du verre, mâcher du feu, se taillader le corps, et, renversés par terre, tressaillir dans leurs spasmes intermittents comme des grenouilles galvanisées, nous pourrions peut-être taxer d'exagération les *Convulsionnistes de Tanger*.

Rien n'est plus vrai que cette rue bordée de maisons à terrasses, découpant leurs angles lumineux sur un ciel d'un azur vif, fourmillante d'une foule dont les groupes s'écartent pour laisser passer le torrent furieux des Aïssaouas, tordus par les convulsions de l'épilepsie sacrée; — les fanatiques, hurlant, écumant, trépignant, balançant leur corps, enfonçant leurs dents dans leurs chairs sanglantes, montrant leurs crânes bleus que le turban a quittés, ou flagellant leurs joues des mèches d'une chevelure inculte, se démènent hideusement, suivis de quelques chiaoux imperturbables qui protégent leur frénésie. Des enfants regardent ces bêtes fauves avec la placidité orientale; des femmes, que leurs haïcks blancs font ressembler à des spectres revenant en plein midi, sont debout sur la crête des murailles, et encouragent les convulsionnistes par ce long cri grêle et strident qu'on ne croirait pas pouvoir jaillir d'une poitrine humaine, et qui nous fit tressaillir malgré nous quand nous l'entendîmes à Blidah dans une occasion pareille, — un glapissement de chacal blessé ou de hibou plumé vif.

Il y a dans cette toile une incroyable turbulence de mouvement, une férocité de brosse que personne n'a dépassée; et surtout une couleur chaude, transparente et légère, dont le charme tempère ce que le sujet peut avoir d'horrible et de répugnant.

Nous sommes ramené à un ordre d'idées plus douces par la *Famille arabe;* c'est la première leçon d'équitation donnée à un petit Bédouin de sept ou huit ans par son père. L'enfant, juché sur le garrot d'un beau cheval à robe alezane qu'embrassent avec peine ses jambes, cherche à se tenir en équilibre, comptant, en cas de chute, sur les bras de son père pour le recevoir; l'air profondément ravi du gamin, la satisfaction grave du père, la complaisance intelligente du noble animal qui semble se prêter à ce badinage, sont très-habilement rendus. Les ardeurs de l'été n'ont pas encore changé en peau de lion le tapis vert étendu à perte de vue sur la campagne, et cette teinte fraîche fait valoir les tons riches du premier plan. — Dans un coin se tient la mère, enveloppée de son burnous, qui sourit à cette scène avec une joie mêlée de crainte.

Ce n'est là qu'un échantillon de la galerie africaine de M. Delacroix; mais il suffit pour montrer sa supériorité en ce genre.

Le *Tasse en prison* n'a pas, que nous sachions, été jamais exposé. L'artiste a rarement poussé un tableau à ce point de fini, et ceux qui lui reprochent une manière heurtée, farouche et violente, n'auraient ici rien à dire. Le sujet n'y perd rien d'ailleurs en expression et en énergie. — Le malheureux poëte est assis, triste et songeur, au milieu d'une bande de fous; il n'écoute pas leurs cris insensés, il ne regarde pas leurs gestes extravagants; mais il s'interroge lui-même avec effroi. Serait-il fou, en effet, comme on le dit? est-ce la pensée ou le délire qui bourdonne entre les parois de son cerveau? Question terrible, et qu'il n'ose résoudre. Cependant un aliéné, aux yeux gris, à la barbe rousse, aux vêtements délabrés, se dresse contre la muraille comme une personnification de la folie, riant d'un rire idiot et le menaçant d'un geste de macaque que ne dirige plus la volonté. — D'autres grimacent et gambadent au fond, secouant les grelots de leur démence aux oreilles du poëte, qui bientôt sera fou comme eux. — On ne peut rien imaginer de plus saisissant ni de plus dramatique : la figure pâle, altérée, mais noble encore, du Tasse, contraste heureusement avec ces faces bestiales ou convulsées, masques derrière lesquels l'âme n'habite plus, et qu'agitent seulement des instincts pervertis.

Le temps a doré de sa plus belle patine le *Prisonnier de Chillon*. — Lié à une colonne par une chaîne rivée à une ceinture de fer, le malheureux voit mourir son jeune frère, attaché un peu plus loin, sans pouvoir rompre ses entraves; le mouvement avec lequel il s'élance vers l'agonisant est d'une violence superbe; les fonds humides et froids font deviner de vagues arcades sous leur glacis bleuâtre, et donnent une grande valeur à la figure principale, effleurée par un rayon tombant d'un soupirail.

Il existe un autre *Combat du giaour et du pacha*, que nous nous souvenons d'avoir vu jadis chez Alexandre Dumas, et que nous aurions bien voulu retrouver à l'Exposition universelle de 1855. Celui-ci, qui est un double du premier, ou plutôt une composition différente sur le même sujet, est loin de le valoir, quelque remarquable qu'il soit par l'éclat des costumes ruisselants de lumière et rugueux de broderies, par la furie de l'attaque et de la défense, et par ce flamboiement de touche dont M. Delacroix anime ses moindres toiles; nous regrettons que M. Delacroix n'ait pu se procurer le chef-d'œuvre d'après lequel Poterlet avait esquissé une magnifique pochade, aussi chaude de ton que l'original.

Le souvenir, nous dirions presque l'imitation de Bennington, si jamais M. Delacroix avait copié personne, perce dans la *Tête de vieille femme,* une des plus excentriques productions de l'artiste. Cela est brossé dans une pâte épaisse et modelé par le mouvement du pinceau avec une hardiesse et une furie extraordinaires; — les yeux chassieux et clignotants dans leur orbite cave, le nez bulbeux, les joues fripées, la lèvre calleuse, le menton peaussu, le col à fanon flottant, tout le travail hideux de la sénilité est rendu en quelques coups, plus exactement que ne le fait Denner étudiant au microscope le derme flétri de ses vieux et de ses vieilles.

Shakspeare, Gœthe et Byron n'ont pas eu de traducteur plus intelligent que M. Delacroix. — Son *Hamlet dans le cimetière* est un chef-d'œuvre; le jeune prince de Danemark tient le crâne d'Yorick, — de ce pauvre Yorick dont les aimables saillies ont tant de fois amusé son enfance, et qui maintenant montre ses dents déchaussées par le fixe et sardonique sourire de la mort: il philosophe avec son ami Horatio, tandis que les fossoyeurs, à demi engloutis dans le trou qu'ils ont creusé, échangent de grossiers quolibets. Des nuages pareils à des chauves-souris fouettent de leurs ailes noires un ciel livide éclairé d'une froide clarté polaire; la terre du champ du repos, saturée de putréfaction et fraîchement remuée, a des tons d'un brun sinistre qui s'accordent admirablement avec la tristesse de la scène : — c'est pourtant dans cette terre sombre qu'on va descendre le corps d'Ophélie, plus blanc encore de sa pâleur de noyée, et qu'aura lieu cette lutte atroce entre Laërte et le prince.

Les *Adieux de Roméo et de Juliette* ne sont qu'une petite esquisse où la forme est peut-être trop sacrifiée au sentiment : mais quelle ardeur passionnée ! quelle flamme pénétrante ! quelle fusion d'âmes dans le baiser des amants sur le balcon ! et quel adorable ciel empourpré de rougeurs matinales ! — Non, ce n'est pas le rossignol qui chante, c'est l'alouette ; le soleil va paraître. Descends, Roméo, descends, il est déjà trop tard ! — *Juliette au tombeau* est aussi une petite toile, mais beaucoup plus finie que la précédente ; l'étonnement du sépulcre se lit dans le regard fixe et la blancheur exsangue de la ressuscitée qui, hélas ! va bientôt se rendormir du sommeil éternel sur le corps de Roméo.

Quand on a parcouru quelque vieille ville d'Allemagne, Nuremberg, par exemple, on est frappé de l'extrême vérité locale de la *Mort de Valentin.* — Voilà bien les hautes maisons aux pignons denticulés, aux fenêtres maillées de plomb, aux étages en saillie, aux cheminées de brique où nichent les cigognes, la rue étroite et sombre qui se termine en escalier, et laisse voir au bout de sa perspective la cathédrale vaguement ébauchée par la lune derrière un rideau de brume. Valentin, le brave soldat, gît sur le pavé, blessé à mort, entouré de quelques voisins ; des têtes se montrent aux croisées à la lueur des lampes ; Marguerite, pâle comme un spectre dans le linceul de son vêtement nocturne, se tord les mains de désespoir, et subit pour première punition de sa faute les invectives du grossier mais honnête soudard. Au fond, Faust et Méphistophélès se sauvent, montant les degrés quatre à quatre avec la prestesse de gens qui viennent de faire un mauvais coup. La pose et le geste de Marguerite sont d'une grandeur vraiment tragique, quoique la figure ait à peine quelques pouces de hauteur; on dirait que M. Delacroix a vu mademoiselle Siebach dans *Faust*, et a reproduit une de ses attitudes si naturelles et si pathétiques.

Si l'on relit dans le poëme de Byron le passage d'où l'artiste à tiré le sujet du *Naufrage de don Juan*, on sera peut-être surpris qu'il n'ait pas placé sa barque entre cette mer unie comme une glace et ce ciel d'un azur impitoyable qui ajoutent encore à l'horreur de la scène par l'ironie du contraste; mais les moyens de la poésie et de la peinture ne sont pas les mêmes; —un ciel bleu, une mer calme n'eussent peut-être pas donné aussi bien l'idée du danger couru que ces flots lourds et clapotants, sous ces nuages d'une lividité sinistre, dont l'écume moutonne autour de cette barque sans voile, sans rame, sans boussole, sans gouvernail, perdue au milieu de l'immensité, où des malheureux se jetant des regards de cannibales agitent des billets au fond d'un chapeau,

> Pour savoir qui sera mangé,

comme dit la naïve ballade des matelots. — C'est le radeau de la *Méduse* dépouillé de son appareil tragique et théâtral, et ramené à la plus simple expression. — Ne pensez plus à don Juan, qu'il serait difficile de reconnaître parmi ces visages hâves, creusés, amaigris, convulsés par d'exécrables convoitises, et dites si jamais épisode de naufrage a été rendu d'une façon plus profondément vraie et plus naïvement effrayante. — Comme on sent frétiller les requins à triples rangs de dents, sous ces vagues d'un vert glauque, balançant leur crête de mousse blanche! comme le vent et le tonnerre grondent sourdement derrière ces nuages bas, gros d'orage et de pluie! Dans ce tableau, M. Delacroix s'est montré aussi grand peintre de marine que Bakhuysen, Vernet, Isabey, et tous ceux qui ont fait de la tempête une étude spéciale.

Ici paraît se fermer la période purement romantique du talent de M. Eugène Delacroix, et nous arrivons à sa seconde manière. L'auteur du *Massacre de Scio* abordera désormais l'antiquité, qu'il interprétera d'une façon neuve et libre, comme Shakspeare dans *Jules César*, *Coriolan*, *Timon d'Athènes*, *Antoine et Cléopâtre*.

L'illustre artiste, en traitant des sujets grecs ou romains, n'a pas colorié des statues ou des bas-reliefs, comme on le fait trop souvent, sous prétexte de style; il a osé être vivant, passionné, plein de mouvement et d'ardeur, se disant que l'homme a toujours été le même, et que le sang n'avait pas une pourpre moins vive dans les veines des héros et des héroïnes antiques : il a laissé l'érudition aux archéologues, et fait palpiter la chair là où l'on copiait timidement le marbre.

La *Médée furieuse* est peinte avec une fougue, un emportement et un éclat de couleur que Rubens ne désavouerait pas. Le geste de lionne ramassant ses petits, avec lequel Médée retient ses enfants qui s'échappent, est d'une invention superbe: la tête à demi baignée d'ombre rappelle cette expression vipérine que mademoiselle Rachel sait prendre aux endroits féroces de ses rôles, et, sans ressembler à aucun marbre ni à aucun plâtre, a un caractère vraiment antique.

Ces enfants inquiets et pleurants, ne comprenant pas la situation, mais se doutant qu'il ne s'agit de rien de bon pour eux, s'agitent et se révoltent sous le bras qui les presse et brandit déjà le poignard. Leurs efforts pour se dégager ont fait se retrousser leurs petites tuniques, et leurs jeunes corps, fouettés de tons roses et frais qui contrastent avec la pâleur bleuâtre et comme venimeuse de la mère, apparaissent dans leur nudité enfantine. — Nous ne croyons pas que M. Delacroix ait jamais rien fait de mieux réussi comme pâte, comme couleur et comme brosse : un fond vague de caverne, où rampent comme des serpents quelques plantes filamenteuses, étend derrière les figures ses teintes sourdes et étouffées et complète l'effet du groupe.

Quatre vers de M. Antony Deschamps, traduits du Dante, ont fourni le sujet de la *Justice de Trajan :*

. . . .

Une veuve était là, de douleur insensée,
S'efforçant d'arrêter la marche commencée :
Autour de l'empereur s'agitaient les drapeaux,
Et la terre tremblait sous les pieds des chevaux.

Cette action n'est pas de celles que la peinture puisse

rendre d'une façon bien intelligible, mais elle fournit, par ses accessoires, d'admirables ressources à l'artiste. Que Trajan se soit arrêté et n'ait continué sa marche triomphale qu'après avoir fait rendre justice à la pauvre veuve, c'est ce qu'il n'est pas aisé de deviner à l'inspection du tableau; mais qu'importe? — Cette riche architecture, ce ciel qui luit à travers les colonnes, cet empereur étincelant dans sa pourpre, sur son cheval cabré, au milieu des généraux, des vexillaires, des soldats, des écuyers et du peuple; ces trophées, ces étendards, ces clairons droits, ces buccines recourbées, ces armes, ces cuirasses, ces draperies, forment un admirable et splendide ensemble : — la *Justice de Trajan* est peut-être, comme couleur, la plus belle toile de M. Eugène Delacroix, et rarement la peinture a donné aux yeux une fête si brillante : la jambe du Trajan s'appuyant, dans son cothurne de pourpre et d'or, au flanc rose de sa monture, est le plus frais bouquet de tons qu'on ait jamais cueilli sur une palette, même à Venise.

Pour faire ce ciel de turquoise verdie, M. Delacroix doit avoir retrouvé le pot de couleur dont Paul Veronèse s'est servi dans l'*Apothéose de Venise* au palais Ducal.

Marc-Aurèle mourant recommande la jeunesse de son fils à quelques amis philosophes et stoïciens comme lui; l'empereur est couché sur son lit de mort, grave, tranquille comme un chrétien qui a bien vécu, entouré de ses amis dont les rudes visages ne laissent pas transparaître la douleur. Le jeune Commode écoute d'un air ennuyé et contraint les austères conseils de son père. Il a le front bas, les joues carrées, un cou de taureau, une poitrine à vastes méplats, et fait déjà pressentir le belluaire, le gladiateur, l'infâme débauché, le fou furieux qu'il sera sous la conduite de Perennis et de Cléandre. — L'univers va chèrement payer les quelques années de bonheur dont il a joui sous le divin Marc-Aurèle. — Nous aimons moins cette toile que la *Justice de Trajan*, bien qu'elle se distingue aussi par ce libre et mâle sentiment romain particulier à M. Delacroix.

Tout le Bas-Empire est résumé dans la figure de *Justinien composant les lois;* aux larges draperies antiques commencent à succéder les brocarts constellés de pierreries, le luxe asiatique de Constantinople; quelque chose de subtil et d'efféminé se glisse dans la majesté impériale.

La *Prise de Constantinople* figure au musée historique de Versailles, dans la salle des Croisades. — La ville vient d'être prise d'assaut; Baudouin, comte de Flandre, qui commandait les Français, fait son entrée à la tête de ses hommes d'armes; des familles éplorées se prosternent jusque sous les pieds des chevaux en implorant la pitié des vainqueurs : au fond, l'on aperçoit l'eau bleue de la Corne-d'Or, bordée de maisons en amphithéâtre, et des groupes de pillards et de combattants. — Une demi-teinte d'une finesse et d'une transparence incroyables baigne les premiers plans et ramène les yeux sur la ville conquise toute dorée de lumière.

Toutes ces toiles, dont nous avons esquissé rapidement les principaux traits, sont connues du public; — les *Deux Foscari* et la *Chasse au lion*, seuls, datent de cette année ou de l'année dernière.

Le doge Foscari est obligé d'assister à la lecture de la sentence de son fils, Jacques Foscari, torturé et banni pour de prétendues intelligences avec les ennemis de la république. — Le doge, coiffé de son bonnet à corne, vêtu de sa robe de brocart d'or, est assis sur son trône au premier plan, accablé de douleur sous sa contenance stoïque. Jacques Foscari, dont le bourreau vient de torturer les membres, lui jette un suprême adieu et tend ses mains brisées aux baisers de sa femme. La scène est disposée de la façon la plus dramatique, dans une de ces belles architectures que M. Delacroix sait si bien construire et auxquelles il donne la profondeur d'un décor.

La *Chasse au lion* est le plus effrayant pêle-mêle de lions, d'hommes, de chevaux ; un chaos de griffes, de dents, de coutelas, de lances, de torses, de croupes, comme les aimait Rubens ; tout cela d'une couleur rutilante et si pleine de soleil qu'elle vous fait presque baisser les yeux. Nous ne savons pas ce que dirait Jules Gérard de cette manière d'attaquer le lion. Quant à nous, nous en sommes fort content. — C'est de l'énergique et vaillante peinture.

Certes, voilà une longue et glorieuse nomenclature. — Eh bien, tout l'œuvre de M. Delacroix n'est pas là, et qui n'a pas vu ses peintures murales ne le connaît qu'à demi.— Ah! si l'on avait pu détacher des monuments qu'elles décorent les peintures de la salle du trône à la Chambre des députés, l'*Élysée des poëtes* à la bibliothèque de la Chambre des pairs, le plafond mythologique de la galerie d'Apollon et tant d'autres chefs-d'œuvre décoratifs où le génie du maître se déploie à l'aise, combien plus grande encore serait l'admiration!

XV

M. DECAMPS.

Jean-Jacques Rousseau a découvert la nature au dix-huitième siècle. Le paysage moderne, tant en littérature qu'en peinture, relève de l'auteur de la *Nouvelle Héloïse*, le premier qui se soit aperçu des forêts, des montagnes, des lacs, restés jusque-là parfaitement ignorés, malgré une exposition de six mille ans : ce n'est pas la moindre gloire du citoyen de Genève. Avant lui une source était une Naïade accoudée sur une urne ; un chêne, la robe d'écorce d'une Hamadryade ; un rocher, le boudoir d'une Oréade ; une prairie, le sofa d'une Napée : la mythologie avait anthropomorphisé les eaux, les bois, les monts. Personne n'eût songé à peindre l'azur céleste du Léman, les montagnes roses glacées de neige, les arbres mordorés de lumière allongeant leurs ombres bleues sur le velours des prés, le couchant jetant des sequins d'or à travers les ramures, la source jasant sur son lit de cresson, la chaumine au toit moussu tout fleuri de giroflées, le puits festonné d'une guirlande de houblon et de vigne vierge, les grands bœufs rentrant chargés d'herbes odorantes, les feux de pasteurs élevant dans l'air pur du soir leurs spirales de fumée couleur d'opale, les horizons noyés et perdus sous la brume légère du lointain. — Cela ne semblait pas assez noble, assez historique. — Au dix-neuvième siècle M. Decamps a découvert l'Orient. L'on peut dire qu'avant lui ces splendides contrées, bien-aimées du soleil, n'existaient pas pour l'art. Jean-Jacques Rousseau ne connaissait que la nature alpestre, et c'est en montagnard encore plus qu'en artiste qu'il la sentait; M. Decamps, lui, est une des plus puissantes organisations pittoresques qui aient jamais tenu la palette, et il règne sur son empire avec l'autorité absolue d'un sultan.

Chose singulière! les pays les plus beaux du monde, et où le type humain a gardé sa noblesse originelle, sont soumis à une religion ennemie de toute représentation plastique et n'avaient pas encore été reproduits par le pinceau : cette terre antique, qui garde l'empreinte des premiers pas de l'homme, restait inconnue dans son immobilité séculaire. On ne saurait s'imaginer à quelles bizarres fantaisies se livraient les peintres ayant, par aventure, à traiter un sujet oriental, asiatique ou turc : le vieux Carnaval, parmi sa défroque tombée en désuétude, n'eût pas trouvé de costumes plus ridicules ; Decamps lança la Patrouille turque à travers les rues de Smyrne. En un seul tableau l'Orient était révélé : quelle surprise et quelle admiration soudaines! Le public applaudit, les artistes s'étonnèrent, et plus d'un, s'installant avec boîte à couleurs et parasol sur la bosse d'un chameau, se mit à la queue du maître et le suivit, mais de loin, dans ses caravanes. — Quant à lui, il ne rentra jamais sous son toit, et depuis plus de vingt-cinq ans, il campe sous la tente au pied des colonnes de Balbeck, fume son chibouck à la porte des caravansérails, prend son café chez les barbiers des bazars, cause avec les zeïbecks sur le banc des corps de garde, ou regarde de loin les femmes qui plongent leurs urnes aux fontaines, en égrenant son chapelet en bois de santal.

Jamais la nostalgie de la patrie absente ne l'a tourmenté dans ce pèlerinage au pays du soleil. Sous ce ciel implacablement bleu, il n'a pas songé une fois aux nuages gris du Nord, ce Turc à moustache blonde! S'il n'a pas embrassé l'islamisme, il a du moins l'impassibilité fataliste et la quiétude dédaigneuse du musulman. — Nous, ses contemporains, nous n'avons pas existé pour lui : nos pensées, nos espérances, nos regrets, nos amours, nos haines, il les ignore : — *la Allah, il Allah!* — Nous a-t-il vus avec nos chapeaux ronds, nos fracs noirs, nos paletots et nos cigares? sait-il que par les rues de Paris courent sous les averses fréquentes un tas de giaours fort laids et crottés jusqu'à l'échine? Non! Il est toujours là-bas, dans ces belles villes aux minarets blancs, aux coupoles d'étain, aux maisons en terrasse entremêlées de palmiers, aux moucharabys en bois de mélèze, cages appliquées au mur, où gazouillent, derrière le treillis, des femmes au lieu d'oiseaux. Du haut de la muraille crénelée, il voit arriver la caravane toute grise encore de la poudre du désert, avec le petit âne clariné en tête; les chameaux allongent leur cou d'autruche et enfoncent leurs babines velues dans l'auge de l'abreuvoir; les cavaliers cherchent le flanc de leurs montures amaigries du coin de l'étrier, pour en obtenir quelques courbettes; les esclaves déchargent les ballots bourrés de marchandises précieuses et d'aromates. La caravane disparue sous l'ogive en cœur du khan, il suit le vol d'une cigogne qui file les pattes tendues en arrière et portant un serpent dans son long bec. Il a chaud, il est heureux, car il a rapporté le climat avec lui et cloué le soleil d'Orient au plafond de son atelier.

Refaisons le voyage sur ses pas. — Nous voici à Smyrne, dans la rue des Roses : le pacha fait sa ronde ; comme tous les hauts fonctionnaires turcs, il est doué d'un embonpoint remarquable qui contraste avec la maigreur de sa suite; un énorme turban de mousseline encadre sa face molle et joufflue; un cafetan rose enveloppe son corps obèse, en équilibre sur un petit cheval barbe, échevelé, plein de feu et comme impatient de porter ce gros homme : sans le moindre souci des gredins qui l'accompagnent à pied, le pacha a mis sa monture au galop; les zeïbecs, avec leurs hauts turbans, leurs caleçons serrés, leur sclaklic hérissé d'un arsenal complet, leurs vestes passementées de broderies effilochées, courent comme des Basques et font des bonds de jaguar pour ne pas rester en arrière; un nègre franchit une marche au vol ; tous ces drôles à mine hâlée, sérieuse et farouche, passent si vite que leurs ombres ont de la peine à les suivre sur les murailles. Aux fenêtres apparaissent quelques-unes de ces belles Grecques, le taktikos sur l'oreille, le front diadémé d'une grosse natte de cheveux, qui font souvent lever le nez au voyageur; elles regardent, attirées par le bruit des sabots du cheval sur les cailloux et le cliquetis des armes dans les ceintures, passer la cavalcade étrange, de cet air nonchalant et rêveur particulier aux femmes orientales.

Il y a dans la *Ronde de Smyrne*, un des premiers tableaux de M. Decamps, un léger sentiment de caricature. — Ce spectacle nouveau pour lui l'a frappé par son côté bizarre, et il l'a rendu en l'exagérant un peu, mais par cela même la scène n'en est que plus vraie, — comme une charge ressemble souvent plus qu'un portrait sérieux.

Cette toile, d'une turbulence singulière, n'offre pas encore ces empâtements dont l'artiste a peut-être abusé plus tard ; tout y est peint du premier coup, avec une touche âpre, nerveuse, rapide comme la course qu'elle représente.

La *Halte des cavaliers arabes* remonte à peu près à cette époque. Au pied d'une grande muraille dont le crépi pulvérulent s'écaille et s'effrite au soleil, s'étend une longue auge de pierre où les chevaux se penchent pour boire. Ce n'est pas là un sujet bien intéressant, diront ceux qui cherchent au livret des anecdotes et des histoires. — Non, sans doute; mais nous n'avons jamais regardé ce tableau sans nous sentir saisi de l'idée de nous mettre en selle et de nous en aller avec ces bruns cavaliers faire un petit tour en Syrie, — tant la vie nomade y est peinte avec un charme pénétrant et profond. Quel plaisir, après une journée brûlante, d'arriver à la halte de la fontaine ! de laver dans l'eau pure sa figure poudreuse, et de prendre le café assis à l'ombre sur un tapis déplié !

Nous aussi, nous avons vu ce tableau splendide et animé que M. Decamps intitule *Grand Bazar turc*, et nous pouvons répondre de sa vérité : c'est une rue étroite, couverte de quelques paillassons et de quelques bouts de planches jetés sur des traverses qui laissent filtrer la lumière par lames étincelantes, — une rue de Smyrne, à coup sûr ; une ombre fraîche et transparente, traversée de rayons soudains, baigne la foule bigarrée coulant à pleins bords entre les boutiques. Voici un Turc qui aspire son nargilhé avec une tranquillité imperturbable ; voilà des Grecs, des Arméniens, des Juifs qui causent affaires, et qu'on reconnaît tout de suite à leurs types caractéristiques, admirablement saisis par le peintre ; des femmes masquées du yachmack, enveloppées du feredgé, marchandent des étoffes sans avoir envie de les acheter, plaisir commun aux Anglaises et aux Turques ; un hammal, chargé d'un fardeau à faire plier l'épine dorsale d'un buffle, traverse pesamment les groupes ; quelques-uns de ces chiens pelés, saigneux, à pelage fauve, tenant le milieu entre le chacal et le loup, se faufilent entre les jambes des promeneurs, cherchant des reliefs à ronger. — Ce doit être sans doute un de leurs descendants qui fit trébucher l'âne que nous montions lors de notre visite au bazar de Smyrne, et faillit nous envoyer sur un tas de gargoulettes de Thèbes. — Au fond, l'on devine dans la perspective bleue la mer avec quelques barques.

Ce tableau merveilleux vous fait entrer de plein pied dans l'intimité de la vie orientale. — La réalité ne vous en apprendrait pas davantage, ou peut-être vous en apprendrait moins, car qui peut se vanter d'avoir l'œil de Decamps? Tout cela, hommes, costumes, accessoires, architecture, a une intensité de ton, une force de rendu, une pénétration de caractère, un prestige d'effet, une magie d'illusion que bien peu de peintres ont atteints; ajoutez-y la nouveauté du sujet, pris dans une nature vierge et que l'art d'aucun temps n'a essayé de transporter sur la toile, et vous aurez la réunion des qualités les plus exquises et de l'originalité la plus entière. Arrivant sur un terrain neuf, M. Decamps a dû inventer sa manière de toutes pièces; les grands maîtres des musées n'auraient rien eu à lui apprendre, car ils ne soupçonnaient même pas l'Orient: aussi s'est-il servi de tous les moyens, ne dédaignant pas même les *ficelles*, comme on dit en argot d'atelier, et risquant tout pour obtenir l'effet voulu.

Le *Boucher turc* est peut-être un des plus étonnants tableaux de M. Decamps; — nous le regardions il y a quelques jours, et nous pensions que le soleil donnait dessus : il n'y avait de soleil que sur la toile; le temps était couvert et les nuages égouttaient la pluie; c'était un rayon fixé par un procédé inconnu aux autres peintres. Dans le ciel d'un bleu de lapis monte un arbre svelte et mince; une maison de bois, coloriée comme celles de Constantinople, découpe sa silhouette rose, sur laquelle tranche un mur crépi à la chaux, grenu, rugueux, aveuglant de lumière, d'une blancheur crayeuse et phosphorescente, qui blesse l'œil comme la réverbération d'un mur en plein midi. — Bientôt on découvre dans un recoin voilé d'ombre l'étal du *boucher turc :* un foie avec sa poche à fiel est suspendu au mur graisseux et sanguinolent; la romaine à peser les viandes se détache sur le fond de la boutique obscure, où l'on entrevoit le boucher fumant son chibouck; devant l'étal, près d'une mare violâtre de sang caillé, dort, rassasié de quelque lambeau de charogne, un de ces chiens rogneux et faméliques que nous avons vus tant de fois assis en cercle, le nez au vent, aux portes des triperies, et flairant avec des airs extatiques les exhalaisons de l'abattoir. Au pied de la muraille blanche, près d'une petite porte ouvrant sans doute sur un charnier, est attachée une chèvre assez inquiète de son sort et se doutant qu'elle ne retournera jamais paître. Au fond passe une femme voilée qu'un enfant tire par le pan de sa robe. — C'est tout; mais quel chef-d'œuvre, quel miracle de peinture!

Les *Anes d'Orient* nous plaisent aussi beaucoup. L'âne tient une grande place dans la vie orientale; il circule aisément dans les rues étroites, et son petit sabot sec et dur ne glisse pas sur les cailloux polis; il sert de monture, et alors il a un bât, un harnais orné de coquillages; ou bien il porte des gravois dans des cabas de roseaux, à moins qu'il ne soit collé entre deux longues planches dont l'autre bout est soutenu par un compagnon de misère; il va ainsi toute la journée, le pauvre animal, arrachant un brin de jonc en passant aux nattes de sparterie, roué de coups, tourmenté des mouches qui s'attachent à ses plaies, et ses meilleurs moments sont quand l'ânier va fumer une pipe ou manger un épi de maïs grillé dont il lui jette la râpe ; c'est dans un de ces instants de répit que M. Decamps a dessiné ce groupe à longues oreilles, si amical, si paisible, si résigné.

Ils sont là, doux et patients, dans le carrefour, sous la garde nonchalante d'un petit garçon qui regarde vaguement quelque part. Quel joli fond de masures crépies à la chaux qui, parmi les vulgaires moellons, contiennent des fragments de marbre, des fûts de colonnes, des torses de statues antiques, débris des temples païens émiettés par le temps et les hommes ! Il y a peut-être excès de rendu dans cette petite toile si charmante d'ailleurs ; les pierres tournent à l'agate et au porphyre ; à force de solidité, le ciel lui-même semble trouvé dans les veines d'une plaque de lapis-lazuli.

Qui ne voudrait faire son *kief* auprès de ce zeïbeck, sur la porte de ce *Café turc*, près de cette eau brune et diamantée, que traverse un rat imperceptible ? Quel calme, quelle fraîcheur, quel repos ! M. Decamps possède l'art mystérieux d'intéresser à un bout de toit supporté par une colonne : il n'exprime pas de pensées, il en fait naître, comme la nature.

Le *Souvenir de la Turquie d'Asie* a une si grande force d'illusion, que la réalité lui serait peut-être inférieure. Ici le procédé a disparu, le peintre est absent ; c'est la chose même, plus cet inexplicable accent que l'artiste de génie donne à tout ce qu'il touche. Pendant nos voyages, nous avons sans doute vu plus d'un site analogue sans y faire beaucoup d'attention; d'où vient que ce tableau nous poursuit et nous occupe, éveillant en nous mille idées confuses et suscitant des souvenirs effacés d'existences antérieures? Assurément nous avons passé plus de cent fois sous la porte de cette ville inconnue et galopé avec ces cavaliers le long de cette muraille, sur cette étroite chaussée que baigne une eau transparente; à moins que nous ne fussions le derviche qui fume sa pipe à l'ombre de cette vigne, en face de ce turbé à la coupole blanche; ce que pense cette cigogne rêvant le bec sur son jabot, nous le savons, et nous connaissons la maison fermée à tous où cette belle femme porte l'eau de son amphore.

Sont-ils assez Turcs ces petits enfants qui agacent une tortue d'un brin de paille auprès d'une fontaine! Ont-ils un air de gravité comique, avec leurs tarbouchs à longue houppe de soie et leurs vestes trop grandes pour leur taille! Qu'il est joli, celui dont le crâne frais rasé se faisande de tons bleuâtres, et quelle perfection de détails! Jamais peintre de fleurs a-t-il trouvé des tons pareils à ceux des roses, des pivoines, à ces pavots qui s'effeuillent dans la corbeille renversée à terre? — Le peintre a traité par deux fois ce thème charmant avec des variations de détail, et toujours aussi heureusement. Pourtant nous regrettons, dans la plus grande des deux toiles, la femme qui s'approche de la vasque et dont le galbe se profile avec une élégance antique sur le fond veiné d'or et d'azur du ciel : on dirait une canéphore prise d'un bas-relief grec.

Un chemin bordé de cyprès, de térébinthes, de caroubiers et autres solides verdures métalliques, arrive au sommet d'un pli de terrain, d'où l'on aperçoit un vaste plateau entrecoupé de roches crayeuses et couvert d'une herbe rousse, cuite et recuite au terrible soleil d'été, sur lequel s'appuie un ciel bleu, où flottent quelques bancs de nuages marmoréens; un voyageur passe, juché sur la gibbosité d'un chameau, comme pour rendre la solitude plus sensible par une apparence humaine. Rien n'est plus âprement beau que ce *Paysage d'Anatolie* sous la lumière de plomb du milieu du jour!

Malheureusement l'album du voyage n'est pas complet: Il manque bien des pages et des plus belles : — le *Corps de garde turc*, les *Kaïdjis*, le *Supplice des crochets* ne sont pas là, soit que le hasard des ventes ait fait perdre leurs traces à l'auteur, soit que les possesseurs jaloux, par une avarice bien concevable, n'aient pas voulu se dessaisir, même pour quelques jours, de pareils trésors. — Cependant on a pu admirer, — trop peu de temps, hélas! — la *Sortie de l'école turque*, une aquarelle merveilleuse, un sélam enfantin où Decamps a réuni comme des fleurs tous les types de gamins orientaux. Quelles délicieuses petites têtes! quelles mines étrangement charmantes! Quelle chaude et blonde fraîcheur! Quels yeux en diamant noir petillants de bonheur et de malice! Comme ils s'élancent, comme ils se poussent, comme ils se renversent pour jaillir tous à la fois hors de l'école! car le Koran n'est pas plus récréatif que la grammaire de Lhomond!

L'Inde, c'est l'Orient chauffé à blanc; et notre artiste, quoiqu'il ne l'ait pas vue, se la figure par intuition plus exactement que Victor Jacquemont; il la devine comme Méry, le peintre ordinaire des éléphants et des tigres. — Il s'agit, en effet, du combat de l'énorme pachyderme et du redoutable félin. — Au bord d'une mare, au milieu des jungles, sous le ciel incendié du couchant, altérés par les soixante degrés de chaleur du jour, un tigre et un éléphant se rencontrent. Le tigre s'aplatit et pose sa tête de serpent sur ses pattes robustes, dont les coudes ressortent; l'éléphant, s'apprêtant à la parade, relève sa trompe et agite comme des drapeaux les plis de ses oreilles; sa silhouette bizarre se dessine sur le fond embrasé de l'horizon, comme un colosse de granit grisâtre sorti de la pagode cryptique d'Ellora. L'Inde n'a jamais été plus nettement symbolisée que dans cette toile grande comme les deux mains.

A cette série purement asiatique du talent de l'artiste se rattachent le *Joseph vendu par ses frères* et l'*Eliézer et Rebecca*. M. Decamps, dans ses sites d'une vérité toute locale, et qu'il sait revêtir du plus grand caractère sans s'éloigner de la nature, a placé des sujets de la Bible traités d'une façon tout orientale; mais rien ne ressemble moins à ce qu'on appelle le paysage historique. Sa puissante originalité l'a sauvé de l'écueil où tout autre que lui se fût perdu. Un dromadaire, harnaché de sa haute selle, où pend un bouclier comme au flanc d'une galère antique, occupe le centre de la composition; près de lui est accroupi un chameau allongeant son cou sur le sable avec un mouvement de vérité parfaite. Au premier plan filtre une source où une femme emplit son urne; le groupe des frères livrant Joseph aux marchands d'esclaves est relégué au second plan; des assises de montagnes nues, arides, décharnées, laissant voir leurs veines de granit rose et glacées d'ombres bleues aussi légères que le ciel, ferment la plaine à l'horizon. — Ce paysage, vraiment biblique, donne une sensation de pure beauté.

Eliézer et Rebecca offrent une disposition à peu près semblable dans les premiers plans. — Une citerne aux assises humides, que baigne une eau brune pailletée de lumière, se creuse sur le devant du tableau. Éliézer, revêtu du kaffieh et de la tunique syrienne, offre l'anneau à Rebecca, suivie de ses femmes drapées à l'antique. Il y a, parmi ces suivantes, des figures pleines de style et semblables à des statues grecques animées. Plus loin, se rengorgent, gonflant leur cou, les chameaux de l'Israélite; sur une colline, à gauche, se dresse une ville avec ses tours massives, ses remparts épais et sa porte monumentale, où conduit un chemin peuplé de figurines revenant de la source, des cruches sur la tête. — Au delà s'étend la plaine, qui n'a pas encore changé sa robe verte de printemps contre sa fauve tunique d'été. Nul, selon nous, n'a mieux rendu la simplicité grandiose des temps primitifs; — on se sent vraiment transporté dans l'Orient biblique et patriarcal. — Nous regrettons vivement que le *Samson combattant les Philistins* n'ait pu être exposé; il eût bien tenu sa place parmi ces tableaux du maître, où la composition se mêle à la couleur locale et aux souvenirs du pays dans la proportion la plus heureuse.

M. Decamps n'est pas seulement un orientaliste ; il sait au besoin quitter la caravane en marche vers la Mecque à travers les déserts de sable blanc : quoiqu'en musulman pieux il se tourne de préférence vers la pierre noire de la Caaba, il contemple parfois d'autres horizons et boit à d'autres sources qu'au puits Zem-Zem. — Il possède, chose rare chez un peintre de genre, le sentiment historique le plus élevé, a ce point qu'on se demande s'il a suivi sa véritable voie et donné sa mesure. — Il n'est personne qui ne se soit posé cette question devant la *Défaite des Cimbres;* et pourtant l'on ignore que cet admirable tableau est la simple esquisse d'une immense composition, malheureusement non exécutée. A défaut de la *Défaite des Cimbres*, les dessins sur l'histoire de Samson prouveraient de quoi l'artiste eût été capable si son talent avait pris une route plus sérieuse. En face des résultats obtenus, nous n'osons regretter qu'il ne se soit pas adonné spécialement à l'histoire; mais nous ne doutons point que son succès n'eût été le même. Peut-être cette originalité si tranchée et si forte eût-elle été gênée par des conditions plus sévères. Voilà ce que nous devons dire pour nous consoler.

Les peintres de batailles ordinaires choisissent quelques épisodes qu'ils placent au milieu de la toile, noyant le reste sous des flots de fumée. M. Decamps a procédé d'une tout autre manière : ce ne sont pas seulement deux armées qui se choquent dans son tableau, c'est une civilisation qui fait rebrousser une barbarie. D'innombrables multitudes fourmillent sur ce champ de bataille, vaste cirque dont les gradins sont des bancs de montagnes, et qui semble taillé par la nature en prévision d'une lutte de géants; l'ombre noire des nuages, amoncelés comme des blocs pour la construction d'une Babel céleste, zèbre de ses bandes sombres les moissons humaines, dont chaque épi est un combattant; entre ces zones obscures, des traînées de lumière font étinceler des piques, des casques, des boucliers, des cuirasses, des poitrails de chevaux cabrés, les mille détails d'une mêlée furieuse, et révèlent par un petillement soudain des légions entières, des masses profondes de soldats se succédant sans relâche, lignes sur lignes, comme les volutes de la mer contre le rivage. Au centre apparaît Marius sur un cheval sculpté en quatre coups de pinceau dans le marbre du Parthénon, qui, d'un geste plein de commandement, foudroie et balaye les hordes indisciplinées des Cimbres.

Le sort de la bataille est décidé, l'aigle de Rome triomphe, les Cimbres sont vaincus et la déroute coule à pleins bords dans le lit du ravin, entraînant avec elle les chars cahotés par des bœufs effarés et pantelants que les fuyards aiguillonnent à coups de javelot, les chevaux sans maître, les femmes échevelées et jetant leurs enfants sous les roues, les blessés couverts de sang, les vieillards arrachant leur barbe grise, les prêtres maudissant les dieux ; sur le premier plan s'étalent des cadavres et des armes brisées : — un jour orageux et livide éclaire sinistrement cette immense tuerie, et ce paysage âpre, menaçant, hostile, tout rugueux et tout mamelonné de roches, que semble écraser un ciel formidable et farouche, gros de foudres, aux archipels de nuages croulants, vers lequel il est inutile de lever les bras, et d'où il ne descendra que des vautours et des corbeaux.

Michel-Ange des batailles, Aniello Falcone, Salvator Rosa sont mous à côté de cet emportement, de cette férocité et de cette rage; jamais l'exécution n'a été poussée plus loin : la couleur a une ardeur sombre, une intensité de calcination qu'aucun peintre n'atteignit et ne dépassera; elle est plus que chaude, elle brûle; les empâtements arrivent à une solidité de maçonnerie; et cependant l'aspect général conserve son unité grandiose; les détails exprimés avec tant de force ne nuisent en rien à l'ensemble : la *Défaite des Cimbres*, malgré ses proportions restreintes, est une œuvre vraiment épique. — Aurait-elle gagné, comme c'était l'intention du peintre, à être traduite sur une grande toile avec les proportions de l'histoire? c'est ce que nous ne saurions dire; telle qu'elle est, elle semble parfaite, et tiendra dans les musées de l'avenir une place que personne, à coup sûr, n'osa lui disputer.

Ce sujet de la défaite des Cimbres a beaucoup préoccupé M. Decamps; car il nous en offre un épisode dans un dessin d'un style antique et d'une beauté merveilleuse. — Le centre de la composition est occupé par un de ces chars à bœufs sur lesquels les hordes sauvages entassaient leur famille, leurs dieux et leur butin; des groupes éplorés le surchargent; des cavaliers protégent sa fuite, tandis qu'au fond la lutte continue échevelée et furieuse, et que des hommes aux poses superbes bandent avec effort les ressorts des catapultes. On dirait que M. Decamps a suivi dans leurs migrations ces cataclysmes de peuples barbares sortis de la nuit cimmérienne, tant il connaît à fond leurs physionomies, leurs allures et leurs ajustements : il est aussi fort sur ce sujet que M. Amédée Thierry. L'historien a rendu à leurs noms l'orthographe, M. Decamps a rendu à leurs figures le caractère.

Si nous étions quelque peu millionnaire, nous ferions bâtir une magnifique galerie, et nous supplierions M. Decamps de vouloir bien y exécuter, de grandeur naturelle, les neuf cartons qu'il a dessinés d'après la Bible, et qui représentent l'histoire de Samson, l'Hercule juif, dont la massue était une mâchoire d'âne ; ce serait un travail à ne redouter aucune comparaison, et qu'on viendrait voir de tous les pays comme on visite les fresques du Vatican. Mais de tels rêves sont interdits à un simple critique d'art, qui doit se borner à admirer les œuvres faites, sans avoir la prétention d'en commander.

La série commence par l'apparition de l'ange du Seigneur à Manoah et à sa femme. L'ange jaillit, avec un mouvement magnifique, de la fumée de l'holocauste, et prédit au couple prosterné la naissance d'un fils qui sera redoutable aux ennemis d'Israël ; un grand paysage aride, un horizon de montagnes décharnées forment le fond de la scène.

Dans le second dessin, Samson, déjà grand et saisi de l'esprit du Seigneur, fait l'essai de ses forces en déchirant un lion en deux, comme on déchire un vieux linge ; le monstre, pantelant et hurlant, tâche d'entamer de ses griffes les muscles d'airain du jeune lutteur ; mais il ne peut pas plus lui résister que les lions de pierre à l'étreinte des dieux sculptés sur les jambages de la porte ninivite qu'on voit au musée assyrien.

Plus loin, l'Alcide hébreu s'amuse et se permet contre les Philistins une colossale plaisanterie de géant en belle humeur; il a lâché dans les blés les trois cents chacals traînant à leur queue des flambeaux allumés. — Le ciel est orageux, rayé de noires bandes de nuages; le vent souffle avec violence; déjà des langues de feu, des tourbillons de fumée brillent et se roulent sur la plaine. Samson assis, tenant son pied dans sa main par un geste tout oriental, regarde joyeusement petiller l'incendie qui, étendant ses vagues de feu, va bientôt dévorer les moissons de l'ennemi.

Maintenant il tue mille Philistins avec une mâchoire d'âne : jamais Hercule n'a brandi plus vigoureusement sa massue, jamais Roland ne s'est mieux escrimé de sa Durandal. Les Philistins roulent assommés tout autour de lui; il en tient un qu'il secoue de la belle manière, et les autres s'enfuient remplis d'épouvante, tout courbés sur la crinière de leurs chevaux; le mouvement de Samson est d'une violence furibonde et d'une puissance de vie extraordinaire.

La cinquième composition nous montre Samson soulevant les portes de Gaza; — c'est un effet de nuit : — sur le ciel piqué de quelques étoiles, se découpe, au sommet d'une colline, la silhouette opaque de la ville; Samson emporte les battants et les poteaux sur ses épaules avec tant de dextérité que les sentinelles inclinées sur leurs lances ne se réveillent pas. On ne saurait mettre plus de mystère, de sommeil, d'ombre et de silence dans un dessin. M. Decamps, qui sait si bien peindre le jour de l'Orient, n'en rend pas moins bien la nuit.

Omphale, si elle s'amusait à faire tenir la quenouille à Hercule, qu'elle avait acheté lorsque le héros fut vendu en expiation des meurtres commis pendant sa démence, au moins ne le trahissait pas : il est vrai que ce n'était pas une courtisane, mais une reine de Lydie. Au cri : « Voilà les Philistins ! » Samson vient de se jeter à bas du lit, en rompant, par la tension de sa musculature invaincue, les cordes neuves avec lesquelles on l'a lié pendant son sommeil. Dalila, à demi soulevée et le coude noyé dans son oreiller, un faux sourire sur ses lèvres peintes, s'apprête à faire passer cette épreuve pour une plaisanterie. Samson, confiant et naïf comme la force, va reprendre sa place sur cette couche impure et confesser à la beauté vénale et perfide le secret de sa vigueur.

Il y a dans la figure de Dalila, baignée d'un suave clair-obscur, quelque chose de la grâce de Prud'hon dans ses dessins sur papier bleu.

Les cheveux de Samson ont été coupés par l'infâme courtisane : les Philistins l'emmènent honteux, humilié, rasé, faible désormais comme un simple enfant des hommes; pour comble d'amertume, Dalila, ironique et dédaigneuse, tenant encore en main les ciseaux fatals, laisse tomber son regard insolent sur la pauvre dupe: le lion de Juda n'a plus sa crinière; il s'en va piteux de cette maison où il est entré formidable.

Le voici sous une voûte obscure où plonge un rayon de soleil dont il ne peut pas jouir, car on lui a crevé les yeux, tournant la meule comme une bête de somme, arcboutant ses jambes et poussant la barre de sa poitrine pour éviter le coup de fouet du gardien; au fond, à travers les barreaux d'une fenêtre basse, on distingue vaguement des Philistins qui viennent se repaître de ce triste spectacle, rassurés par l'épaisseur de la grille.

Mais les cheveux ont repoussé, et avec eux l'antiquitaire vigueur est revenue. Samson secoue les colonnes du palais; les fûts de marbre se déplacent; les corniches tombent; les plafonds s'effondrent, et l'édifice s'écroule sur les convives; le héros juif s'écrase dans sa vengeance au milieu d'une hécatombe de Philistins.

Cette composition, la plus belle et la plus importante de la série, vous transporte réellement dans le monde biblique: l'architecture, les types, les costumes, le style, sont la plus heureuse restauration qu'on ait faite de l'antiquité orientale; certes, ils durent être ainsi les palais de Gaza, d'Ascalon et d'Azoth, mélangeant dans leurs ordres l'Égypte et la Phénicie, et c'est de la sorte qu'ils étaient habillés les seigneurs philistins, de tuniques étoilées et de manteaux à franges; leurs femmes, leurs concubines, ont porté assurément ces ornements bizarres qu'on retrouverait au cou d'Isis ou de Succoth-Benolh. M. Decamps a la passion de la couleur locale, comme le prouvent ses tableaux de l'Orient moderne; et quand elle n'existe plus, il la refait sur sa palette, avec une incomparable fidélité rétrospective; mais ce n'est à qu'un des moindres mérites de ce magnifique dessin. — Quel désordre, quel tumulte, quelle épouvante! Des groupes tombent pêle-mêle avec des fragments d'architraves : est-ce un bloc ou un convive qu'on reçoit sur la tête? Hommes et femmes se sauvent à travers les décombres, se ruant, se culbutant, sans le moindre souci les uns des autres, effarés, la bouche ronde et les yeux écarquillés de terreur ; un petit garçon franchit au vol un escalier et saute hors du cadre ; cela grouille, hurle et fuit avec une turbulence incroyable de mouvement sous la pluie de pierres, d'entablements, de chapiteaux et de poutres. Représenter des personnages au repos, c'est déjà difficile ; mais les dessiner dans une chute verticale et une course éperdue, c'est un problème que l'art a résolu bien rarement avec autant de bonheur.

Nous sommes embarrassé avec M. Decamps; chacun de ses tableaux demanderait une analyse détaillée, et il en a soixante, tous beaux, précieux, charmants; nous voudrions ne rien passer, et alors ce n'est ni un article ni deux qu'il nous faudrait, mais un volume ; jeter un mot admiratif sur chaque toile ne représente que notre opinion, et ne donne pas l'idée de l'œuvre à ceux qui par hasard ou par malheur ne l'ont pas vue.

La *Vue d'un village en Italie* renouvelle le miracle du *Boucher turc*, c'est-à-dire le vrai soleil du bon Dieu fixé sur une muraille peinte : ce n'est pas de la couleur, c'est de la lumière. Comme ces ombres bleuâtres et transparentes font valoir ce crépi étincelant ! comme cette rue monte entre ces maisons pittoresques, laissant voir à son extrémité une perspective de collines blondes plaquées d'herbes rousses, déchirées d'escarpements crayeux? Quels jolis enfants roses fraternellement mêlés aux cochons noirs sur les escaliers de granit! et quelle est belle, cette vieille à tournure sibylline qui se tient debout sur le seuil de sa porte, dans son majestueux costume de paysanne romaine!

C'est aussi une merveille que le *Moïse sauvé des eaux*, un tableau d'histoire grand comme les deux mains, mais d'une élévation, d'une poésie et d'un style admirables. Des montagnes de granit rose glacées d'ombres d'azur tracent leur noble profil sur un ciel veiné d'or; des fabriques d'architecture égyptienne se découpent dans une chaude lumière, et le Nil, égratigné par l'aile rose des flamants, court avec une rapidité limpide, clair comme du diamant en fusion, entre les roseaux et les lotus de ses rives. La fille de Pharaon, entourée de ses femmes, reçoit le petit enfant qui plus tard conduira les tribus dans le désert, et fera reculer l'Ange de la Mort par le reflet du Seigneur empreint sur sa face: quelle noblesse ont ces figurines hautes à peine de quelques centimètres!

La *Chasse au Faucon* serait une excellente illustration pour le traité de chasse du seigneur du Fouilloux. Le héron se défend comme il peut avec son long bec, mais le faucon le rabat et le force à descendre; les pages, les varlets, les seigneurs, les châtelaines pressent leurs destriers et leurs palefrois pour arriver à sa mort. Cette toile se distingue, dans l'œuvre de M. Decamps, par un coloris argenté, verdoyant et frais qu'il a rarement employé.

Nous aimons beaucoup, pour leur réalité puissante, les *Chevaux de halage* pataugeant dans une rivière dont la berge escarpée coupe horizontalement le ciel; le conducteur, assis insouciamment sur une de ses bêtes, laisse pendre ses jambes; — une jeune paysanne rentre des champs, poussant devant elle son troupeau d'oies blanches; le jour se couche dans une poussière dorée; les travaux sont finis; la nuit va descendre, calme, fraîche et sereine, sur les fatigues de l'homme et de ses compagnons de labeur. — Les soi-disant réalistes feraient bien d'étudier cette toile : ils y apprendraient comment on peut donner de la beauté et de la poésie aux objets les plus vulgaires avec une exactitude d'imitation qu'ils n'atteindront jamais.

Le *Mendiant comptant sa recette*, les *Espagnols jouant aux cartes*, les *Joueurs de boules*, la *Marchande d'oranges*, se font remarquer par une réalité saisissante, qui n'exclut ni le rendu ni l'effet, et se concilie avec les plus sévères exigences de l'art. Nous en dirons autant du *Valet de chiens entrant dans un chenil*, des *Coqs et poules sur un fumier*, des *Intérieurs de cour*, et autres motifs que M. Decamps varie de la façon la plus ingénieuse et la plus charmante, et nous arriverons à un côté tout spécial du talent de l'artiste, — la parodie de l'homme par le singe.—La caricature n'a rien imaginé de plus fin, de plus spirituel, de plus moqueur : Hogarth, Cruischanck, Daumier, qui ont représenté notre pauvre espèce sous tant d'aspects ridicules, sont loin de ce sarcasme quadrumane.

Quelle excellente scène de comédie que les *Singes ama-*

teurs! Est-ce un babouin ou un expert-juré que ce monsieur à visière verte, à bas chinés et à culotte courte, qui examine à la loupe un paysage historique posé sur un chevalet? Le doute est permis. Et cet autre, tenant sa canne et son chapeau, qui semble attendre l'avis du connaisseur émérite pour se prononcer, ne l'avez-vous pas vu cent fois dans les ventes, notant les prix sur son catalogue et s'enthousiasmant à la suite? Le petit jockey, tenant un cadre et un parapluie sous son bras, aurait bien envie de les lâcher pour se gratter un peu l'aisselle, et si sa queue n'était proprement roulée dans sa culotte de peluche, croyez qu'il en enroulerait les anneaux à quelque traverse et se balancerait fort agréablement la tête en bas.

Le *Singe peintre* donne la dernière touche de sentiment à un tableau avec une application et un sérieux des plus risibles. Le macaque et le rapin ne sauraient être mieux amalgamés. — La palette, les pinceaux, la pipe accrochée au mur sont touchés de main de maître, spirituellement et librement, malgré l'extrême fini. — Plus d'un vieux beau a dû voir dans sa glace une face pareille au museau de ce mandrille à bajoues fardées, qui fait des mines à son miroir. — Les *Singes pâtissiers et charcutiers* feraient pouffer le spleen de rire.

M. Decamps, quel que soit le genre qu'il traite, a une telle puissance d'exécution, qu'il rend toujours son idée tout entière et va même au delà. — Rien ne reste dans son pinceau; il peut ce qu'il veut, et nul dans sa sphère n'est plus complet que lui; — il ne relève d'aucun maître et ne peut se rattacher à aucune école : en ce temps, où l'on a tant cherché l'originalité, et quelquefois par des moyens si violents, l'artiste qui la possède au plus haut degré, c'est M. Decamps; son talent est tout à fait primesautier, comme dirait Montaigne, et les classificateurs sont obligés d'ouvrir pour lui une catégorie spéciale; c'est un phénomène qui n'a pas eu de précédents et qui ne se renouvellera probablement pas; mais, dès aujourd'hui, M. Decamps a pris parmi les maîtres un rang qu'il ne quittera plus, et ses tableaux, dans les ventes, se couvrent d'or à plusieurs couches.

XVI

M. GÉROME.

La plupart des maîtres, à cette grande Exposition, n'ont guère fait que remettre sous les yeux qui ne les ont pas oubliées les toiles les plus parfaites de l'œuvre glorieuse. On dirait qu'arrivés au milieu de ce siècle, avec lequel ils sont nés, ils ont voulu, pour cette occasion suprême, faire reconnaître au monde leurs titres de noblesse et leurs droits à être inscrits au livre d'or de la peinture; mais bien peu de ces tableaux magnifiques sont contemporains de l'ère présente. M. Gérome, qui est jeune, n'a pas cru, par une modestie honorable, devoir emprunter à son passé tout récent des productions déjà magistrales et qu'on eût revues avec plaisir : le *Combat de coqs*, l'*Intérieur grec*, *Bacchus et l'Amour*, le *Temple de Pœstum*, l'*Idylle*, etc. Tout ce qu'il a exposé est inédit. Comme bien d'autres, il eût pu se contenter d'un succès certain en restant dans les limites de son talent pur, fin et gracieux ; mais, saisi d'une ambition plus haute, il a risqué une composition immense sur une toile gigantesque. — Il lui sera beaucoup pardonné, parce qu'il a beaucoup tenté. — Son *Siècle d'Auguste* est un vaillant effort auquel nous aurions désiré plus d'imitateurs ; ces belles audaces sont maintenant trop rares, et nous trouvons la jeunesse bien prudente : on doit à M. Gérome cet éloge, qu'il cherche de toute sa puissance la beauté, la noblesse, le style, toutes les qualités de l'art sérieux, et qu'il les atteint souvent. Il a fait un vrai tableau d'histoire dans le sens élevé où l'on entendait jadis ce mot, et mérité la première place parmi la génération nouvelle.

Une page de Bossuet a inspiré à l'artiste l'idée de sa composition. — Nous allons la transcrire, au risque de faire prendre à notre prose ce reflet louche que le voisinage de l'or pur donne au cuivre.

«... Les restes de la république périssent avec Brutus et Cassius ; Antoine et César, après avoir ruiné Lépide, se tournent l'un contre l'autre ; toute la puissance romaine se met sur la mer. César gagne la bataille Actiaque ; les forces de l'Égypte et de l'Orient, qu'Antoine menait avec lui, sont dissipées; tous ses amis l'abandonnent, et même sa Cléopâtre, pour laquelle il s'était perdu... Tout cède à la fortune de César : Alexandrie lui ouvre les portes; l'Égypte devient une province romaine; Cléopâtre, qui désespère de la pouvoir conserver, se tue elle-même après Antoine; Rome tend les bras à César, qui demeure, sous le nom d'Auguste et le titre d'empereur, seul maître de tout l'empire; il dompte vers les Pyrénées les Cantabres et les Asturiens révoltés; l'Éthiopie lui demande la paix; les Parthes épouvantés lui renvoient les étendards pris sur Crassus, avec tous les prisonniers romains; les Indes recherchent son alliance; ses armes se font sentir aux Rhètes ou Grisons, que leurs montagnes ne peuvent défendre. La Pannonie le reconnaît, la Germanie le redoute, et le Weser reçoit ses lois. Victorieux par mer et par terre, il ferme le temple de Janus. Tout l'univers vit en paix sous sa puissance, et Jésus-Christ vient au monde. » La toile de Gérome n'est pas indigne de cette sublime page et peut lui servir d'illustration.

Nous allons essayer de rendre, autant que les mots le permettent, l'aspect de cette vaste composition, qui renferme tout un siècle et tout un monde sous une forme synthétique.

Sous un ciel d'un azur placide que ne traverse aucun nuage, se découpe, avec le quadrige qui surmonte son fronton, le temple de Janus, fermé pour la troisième fois seulement depuis la fondation de Rome; au fond l'on aperçoit, dans le poudroiement du lointain les remparts et les tours de la ville éternelle. La sérénité lumineuse et douce des apothéoses noie toute cette partie supérieure et donne l'idée de la paix, du repos et du bonheur. — Au devant du temple, Auguste, divinisé, siége sur un trône d'or que supporte un socle de granit où cette inscription est gravée en lettres et en style lapidaire : — *Cæsar Augustus imperator, victor Cantabrorum, Asturum, Parthorum, Rhætorum et Indorum, Germaniæ, Pannoniæque domitor, pacificator orbis, pater patriæ.* — Le César Auguste a le torse nu comme les grands dieux de l'Olympe, une draperie blanche couvre ses cuisses et ses genoux : une couronne triomphale ceint ses tempes ; un sceptre arme sa main gauche, et de la droite il s'appuie à l'épaule d'une figure de Rome personnifiée par une belle femme casquée, vêtue d'une courte chlamyde rouge, le bouclier au bras, et tenant renversée la pointe d'une lance inutile qu'enlacent des lauriers, symbole de la paix conquise par la victoire. Auprès de l'empereur on voit la statuette du Jupiter Capitolin et l'aigle qui s'approche du maître d'un air caressant et respectueux.

La tête tranquille, majestueuse et rayonnante d'Auguste est du plus grand caractère ; — comme ceux des immortels qui savent tout, ses yeux ne regardent pas, et ses lèvres sont scellées par un immuable demi-sourire. Jupiter humain, il n'a besoin pour entraîner le monde que d'un froncement de sourcil : son corps, aux méplats soutenus, sans nodosités de muscles, annonce une virilité puissante, mais tout intellectuelle, et qui n'a rien des vigueurs de l'athlète ; les misères de la nature ont disparu : la chair devient marbre et l'homme dieu. Au milieu de l'immense composition, Auguste immobile et pâle a l'air d'une statue qu'adore l'univers prosterné.

La figure de Rome n'est pas moins heureuse. Seule elle ose s'accouder au trône avec une pose d'une grâce familière et superbe. Elle est chez elle dans cette gloire, et les splendeurs de l'apothéose l'illuminent sans l'éblouir. Elle regarde Auguste comme une femme un époux aimé; Rome et l'empereur ne forment-ils pas en effet un couple divin? Ses formes nobles, pures et fermes attestent une jeunesse éternelle et justifient le sens de son nom mystérieux.

A l'angle droit du socle, se tient debout Tibère adolescent, en toge blanche et en manteau prasin. — Sous le charme juvénile des traits perce déjà la pensée sinistre et profonde, et se devine la satiété précoce présageant les débauches monstrueuses de Caprée. Derrière Tibère, se massent, dans des attitudes de respect et d'admiration, des hommes d'État, des sénateurs, des personnages consulaires, parmi lesquels on distingue Agrippa, le fondateur du Panthéon; Mécène, qui avait des rois pour aïeux; Marcellus cet espoir du monde, dont la mort prématurée inspira de si beaux vers au chantre de l'*Énéide*.

A ce groupe correspond le chœur des poëtes, des littérateurs et des artistes; le doux et mélancolique Virgile, pressant sur sa poitrine le chef-d'œuvre qu'il voulait qu'on brûlât après sa mort, comme pour indiquer que les belles pensées viennent du cœur; Horace, si lyrique et si spirituel, si sage dans sa feinte ivresse; Properce, Tibulle, Tite-

Live, Vitruve, un sculpteur tenant son ciseau, un acteur montrant son masque; tout ce qui compose un grand siècle, et fait dire le siècle de Périclès, le siècle d'Auguste, le siècle de Léon X, le siècle de Louis XIV.

Sur le marbre de l'escalier monumental qui mène du parvis du temple au second plan du tableau, est étendu le cadavre de Jules César assassiné; Brutus et Cassius, Oreste et Pylade du meurtre politique, ont déjà descendu quelques degrés et s'éloignent pour aller jouer à Philippes le dernier coup de dé de la république. Brutus tient encore le poignard et semble troublé par le doux reproche de César : *Tu quoque, mi fili!* Cassius, la main au-dessus des yeux, cherche à percer les voiles de l'avenir.

Cléopâtre roule sur le corps d'Antoine, charmante encore dans son agonie et méritant, par les ondulations de ses belles lignes, l'épithète de « Serpent du Nil » que lui donne Shakspeare. Le pschent égyptien qui encadre sa pure tête grecque la fait reconnaître tout de suite à côté du cadavre herculéen de son amant : chaque ennemi forme une marche du trône d'Auguste.

Au bas de l'escalier se presse une foule agenouillée et prosternée qui baise les degrés qu'ont touchés les cothurnes de l'empereur, jette des fleurs et balance des palmes; des profondeurs les plus lointaines du monde alors connu, les peuples accourent pour faire acte de soumission. Voici les Indiens venus des bords du Gange, accroupis dans des poses d'idoles sur un éléphant, lourde et massive monture ayant au flanc une échelle en guise d'étrier. Leur peau bronzée, leurs armes bizarres, les fétiches monstrueux qu'ils portent au bout de longues hampes en manière d'étendards, rappellent les batailles de Darius et d'Alexandre. Vaincus par les Macédoniens, ils le sont par les Romains, comme ils le seront plus tard par les Anglais. — Derrière les Indiens arrive un Sère, qui représente l'extrême Orient; à sa tête rasée, à sa robe ramagée fantasquement, il n'est pas difficile de reconnaître l'aïeul du Chinois; il apporte en tribut un coffret renfermant des tissus de soie; — un Parthe restitue les aigles enlevées à Crassus; — Rome ne peut pas avoir été défaite. — Une femme de l'Asie intérieure, au costume presque sauvage, pousse devant elle ses deux enfants, qui sont de petits citoyens romains; un Grec, avec casque, cuirasse et cnémides, acclame le divin Auguste; un Gaulois, vêtu d'une peau de bête fauve dont la gueule s'ouvre en cimier au-dessus de sa tête, se dirige d'un pas joyeux vers le trône; nous ne citons que les principales figures, car la foule est grande, et la toile bien remplie n'offre pas un vide.

De l'autre côté, pour contre-balancer l'éléphant et sa charge d'Indiens, s'avancent, juchés sur leurs dromadaires, des Arabes drapés déjà de leurs bornous blancs, ayant pour armes des arcs et des boucliers, des Égyptiens au visage de sphinx, des Massyles, des Numides que le voisinage du désert avait jusque-là préservés du joug et que la puissance d'Auguste atteint dans leurs sables; un vieux roi de quelque fantastique royaume de Transoxiane ou de Chaldée, appuyé sur deux esclaves à demi nues, l'une jaune et l'autre noire, comme sur deux béquilles vivantes, arrive en rechignant avec ses armes étranges, son sceptre orné de plumes, sa robe de brocart, sa couronne à pointes d'or, sa barbe d'argent épanchée à grands flots, son air de fleuve et de mage, moitié idole, moitié monarque, apparition fabuleuse des régions inconnues. — Des licteurs et des soldats d'une musculature irrésistible traînent par les cheveux des captifs et des captives, personnification de provinces rebelles obligées de se soumettre à la force.

En dehors de tout ce mouvement se tient un personnage à barbe rousse, vêtu de haillons sordides, qui font tache sur ce luxe : ce doit être un Juif, — le père d'Ahasvérus, peut-être. — Une bourse de cuir et une écritoire pendent à son flanc ; il n'a d'autre arme qu'un bâton de voyage, et regarde vaguement le défilé de tous ces peuples qui le méprisent et auxquels il doit survivre.

Revenons maintenant au centre de la composition, forcé que nous sommes de négliger mille détails ingénieux ou caractéristiques ; mais un tableau se lit d'un seul coup d'œil, et les lignes s'épellent une à une.

Devant un autel où les victimaires viennent d'immoler un taureau, dans la cendre grise des holocaustes encore pleine de charbons éteints et d'ossements brûlés, sur les feuilles flétries des couronnes et des fleurs, rayonne un groupe lumineux abrité par les ailes d'un ange. Le petit enfant vient de naître, il vagit pendant que César triomphe, n'ayant pour courtisans que le bœuf et l'âne. — Les pressentiments confus de Virgile sont accomplis. Comme il l'a dit dans ses vers prophétiques, un nouvel ordre de siècles commence :

Ultima Cumæi venit jam carminis ætas ;
Magnus ab integro sæclorum nascitur ordo ;
Jam redit et Virgo, redeunt Saturnia regna ;
Jam nova progenies cœlo demittitur alto.

Le peintre, afin de mieux faire sentir le contraste entre le monde païen et le monde chrétien, entre le monde de la matière et le monde de l'esprit, a emprunté à l'art gothique, pour les figures de la sainte Vierge, de saint Joseph et de l'enfant Jésus, sa gracilité naïve, ses poses modestement contraintes, sa timidité enfantine. — Il a enchâssé dans son grand bas-relief antique une gravure sur bois d'Albert Durer.

La zone supérieure du tableau — celle où se passe l'apothéose — a l'immobilité sereine, le rhythme harmonieux, le balancement de lignes d'un fronton de marbre blanc, sculpté à la façade d'un temple ; la zone inférieure offre un fourmillement bigarré, un tumulte de peuples et de costumes où le caprice a plus de liberté. M. Gérome excelle, comme il l'a prouvé par sa frise pour le vase commémoratif de l'Exposition, dans les peintures ethnographiques; nul ne saisit mieux que lui le caractère distinctif d'une race et ne le rend d'un trait plus sûr. Ici, il avait à représenter des nations pour la plupart disparues sans laisser de traces, ou ne vivant plus que sur quelques médailles ou quelques fragments de sculptures ; — quand la science archaïque lui a fait défaut, il a eu recours à son ingénieuse fantaisie, et il a inventé des barbares Rhétes, Pannoniens, Parthes, Indous, Germains, de la sauvagerie la plus vraisemblable. — Cette partie du tableau renferme les plus curieux détails d'armes, de bijoux, d'ajustements, de coiffures, de physionomies; rien n'est banal ni fait au hasard, tout est pensé et cherché.

En regardant cette belle toile, où rayonne Auguste divinisé, isolé sur un trône d'or, au sommet d'un escalier blanc dont les premières marches sont baignées par des flots de barbares, et n'ayant près de lui qu'une jeune guerrière sans cuirasse, l'idée nous venait que les adorateurs étaient en bien grand nombre pour le dieu, que leurs hordes allaient s'épaississant et devenant de plus en plus hérissés et farouches, et que bientôt ils submergeraient cette plate-forme lumineuse où souriaient dans l'air doré et bleu la Paix, la Poésie et les Arts. — Nous ne savons si M. Gérome a eu cette pensée, mais elle naît naturellement à l'aspect de ces groupes tranquilles sous lesquels écume et bouillonne la marée montante de la barbarie domptée un moment. — Rome sera bien toujours la ville par excellence; mais saint Pierre y remplacera César, et l'empire romain disparaîtra.

La composition du *Siècle d'Auguste* est d'une haute portée philosophique; elle satisfait l'esprit et s'ordonnance heureusement sur la toile; le dessin des nus, des draperies, a du style, de la science et de la force; malheureusement la couleur est un peu mince pour une si grande toile, qui eût demandé a être plus empâtée, plus nourrie, pour ainsi dire. — L'artiste a voulu rester sobre et pur; mais il ne s'est pas rendu compte, dans un atelier sans doute trop petit, des nécessités de perspective d'un tableau de cette dimension.

Outre le *Siècle d'Auguste*, M. Gérome a exposé deux petits tableaux très-finis, très-précieux, représentant, l'un, un *Gardien de troupeau*, l'autre un *Pifferaro*, où brille tout le talent du peintre dans sa perfection délicate.

Parlons maintenant d'un tableau qui n'est pas porté sur le livret, car il n'a été fini qu'assez longtemps après l'ouverture de l'Exposition. — Comme il est difficile à trouver, nous ne l'avions pas encore vu, et nous croyons rendre service aux amateurs en leur disant qu'il est placé dans la première travée, parmi les envois du Portugal. C'est une étude faite sur nature, pendant un voyage en Moldavie en 1854, où l'artiste a pu voir de près un camp russe : l'actualité, comme on voit, ne manque pas à cette scène.

Des soldats russes, vêtus de cette capote de bure grise qui ressemble à un froc de moine ou à une houppelande d'hôpital, coiffés d'une casquette bleue à liséré rouge, sont rangés en cercle ; la consigne leur a été donnée de se divertir, et ils la remplissent en conscience; l'un d'eux s'avance au milieu du cercle et exécute une espèce de cachucha moscovite très-déhanchée, en s'accompagnant de deux triangles garnis de fils où frissonnent des plaquettes de cuivre qu'il fait bruire; l'orchestre est composé d'un violon, d'un tambour et d'un fifre; ceux qui n'ont pas d'instruments chantent, où, plongeant deux doigts dans leur bouche, obtiennent un sifflement aigu ; quelques-uns, entre les strophes de la ronde, tirent une bouffée de leur courte pipe. — Rien n'est plus curieux que ces types kalmouks ou tartares, aux nez épatés, aux pommettes saillantes, au crâne rasé, aux moustaches d'Albinos, aux petits yeux que brident des paupières retroussées vers les tempes; les physionomies de ces pauvres diables sont résignées, nostalgiques et très-douces, malgré leur laideur : le jeune fifre est presque joli, et il soufflerait dans son petit turlututu avec le même flegme au milieu de la bataille, comme le fifre qu'admirait Frédéric le Grand.

A quelque distance veille un sous-officier, dont le bras replié derrière le dos tient un fouet pour stimuler la joie; plus loin, son second cercle se livre au même divertissement. Des tentes de toile blanche, une colline grisâtre sur laquelle tournent sept ou huit moulins à vent aux ailes disposées en roue, un ciel brumeux où un vol de grues dessine son angle aigu, les berges plates du Danube, dont une sentinelle regarde mélancoliquement couler l'eau limoneuse, forment à cette ronde bizarre le fond le plus original. On ne saurait imaginer la profonde tristesse de cette toile tenue dans une localité grise, éclairée par une lumière sourde et comme voilée d'ennui.

L'exécution a cette finesse précise qui n'exclut pas la largeur et dont M. Gérome a le secret. On en apprend plus sur la Russie en contemplant un quart d'heure ce petit cadre qu'en lisant vingt volumes de relations; la peinture, avec sa langue muette, en dit souvent beaucoup plus que les écrivains les plus bavards.

M. Gérome est le chef d'une école, ou plutôt d'un petit cénacle de raffinés qui poussent la délicatesse parfois jusqu'à la mièvrerie, et s'ingénient en mille recherches charmantes; mais il n'aura pas, nous le craignons, beaucoup d'imitateurs dans sa tentative robuste et hardie. Le *Siècle d'Auguste* restera un des beaux morceaux de l'Exposition de 1855. — Ce n'est pas une gloire médiocre pour un jeune artiste de venir immédiatement après les maîtres, soutenus par tout leur passé; et chaque année, nous l'espérons, s'il persiste dans cette voie austère, l'intervalle qui le sépare encore d'eux diminuera.

XVII

MM. GLAIZE ET HÉBERT.

M. Glaize a fait, comme M. Gérôme, une tentative hardie, un grand effort : il ne s'est pas contenté, comme beaucoup de peintres, de répéter d'un pinceau facile des thèmes qui lui étaient familiers, il a tâché de s'élever au-dessus de lui-même et de gagner d'un vol audacieux les régions supérieures, dût-il avoir le sort d'Icare; mais, pour tomber du ciel, il faut y être monté, et une telle chute serait plus honorable que bien des succès de terre à terre. — M. Glaize n'a pas vu la cire fondre et les plumes se détacher de ses ailes en approchant du soleil, et il s'est maintenu, sans malheur, dans son essor. Le *Pilori* est une des œuvres les plus importantes du salon, et le promeneur, même inattentif, est forcé de s'y arrêter. — Une idée originale donne une forme originale comme elle; rien n'est plus saisissant que cette longue suite de poteaux, avec leurs pancartes et leurs piloris, se détachant sur une muraille blanche ; — il ne s'agit pas, vous le pensez bien, de vulgaires criminels; M. Glaize a choisi, dans tous les pays et dans tous les siècles, les illustres martyrs de la pensée, tous ceux qui ont apporté trop tôt une idée au monde et que le monde a bafoués, insultés, suppliciés sans les comprendre.

Au centre de la composition figure Jésus méconnu sous son apparence humaine, Jésus à qui l'on préfère Barrabas, Jésus que l'on flagelle, que l'on lie à la colonne, Jésus conspué, couronné d'épines, mis sur la croix des esclaves ! derrière lui un Ange déroule une bandelette sur laquelle on lit : « *Pater, dimitte illis, non enim sciunt quod faciunt ;* » au bas de l'échafaud, quatre énormes figures allégoriques symbolisent la Misère, l'Ignorance, la Violence et l'Hypocrisie. — Ces figures, adossées et formant deux groupes, comme celles des tombeaux des Médicis, ont une tournure michelangesque et monumentale qui montre chez M. Glaize une grande entente de la peinture décorative. La Misère est une femme hâve, ridée et livide, dont un enfant maigre pétrit en vain la mamelle tarie ; l'Ignorance s'affaisse sur ses chairs flasques, dans une attitude nonchalante, et fait voir son crâne bas, coiffé d'oreilles velues comme la tête de Midas ou de Bottom ; la Violence gonfle sa musculature boursouflée, crispe ses biceps, arc-boute son dos athlétique avec une fatuité de belluaire et de bourreau. Un col de taureau unit à ses épaules montueuses une tête bestiale où manque la cervelle. L'Hypocrisie tient un masque fardé dont elle couvre au besoin son visage verdâtre, et replie sous elle des pieds terminés par des griffes de démon. Ces quatre monstres n'ont-ils pas persécuté les grands hommes, et leur place n'est-elle pas au bas du pilori?

A la gauche du Christ, on voit Socrate tenant la coupe de ciguë et montrant le ciel; puis viennent Ésope, le fabuliste, qui fut esclave et précipité du haut d'une roche par les prêtres de Delphes, malgré la sagesse divine contenue dans sa bosse; la belle et savante Hypatia, qu'assommèrent et traînèrent par les rues d'Alexandrie des chrétiens fanatiques, persécuteurs à leur tour; Keppler, qui découvrit les lois des mouvements célestes, et mourut sans pouvoir se faire payer sa pension par l'empereur; Galilée, se rétractant devant l'inquisition, et disant le fameux : *E pur si muove;* Bernard de Palissy, l'inventeur des rustiques figulines et le prédécesseur de Cuvier, brûlant ses meubles faute de bois; Corrége, succombant sous sa charge de gros sous.

A la droite, Homère, que sept villes se disputèrent après sa mort et qui, pendant sa vie, pauvre, aveugle, erra sa lyre suspendue au cou, chantant ses poëmes immortels pour obtenir une aumône; Dante, exilé, proscrit et montant l'escalier des autres; Cervantès, l'illustre manchot de Lépante, le captif d'Alger, triste, accablé d'infirmités, méconnu de ses compatriotes; Jeanne d'Arc, que le bûcher de Rouen récompensa d'avoir sauvé la France; Christophe Colomb, recevant des fers pour prix d'un monde; Salomon de Caus, enfermé à Bicêtre et montrant avec une grimace de fou les premiers linéaments de la machine à vapeur: Papin, brisant dans un moment de désespoir le bateau à roues qu'il avait inventé; Étienne Dolet, le libre penseur, pendu et brûlé, qui disait en marchant à la mort et en voyant la foule impatiente attroupée pour son supplice :

Non dolet ipse dolet, sed pia turba dolet.

Tels sont les personnages que M. Glaize a choisis pour représenter son idée. D'autres noms pourraient être écrits sur les poteaux, car le martyrologe est long. Chaque siècle, chaque pays, chaque civilisation a ses victimes. — L'artiste a pris parmi les illustres malheureux ceux qui lui étaient le plus sympathiques, et là-dessus nous n'avons rien à lui dire, tous sont également dignes de pitié. L'exécution s'élève à la hauteur de l'idée — la couleur est nourrie, vigoureuse, le dessin ferme et correct : M. Glaize a fait un grand pas.

Il ne faut cependant pas que le *Pilori* nous fasse négliger *Ce qu'on voit à vingt ans*, un charmant tableau dans la manière habituelle de M. Glaize : ce qu'on voit à vingt ans, ce sont les horizons d'azur où courent des nuages roses; des arbres poudrés de la neige parfumée d'avril; des chœurs de belles filles se nouant et se dénouant au bord des eaux vives; des barques emportant des musiques sur des lacs peuplés de cygnes, tous les adorables mirages de la jeunesse, et surtout un frais visage qui rougit sous son duvet de pêche et se penche gracieusement vers vous en murmurant un aveu virginal. Le Printemps lui-même, avec ses mains pleines de roses, n'est plus frais et plus jeune que cette toile.

L'on n'a pas oublié la *Mal'aria* de M. Hébert, exposée à l'un de ces derniers salons. — Une barque glissant sur les eaux dormantes des marais Pontins, entre des rives plates, sous un ciel embrumé de vapeurs pestilentielles et portant une pauvre famille plus ou moins atteinte par l'influence délétère ; — les roseaux ployaient au passage de la nacelle, et les feuilles visqueuses des nénufars se déplaçaient sous l'eau brune saturée de détritus végétaux ; la mal'aria avait mis son auréole bleuâtre autour des grands yeux fixes de la jeune femme serrant contre son cœur un enfant chétif, comme une Madone de la fièvre, et des teintes livides plombaient la figure des autres personnages ; une jeune fille à torsades de cheveux blonds, appuyée au plat-bord de la barque, un garçon debout et manœuvrant le croc, avaient seuls quelque apparence de santé, et leur teint moins hâve gardait la coloration de la vie. Ce tableau eut un grand succès. Après Schnetz, après Léopold Robert, il présentait l'Italie sous un aspect original et vrai ; au pittoresque se joignait le sentiment. Ce n'étaient plus ces types bronzés, découpés nettement dans une lumière crue, mais une grâce malade, un charme languissant, une mélancolie énervée, une poésie triste, qui vous allaient au cœur. — Nous regrettons beaucoup que M. Hébert, dans cette exposition demi actuelle, demi rétrospective, n'ait pas jugé à propos de remettre sous les yeux du public ce délicat chef-d'œuvre où s'est révélé et se résume son talent : l'âme rêveuse du peintre y est tout entière.

Ceux qui demandent aux artistes des *idées*, c'est-à-dire une espèce de programme philosophique, mythique ou palingénésique, ne pourront s'empêcher, en dépit de leurs convictions, pour peu qu'ils aient le moindre sens de la peinture, de trouver les *Filles d'Alvito* un des plus remarquables tableaux du salon, et cependant il n'y a pas là de sujet; nulle histoire, nulle anecdote; rien de compliqué, rien d'ingénieux, rien de littéraire : — deux paysannes revenant du lavoir, — c'est tout, et cela suffit pour vous arrêter une heure devant la toile.

Dans une gorge aride de montagne tourne un sentier rocailleux et pulvérulent que suivent deux jeunes filles qui viennent, comme Nausicaa, de laver le linge de la famille à la fontaine. D'épaisses chemises de toile grenue, de lourds jupons de laine, revêtent leurs formes juvéniles; leurs pieds de statue, au pouce séparé comme le pouce d'un oiseau, sont chaussés de grossières sandales maintenues par des cordelettes et rappelant les *alpargatas* espagnoles. — L'une porte une cruche sur la tête, comme un canéphore des fêtes d'Éleusis; l'autre, un paquet de linge, dans une attitude aussi noble que celle d'aucune figure de bas-relief, et tient un morceau de savon dans sa main renversée par un mouvement d'une grâce antique, comme si elle se souvenait que le royaume de Naples a été la Grande-Grèce. Ce ne sont pas encore des femmes, mais ce ne sont plus des enfants. — L'adolescence mûrit vite à ces ardents étés, auxquels suffisent quelques jours pour transformer la fleur en fruit. La gravité passionnée et triste des pays chauds imprime déjà son cachet à ces jeunes visages, et l'accablement du Midi leur donne une expression indéfinissable de souffrance, malgré le hâle robuste qui dore leur pâleur : rien ne ressemble moins à la grâce du Nord éveillée et rieuse que cette grâce languissante et morne, et pourtant que de flamme sous cette *faccia smorta!* Les yeux s'ouvrent comme de mystérieuses fleurs noires à l'ombre de sourcils fortement dessinés, et semblent absorber la lumière; les narines aspirent avec effort l'air brûlant, et les lèvres arquées à leurs coins par une adorable *smorfia* font une moue dédaigneuse à rendre fou d'amour. M. Hébert excelle à rendre ces physionomies italiennes brunes et sérieuses, où la vie paraît dormir à force d'intensité et se trahit seulement dans un regard fixe; il sait exprimer mieux que personne cette mélancolie de chaleur, ce spleen de soleil, cette tristesse de sphinx, qui donnent tant de caractère à ces belles têtes méridionales. — Les *Filles d'Alvito* compteront parmi l'œuvre du peintre : un dessin pur, une couleur sobre, une exécution qui se dissimule, quoique parfaite, telles sont les qualités matérielles du tableau; mais ce que les mots ne peuvent faire comprendre, c'est le sentiment, la morbidesse, la *vaghezza*, le charme de cette délicieuse peinture, où le genre se trouve élevé à la hauteur de l'histoire.

Crescenza à la prison de San-Germano se rapporte à quelque anecdote que nous ne connaissons pas; mais l'anecdote importe peu. Derrière les barreaux d'une fenêtre basse apparaît dans l'ombre, comme le mufle d'une lionne ennuyée, une tête de vieille femme au type sibyllin; — sur l'appui de la fenêtre est assise une fille d'une douzaine d'années, à demi vêtue de haillons pittoresques, qui semble rendre visite à la vieille et lui tenir compagnie ; la tête de l'enfant a cette expression sérieuse et profonde dont M. Hébert possède le secret : un malheur précoce attriste sa charmante physionomie, où la misère a déjà mis ses fatigues ; — ses jolis pieds poudreux pendent languissamment, et son petit corps maigre s'affaisse sous ses pauvres guenilles : débarbouillez-la, habillez-la et mettez-la sur le devant d'une calèche à côté d'un king-charles, une duchesse en serait fière.

Ces sujets italiens nous paraissent être dans la vraie nature de M. Hébert, quoiqu'il ait prouvé par le *Baiser de Judas*, qui tient glorieusement sa placé au musée du Luxembourg, qu'il était capable d'aborder les compositions les plus sévères.

XVIII

MM. BENOUVILLE ET CABANEL.

Nous connaissions déjà les *Martyrs dans le cirque* sous a forme d'un beau dessin ; nous les retrouvons avec plaisir transfigurés en tableau. — M. Benouville n'abandonne pas l'art sérieux, comme beaucoup de jeunes peintres qui, après des études classiques, se rebutent des sévérités de l'histoire et se laissent aller aux séductions du genre; il persiste dans la voie âpre et difficile, et s'il ne provoque pas les applaudissements de la foule, il a du moins l'approbation des gens de goût. Il y a dans son talent quelque chose de tendre, de délicat et de mélancolique qui ne saisit pas d'abord, mais qui charme à la longue.

Les *Martyrs dans le cirque* représentent une de ces hécatombes chrétiennes que la politique ou la cruauté des empereurs offrait aux dieux du paganisme chancelants sur leurs autels. — L'immense amphithéâtre monte avec ses gradins circulaires jusqu'aux portiques du couronnement, où s'agrafe à des anneaux de bronze le *velarium* parfumé d'eau de rose et de safran, qui protége les spectateurs contre les ardeurs du soleil; des percées de ciel bleu apparaissent çà et là par les arcades supérieures, et dans l'ombre transparente fourmille la plèbe, sous ses vêtements de couleur grise, — titis antiques du poulailler romain. — Sur les assises plus rapprochées de l'arène sont placés les chevaliers, les hommes consulaires, les sénateurs et autres patriciens drapés de la toge blanche fimbriée de pourpre, — des têtes pâles, usées, portant les stigmates des débauches impossibles, exprimant les satiétés du pouvoir, les blasements de la richesse et l'incommensurable ennui de la nature humaine à bout de voluptés. — Au groupe des sénateurs correspond une dame romaine entourée de ses galants et de ses affranchies, s'étalant dans une pose nonchalante et superbe; elle est assise ou plutôt couchée au premier rang, le coude appuyé sur un coussin bleu apporté pour ménager à son épiderme le contact du marbre froid, de façon à ne rien perdre du spectacle affreux et à pouvoir respirer de sa narine rose la pénétrante odeur du sang qu'on va répandre; une tunique couleur de mauve se plisse à tuyaux menus sur son beau corps assoupli et massé par les savantes mains des esclaves balnéatrices, dans la baignoire de lait d'ânesse. Un diadème ceint sa chevelure blonde, empruntée sans doute à quelque pauvre fille de la *Gallia comata*, et son visage blanc et rose doit une partie de sa fraîcheur au masque de pâte, invention de Poppée. Des unions de perles pendent à ses oreilles, des anneaux constellés de pierres chargent ses doigts effilés : tous les raffinements permis jadis aux seules courtisanes ont été employés à sa parure. Ce n'est plus la chaste épouse qui restait à la maison et filait de la laine; les matrones de la vieille Rome vêtues de la pudique stola, et qui pour bijoux montraient leurs enfants, ne reconnaîtraient pas là une de leurs descendantes; six robustes porteurs syriens, la berçant dans sa litière, l'ont amenée au cirque, où elle espère trouver quelque excitation pour ses nerfs dans la vue des supplices, et peut-être un tressaillement de plaisir; car l'ennui est féroce, et tous les grands voluptueux ont été cruels.

Le spectacle va commencer; des esclaves, à formes robustes, font glisser dans sa ferrure la poutre qui barre l'entrée du vomitoire; — sous la voûte sombre, on aperçoit la masse confuse des chrétiens poussés par les soldats dont les boucliers reluisent vaguement; — quelques groupes ont déjà débouché dans la place et sont frappés d'une vive lumière. Au premier rang, figurent un jeune diacre, recouvert d'une dalmatique blanche brodée d'or, levant les yeux au ciel, d'où vont descendre sur sa tête les anges du Seigneur avec les palmes, et un néophyte qui l'accompagne dans la mort; — Damon et Pythias du martyrologe — beau couple d'amis chrétiens, que la Légende dorée peut opposer aux illustres amis du paganisme; derrière, se presse la sainte foule, rudoyée et malmenée : le supplice ne suffit pas, il faut l'outrage. Mais rien n'altère la sérénité de leurs fronts : Jésus, le divin Maître, n'a-t-il pas été souffleté et conspué avant d'être cloué sur le bois infâme? L'un d'eux élève une croix comme pour rappeler ce souvenir ; une belle jeune femme, pâle encore de sa maternité récente, et droite dans ses blancs vêtements de relevailles, tient en l'air son petit enfant qu'elle semble réserver pour les lions de Barca, moins féroces que les hommes, et qui d'un seul coup de griffe en feront un chérubin. Des soldats, coiffés de peaux de bêtes dont le mufle encadre leur visage, frappent les femmes trop lentes à leur gré; un gladiateur donne un coup de pied dans les reins à un pauvre vieillard boiteux qui va au martyre aidé de sa béquille et roule renversé sur l'arène. — à côté de l'arcade, se tient debout un licteur avec une pose rappelant celle des garçons de place ouvant la porte au taureau dans les cirques d'Espagne ; au-dessus, toute une rangée de spectateurs lève les bras, hurle, gesticule, et pousse des cris d'impatience auxquels répondent par des mugissements sourds les bêtes fauves dans les loges souterraines, dont les belluaires vont hausser les grilles lorsque les victimes seront au complet.

Ce sera une belle et émouvante entrée, que celle des lions des tigres, des panthères, des ours, éblouis d'abord par l'éclatante lumière, et se précipitant ensuite sur leur proie humaine. Quels jets de sang rouge sur les blanches étoffes! Quels craquements d'os broyés! quelles éviscérations pantelantes! quels soupirs et quels râles quand l'agonie interrompra les cantiques! Quelles variétés de chutes et de morts! — Peut-être le sein de marbre de la belle dame battra-t-il un peu plus vite, lorsqu'un monstre de Numidie, la gueule saignante et baveuse, broiera sous ses molaires puissantes la jeune femme et son enfant. Mais bah! tout cela est bien fade, des chrétiens platement livrés aux bêtes! Parlez-nous des ingénieuses recherches du divin Néron, des flambeaux vivants qui se tordent et hurlent dans la flamme, éclairant de leur supplice quelque monstrueuse orgie dans les jardins de la Maison-Dorée; charmant contraste qui avive le plaisir et fait sentir le prix de la vie.

La représentation finie, les servants de place tireront avec des crocs ces restes de cadavres mutilés, brisés, mâchés, rayés d'entailles profondes, informe amas de chairs sanglantes, illuminé par la phosphorescence des auréoles, pour les jeter aux gémonies, d'où les enlèveront secrètement des mains pieuses qui les enseveliront aux tombeaux cryptiques des catacombes. Dans l'avenir, chacun de ces morts que les bourreaux poussent du pied aura sa châsse d'or étoilée de pierreries, tandis que le vent balayera les cendres des empereurs païens, tombées de leurs urnes brisées sur la poussière du grand chemin. Le martyr sera honoré dans quelque cathédrale, et le César, réduit à l'état d'argile, servira, selon la philosophique réflexion de Shakspeare, à luter la bonde d'un tonneau de bière ou à boucher la fente d'un vieux mur.

Le tableau de M. Benouville a surtout un mérite de composition. — Les groupes sont bien distribués, bien enchaînés; la lumière se concentre heureusement sur le groupe central, qui se détache du fond sombre de l'arcade. — L'amphithéâtre chargé de peuple se dégrade avec une perspective exacte et témoigne de connaissances archéologiques assez étendues ; — c'est, au point de vue de la science, une belle restauration du cirque antique ; les trophées de bronze, le *velarium*, les couloirs qui séparent les places, tous les détails d'architecture et de costume, montrent un artiste familier avec la Rome des empereurs ; les têtes sont belles et d'un sentiment très-fin, les draperies ont du style, la couleur est harmonieuse dans sa pâleur ; mais la pâte manque d'épaisseur, et l'exécution de force ; on dirait plutôt le carton coloré d'une fresque qu'une peinture définitive à l'huile. M. Benouville a copié trop fidèlement son dessin, et sa toile en a gardé des apparences d'aquarelle ou de détrempe.

Un prophète de la tribu de Juda tué par un lion est un tableau transversal qui semble, par sa dimension, destiné à faire pendant au *Saint François d'Assise* du même auteur.

« Et, comme l'homme de Dieu était en chemin pour s'en retourner, Dieu envoya un lion qui le tua. Des gens qui passaient par là virent son corps étendu sur le chemin et le lion et l'âne qui se tenaient près du corps, et ils vinrent publier dans la ville ce qu'ils avaient vu. »

Le crépuscule verdit le bleu du ciel et répand des teintes violâtres sur une campagne parsemée de bouquets de bois, et que traverse un chemin poudreux. Au milieu du chemin gît renversé le prophète désobéissant, vêtu d'une tunique jaune et d'un manteau bleu; sa longue barbe blanche aiguise son profil judaïque, et la pâleur de la mort rend livides ses rides brunes; un lion énorme, étalant sa croupe, fait du cadavre un oreiller pour ses pattes velues, et lève sa tête avec le calme d'un justicier. — Ce n'est pas la faim qui lui a fait attaquer le prophète prévaricateur, dont l'âne paît tranquillement à quelque distance; il n'a ni entamé ni mutilé le corps, et s'est contenté de lui apposer, comme le cachet de la vengeance divine, la marque de ses cinq ongles d'airain.

Quelques personnages effarés se tiennent au bord de la route, qu'ils n'osent traverser : l'un d'eux semble expliquer aux autres, en montrant le ciel, la cause de cette mort étrange. La femme qui tient une corbeille rappelle, nous ne savons trop pourquoi, l'ajustement des femmes d'Albano ou de Nettuno; ces reminiscences de la campagne de Rome sont déplacées en Judée; mais M. Benouville est un pensionnaire de la villa Medici, et il faut lui pardonner ce souvenir.

M. Benouville cherche la sobriété et l'harmonie : il a raison; nous n'aimons pas plus que lui le papillotage des tons; cependant il ne faut pas que la sévérité dégénère en tristesse : le crépuscule a ses mélancolies, et la chauve-souris d'Albert Durer y fait palpiter sa grande aile noire: nous l'accordons; mais pourquoi ne pas avancer d'une heure la mort du prophète, et ne pas peindre la vengeance céleste sous un aspect moins terreux?

Le *Saint François d'Assise*, transporté mourant à Sainte-Marie-des-Anges, et bénissant la ville d'Assise, est une toile d'un grand mérite, et que nous avons louée comme une des meilleures du Salon lorsqu'elle parut pour la première fois à l'Exposition de 1853.

Le saint, près d'expirer, se soulève à demi sur une civière que viennent de poser à terre les moines qui l'ont apporté; et de cette main, où les clous du crucifiement ont laissé un stigmate sympathique, il bénit sa ville bien-aimée : la mort mêle ses tons de cire jaune aux teintes mates de l'hostie sur cette tête émaciée, consumée d'extase, et nageant déjà dans les effluves de la béatitude céleste. A côté du saint un jeune moine au profil idéalement pur, aux longues mains jointes comme celles d'une statue sur un tombeau, prie avec une onction et une ferveur sans pareilles. Deux autres moines, plus âgés, se tiennent debout auprès de la civière; leurs têtes rasées, qu'entoure une couronne de cheveux et qui rappellent le crâne d'ivoire du squelette, leurs nuques, dont les vertèbres font saillie, les plis droits de leurs frocs n'accusant que la charpente humaine dépouillée de sa chair, expriment à un haut degré l'ascétisme monacal. C'est du Zurbaran tempéré par du Lesueur; car une grâce languissante, une suavité morbide, adoucissent ces têtes, où se lit la nostalgie du ciel.

Le portrait de Madame V... L. a fait sensation au Salon de 1852; il n'est personne qui ne se soit arrêté devant cette physionomie fine et spirituelle, accompagnée de spirales soyeuses et lustrées, et cette blanche poitrine sertie de guipure. Le portrait de madame M. est aussi fort remarquable.

Le tableau par lequel M. Cabanel s'est révélé, — la *Mort de Moïse*, — avait un caractère grandiose tout à fait approprié au sujet, et qui faisait deviner chez l'auteur l'étude et la compréhension de Michel-Ange. — Quelle solennité mystérieuse dans cette phrase du Deutéronome où le peintre a puisé le motif de sa composition : « Moïse, serviteur de Dieu, mourut sur la montagne de Nébo, par le commandement du Seigneur, qui l'ensevelit dans la vallée du pays de Moab... et nul homme jusqu'à aujourd'hui n'a connu le lieu où il a été enseveli. » Les traditions orientales et thalmudiques prétendent que l'ange de la mort recula devant cette face illuminée encore d'un reflet du Sinaï; il ne voulut pas accomplir son triste office, et Dieu fut obligé de retirer lui-même l'âme à son prophète et de le déposer dans sa tombe ignorée. Le Moïse de M. Cabanel, comme celui de Michel-Ange, verse une cascade de barbe argentée sur sa poitrine, et des cornes symboliques jaillissent des protubérances de son front. Son corps, déjà roidi, soutenu par des anges, se renverse en arrière, et Jéhovah, majestueux et beau comme le Jupiter Olympien, arrive sur les nuages recevoir l'esprit de son prophète. — Ce n'est pas le Père Éternel vulgaire, mais un Dieu fort, vigoureux et jeune comme l'éternité. Mais laissons là le *Moïse*, que tout le monde connaît, pour arriver à la *Glorification de saint Louis*, toile importante et d'un genre tout différent.

Le saint roi, en manteau fleurdelisé, le sceptre en main, est assis sous un dais rouge, de pleine face, dans l'attitude sereine et tranquille de l'apothéose. En effet, deux êtres allégoriques se tiennent à ses côtés, soutenant au-dessus de sa tête la courone d'épines qu'il prisait bien plus fort que sa couronne de monarque. L'une de ces figures est armée du glaive, l'autre de la croix et du calice à l'hostie royonnante. — Derrière le dais, des colonnettes gothiques enchâssent des vitraux et symbolisent sans doute l'érection de la Sainte-Chapelle. De chaque côté du trône, se groupent les personnages qui ont contribué à l'accomplissement des œuvres du saint roi : le sire de Joinville, Philippe de Beaumanoir, Pierre Fontaine, saint Thomas d'Aquin, Guillaume d'Auvergne, évêque de Paris; Geoffroi de Beaulieu, Robert de Sorbon, le sire de Nesle, Étienne Boileau, l'auteur du *Livre des Métiers*, dont il déroule le titre écrit sur une pancarte, et enfin un des chevaliers aveugles pour lesquels furent fondés les Quinze-Vingts.

Plus bas se placent des ouvriers, le marteau sur l'épaule, des pèlerins avec chapeau, bourdon et coquilles; une femme malade étendue à terre, une veuve entourée de ses enfants chétifs et tristes, une vieille allongeant la main sur une bourse.

L'ordonnance de ce tableau est très-belle, et l'allégorie s'y mêle à la réalité dans des proportions heureuses. M. Cabanel, sans tomber dans les puérilités de l'imitation gothique, a su conserver le caractère de l'époque : le mélange des costumes militaires, civils et religieux, produit des contrastes d'un effet pittoresque. La cuirasse avoisine le froc, et l'étole frôle le surcot. — Les têtes sont dessinées avec une fermeté rare, et, si elles ne sont pas des portraits, elles en ont l'air. — La localité générale est un peu grise, et M. Cabanel a fait à l'harmonie le sacrifice de quelques tons francs qu'il eût fallu maintenir dans leur valeur; mais il a craint d'ôter le sérieux à sa composition par des nuances trop vives. Nous faisons cette observation au jeune artiste, parce qu'il règne aujourd'hui une tendance générale à baisser d'une octave la gamme de la palette.

Nous ne pensons pas que l'action représentée par M. Cabanel dans son *Martyr chrétien* se rapporte à une légende précise; du moins le texte inséré au livret ne le donne pas à entendre : «... les corps des martyrs étaient jetés dans le Tibre; les fidèles, au péril de leur vie, passaient les nuits à recueillir leurs précieuses dépouilles. » Certes une scène semblable a dû se passer plus d'une fois dans les premiers siècles du Christianisme. Le croissant nocturne brille encore par l'interstice d'un nuage, mais déjà le levant rougit, et le pâle jour crépusculaire qui précède l'aurore permet de distinguer les objets ; — une barque aborde au perron d'une demeure située au bord du Tibre, et qu'une H surmontée d'une croix désigne comme chrétienne; un batelier tient les avirons, un autre se suspend à un anneau pour arrêter l'impulsion du bateau; une lanterne sourde, posée sur un banc, lance quelques rayons étouffés, et trois personnes soulèvent le corps d'un martyr recueilli dans l'eau jaune du fleuve, tandis que les fidèles tendent les bras du haut du perron pour l'atteindre et le hisser dans la chapelle ardente, dont la lueur découpe la silhouette d'un prêtre en prière. — Les habits du martyr, souillés de vase et de sang, désignent un diacre; un homme descend un escalier extérieur pour se réunir au groupe, tandis qu'un autre placé en vedette surveille l'horizon.

Cette composition est d'un aspect tout à fait original, et ne ressemble à aucun des tableaux de sainteté connus : le jeune artiste, au lieu de prendre son sujet par le côté mystique, l'a traité au point de vue humain; il a représenté avec son apparence de fantasmagorie cette scène lugubre où les pêcheurs cherchent dans les eaux sombres non des poissons, mais des cadavres, et, au péril de leur vie, rapportent les saintes dépouilles au sanctuaire. — Cette disposition de la scène prêtait à des groupes pittoresques, à des figures étagées et s'arrangeant avec bonheur; car la ligne horizontale est une des plus défavorables à la peinture, et heureux est l'artiste qui peut placer des personnages, sans manquer aux convenances du sujet, sur un escalier, sur un perron, sur un tertre, permettant de faire pyramider les figures ; nous désirerions seulement un peu plus de vigueur dans les ombres ou de clarté dans les lumières. — M. Cabanel nous répondra que son action se passe la nuit ; mais Rembrandt sait toujours faire reluire à propos une étoile au plus opaque des ténèbres.

Nous n'avons pas trouvé le tableau intitulé un *Soir d'automne*, et nous le regrettons fort; mais nous y reviendrons lorsque notre lorgnette le rencontrera. Avant de quitter M. Cabanel, jetons un regard à son magnifique portrait de Madame J. P., une belle femme au pur type italien, à la beauté imposante et majestueuse, dont la main amicale et distraite joue avec la tête d'un joli enfant, tandis que son œil noir brille immobile comme une étoile d'ébène sur un ciel de cristal : Personne, M Ingres excepté, n'a fait depuis dix ans un plus beau portrait.

XIX

M. CHASSÉRIAU.

M. Théodore Chassériau, malgré ses importantes peintures murales de Saint-Roch et de Saint-Philippe du Roule, a trouvé le temps d'exécuter un grand tableau d'histoire tiré des *Commentaires de César* et représentant la défense des

Gaules par Vercingétorix ; il a en outre exposé un choix de ses meilleures toiles anciennes ou récentes : *Suzanne surprise par les deux vieillards*, les *Chefs arabes se défiant en combat singulier*, les *Cavaliers arabes emportant leurs morts après un combat*, et le *Tepidarium de Pompeïa*. Nous regrettons que l'auteur n'ait pas profité de cette occasion pour renvoyer sa *Cléopâtre mourante*, figure du plus pur style antique et tout à fait dans la nature de son talent. M. Théodore Chassériau, qui a débuté très-jeune et n'a pas cessé de produire avec une infatigable ardeur, pourrait déjà remplir une salle de son œuvre, comme MM. Ingres, Horace Vernet, Delacroix et Decamps ; mais il n'a pas l'âge de se résumer, et marche dans la carrière, blanc de la poudre olympique et sous l'ardent soleil de midi.

La *Défense des Gaules* est une immense toile plus haute que large, proportion qui oblige ordinairement à resserrer les groupes, à les faire pyramider, à les enlacer d'une façon ingénieuse.

Les murailles démantelées de Gergovie découpent sur un fond de ciel orageux leurs assises interrompues, du haut desquelles des femmes échevelées montrent leurs enfants, ou se penchent, hurlant des souhaits et des malédictions. Les assiégés font une sortie et se précipitent, Vincingétorix en tête, résolus à vaincre ou à périr, hors de leurs palissades renversées par les béliers, les catapultes et les balistes. Ce sont de jeunes hommes chevelus, ayant la peau blanche du Galate et l'œil glauque du Celte ; point de casques, point de cuirasses, point de boucliers ; — aucun buffle, aucun airain, n'empêchent leurs cœurs généreux de battre librement et de s'élancer au-devant des blessures; secouant les mèches incultes qui les empêcheraient de viser, ils bandent leurs arcs, agitent leurs framées, balancent leurs épieux, sans souci de défendre leurs poitrines nues. Quelques chevaux hennissent et se cabrent parmi le flot des combattants; le premier plan est jonché de cadavres romains reconnaissables à leurs pesantes armures et à leur coloration brune; la lutte a été opiniâtre sur ce point, et jamais la fortune de César ne courut un plus grand péril. Cependant le triomphe des Gaulois sera de courte durée, et Vercingétorix, renfermé dans Alesia, se livrera héroïquement pour racheter ses compagnons. — Quelle singulière chose que la gloire! le nom de ce grand homme est inconnu, car Vercingétorix n'est que l'altération latine de son titre gaulois : *fercin goturus*, le généralissime.

M. Chassériau possède au plus haut degré le sentiment des races barbares ou exotiques; il les comprend par une sorte d'intuition passionnée; il aime ces types sauvages et purs d'une bizarrerie si pénétrante, d'un caractère si étrangement pittoresque; il trouve pour les rendre, lorsque les civilisations les ont fait disparaître, des physionomies singulières comme celles qu'on aperçoit en rêve, et qu'il vous semble avoir connues dans une vie antérieure. — Quand ils existent encore, nul ne les représente avec une intimité plus profonde et une exactitude plus originale, comme le témoignent son *Sabbat des juifs à Constantine* et ses différentes scènes de la vie arabe. Il n'a pas moins heureusement restitué aux Gaulois, nos ancêtres, leurs cheveux blonds, leurs faces colorées, leurs peaux d'une blancheur laiteuse et leur folle expression de témérité, si différente de la valeur froide et raisonnée des Romains; le groupe qui fait éruption à travers les décombres des remparts a un élan superbe : on devine le bataillon sacré, la phalange héroïque s'offrant en holocauste pour la salut de la patrie; tous se portent en avant d'un mouvement impétueux, irrésistible; — les femmes, groupées sur les remparts, font de ces gestes d'une simplicité antique que M. Théodore Chassériau trouve au bout de son pinceau comme un statuaire grec au bout de son ébauchoir, et leurs têtes animées de passions violentes sont du plus beau caractère. — Le seul reproche que nous adresserons à l'artiste, c'est d'avoir laissé en plusieurs endroits le travail de la brosse trop visible; la rudesse n'est pas la force, elle n'en est que la grimace; il le sait mieux que personne. Le tableau ne perdrait rien à une touche plus unie, plus fondue; certains bras, certaines jambes, sont traités d'une façon si brusque, si heurtée, si farouche, qu'on dirait des branches d'arbres pleines de nodosités et dont l'écorce s'enlève. — Quelques jours de travail feront disparaître ce défaut, qui provient sans doute du peu de temps que l'auteur a eu pour achever son œuvre.

Les peintres qui jusqu'ici ont visité l'Afrique paraissent avoir été plus frappés de l'éclat nouveau de la lumière, de l'azur étrange du ciel, de la blancheur étincelante des marabouts, de la verdure métallique des figuiers et des cactus, de la variété inattendue des costumes, de la bizarrerie féroce des armes, que de la beauté même des types si nobles, si purs, si élégants des Arabes; — ils ont cherché à rendre les scènes de la vie du douar et de la ville, mais sans s'attacher à dégager l'idéal de cette admirable race. M. Chassériau a, le premier, dessiné, ces belles têtes à l'ovale allongé, au nez mince et droit, aux yeux passionnément tristes sous leurs paupières noircies de k'hol, à la bouche mélancoliquement épanouie comme une fleur au vent chaud du désert, et dont le teint brun s'encadre si bien dans la blancheur mate du bornous. Il a su rendre cette gravité sereine, cette noblesse naturelle, cette mystérieuse impassibilité qui caractérisent les peuples de l'Islam. Ces yeux concentrant les rayons du soleil sous la forme d'un diamant noir, et dont on ne peut se faire une idée dans les froides régions de l'Europe; ces regards de lion et de gazelle qui effrayent et qui ravissent, il a inventé des tons pour les peindre soit dans leur sombre éclat, soit dans leur langueur nostalgique. Il a traité aussi avec un sérieux sculptural ces amples vêtements plissés comme des toges ou des tuniques, et que porte si noblement le plus pauvre Bédouin, sans se douter qu'il est une statue grecque ou romaine détachée de son socle et se promenant à travers la civilisation, dans les rues d'Alger ou de Constantine.

Nous qui avons parcouru l'Afrique française, d'Oran à la cité d'Achmet-Bey, nous pouvons nous porter garant de la merveilleuse fidélité avec laquelle le jeune artiste a saisi la physionomie arabe dans son aspect historique; depuis l'élégant cavalier hadjoute qui chasse le faucon au poing comme le seigneur du moyen âge, sur un cheval du Nedj, à la queue et à la crinière teintes de henné, jusqu'au Bédouin drapé d'un lambeau de couverture; depuis la femme kabyle revenant de la fontaine, une amphore sur la tête, jusqu'à la Juive à la robe mi-partie, au bandeau orné de broderies et de paillettes, aux triples jugulaires d'or, qu'on prendrait pour une impératrice byzantine ressuscitée.

Les *Chefs arabes se provoquant au combat singulier sous les murs d'une ville* ont un aspect tout à fait homérique : rien ne ressemble plus, en effet, aux mœurs des héros de l'*Iliade* que celles des chefs de tribu : — l'ignorance de la stratégie moderne laisse l'avantage à la force physique, au courage personnel, à la trempe des armes, à la bonté de la monture. Achille, Hector sont encore possibles sous le bournous. Les deux rivaux, se haussant sur leurs larges étriers, s'adressent, avant de s'attaquer, une de ces harangues pleines d'injures et de vanteries dont le poëme d'Homère offre tant de modèles classiques. Les peuples du Midi ont toujours beaucoup aimé à s'exciter de la sorte au combat. Ce tableau, pris au cœur même des mœurs arabes, joint à un très-beau style la plus exacte couleur locale : les armes, les selles, les harnachements, les costumes ont été copiés *ad vivum*, comme on disait autrefois, et non d'après des curiosités achetées dans un magasin de bric-à-brac et posées pour la circonstance sur un mannequin.

Il y a de très-belles choses dans les *Arabes enlevant leurs morts après un combat contre les spahis;* — ce sujet prêtait éminemment à la peinture par le mélange du nu et du costume, et l'impression mélancolique de la scène. — Les survivants chargent sur leurs chevaux les corps de leurs frères d'armes avec une expression de recueillement et de mâle tristesse; peut-être demain leur rendra-t-on le même service; mais Dieu est grand et Mahomet est son prophète. Chaque balle a sa destination écrite. Les groupes des premiers plans sont un peu confus, et l'œil ne retrouve pas aisément les membres de tous ces cadavres.

Les chevaux, indispensable accessoire de toute scène de la vie arabe, ont du sang, comme dirait un membre du Jockey-Club : leurs jambes fines, leurs jarrets nerveux, leurs têtes sèches aux naseaux palpitants, leurs yeux pleins de flamme, leur cou veiné, leurs crinières semblables à des chevelures de femme, montrent que M. Chassériau sait faire un cheval, qualité rare parmi les peintres d'histoire, et que possède seul au même degré M. Eugène Delacroix. Ses cavaliers sont en selle, et leurs montures n'ont pas de ces faux mouvements, de ces allures contraires à la disposition de la bride, qui font sourire les écuyers devant plus d'une toile célèbre.

La couleur de ce tableau est énergique et vivace, malgré certains tons bizarres que l'artiste semble affectionner : le ciel fauve, rayé de nuages sanglants, couronne bien cette scène de désolation.

Si notre mémoire est fidèle, la *Suzanne surprise par les deux vieillards* remonte à une époque déjà éloignée, où M. Chassériau se souvenait encore des leçons récentes de M. Ingres, son maître. Le style de cette figure est tout différent de celui qu'il a adopté depuis, et sans déprécier en aucune manière ses ouvrages récents, nous avouons que cette Suzanne nous plaît beaucoup.

La belle jeune femme est entrée jusqu'aux genoux dans le bassin d'une fontaine abritée par l'ombrage opaque d'un figuier aux larges feuilles. Bien qu'elle se croie seule, elle n'a pas laissé tomber tout à fait sa draperie. — On dirait que son corps pudique frissonne sous les regards ardents des vieillards cachés derrière les racines monstrueuses de l'arbre. — Ses cheveux blonds, entremêlés de fils de perles, glissent sur ses épaules de sa tête qui se penche avec un mouvement de biche craintive; quelques rayons criblés par les ramures caressent les formes charmantes de son torse, argenté des reflets tremblants de l'eau; dans le masque se manifeste déjà ce profond sentiment exotique, cette intuition lointaine de l'Orient que nous signalions tout à l'heure chez M. Chassériau. — Aucun modèle, assurément, ne lui a fourni ce type si bibliquement hébraïque et d'une beauté si insolite, qu'il devait retrouver plus tard chez les Juives de Constantine, moins pur toutefois.

Dans cette manière dont il a des ressouvenirs, M. Chassériau a fait les *Captives troyennes pleurant en regardant la mer*, *Vénus Aphrodite*, *Diane et Actéon*, *Andromède au rocher*, et d'autres productions charmantes d'une mythologie renouvelée et d'un romantisme grec le plus exquis du monde. Le *Tepidarium* se rattache à cette veine antique, abandonnée et reprise.

Le *Tepidarium*, dans les thermes antiques, était une salle où les baigneurs se séchaient et s'essuyaient auprès d'un brasero avant de se hasarder à l'air libre : M. Théodore Chassériau a représenté les femmes de Pompeïa entourant un vaste cratère de bronze à pieds de lion, où brûlent des noyaux d'olives et des bois odoriférants. La salle existe encore, telle qu'il l'a peinte, dans la ville exhumée de son tombeau de cendres : nous avons vu nous-même la voûte que borde une frise d'enfants et de dauphins, la lucarne qui laisse apercevoir le ciel si pur, si transparent, les Hercules de terre cuite séparant les niches à serrer les vêtements des baigneurs. Dans un coin l'on voit les tuyaux qui transmettaient la vapeur de l'hypocauste à la salle voisine. Pourtant dix-huit siècles se sont écoulés, ou peu s'en faut, depuis que les femmes de Pompéia ne se sont assises le long de ces murs sur lesquels le lézard court en frétillant de la queue : quand la forme des lieux s'est conservée si intacte, il semble étrange que la vie s'en soit retirée, et l'on croit à tous moments que les anciens hôtes vont reparaître, et, pour peu qu'on soit poëte ou visionnaire, l'on jurerait les avoir vus.

Ce tableau est un de ceux de l'auteur que nous aimons le mieux. Au salon de 1850-1851, il obtint un très-grand succès. Ces jeunes femmes, les unes demi-nues, les autres ayant repris leurs vêtements, assises dans des attitudes charmantes de rêverie et de nonchalance, rajustant leurs cheveux, consultant le miroir de métal poli, cherchant une parure dans leur boîte à bijoux, ou causant entre elles de la prochaine représentation de la *Casina* de Plaute au théâtre comique, des luttes de gladiateurs au cirque ou de la danseuse Gaditane, nouvellement arrivée, forment un bouquet vivant très-agréable aux yeux; la femme qui s'étire avec un mouvement de lassitude voluptueuse, celle qui tend ses mains au reflet de la flamme, une troisième ramassant ses draperies autour d'elle en montrant un dos blanc et souple où s'évaporent les dernières perles du bain, une autre, au visage majestueux et fier, qui s'isole de tout ce babil, sont les plus remarquables figures de la toile, meublée jusque dans ses coins de têtes aussi purement antiques que des médailles ou des camées du meilleur temps.

Quoiqu'il ait réussi dans une autre manière, nous persistons à croire que M. Chassériau suit la vraie impulsion de sa nature lorsqu'il traite des sujets de ce genre; car, en dépit de ses violences et de ses bizarreries, il a le don de la grâce et sait peindre des femmes.

XX

MM. HEIM — SCHNETZ — ROUGET — ABEL DE PUJOL

L'Exposition universelle de 1855, en admettant parmi les œuvres actuelles les œuvres du passé, a permis à des gloires éclipsées, à des réputations tombées dans l'oubli, de représenter leurs titres et de faire reviser le jugement porté sur elles par une génération qui ne connaissait que leurs plus faibles ouvrages, dont les passions du moment ne leur laissaient pas la liberté d'apprécier le mérite : aux époques de lutte il est difficile d'être impartial, et tout système nouveau procède envers celui qu'il remplace d'une façon nécessairement irrévérente. — Les jeunes romantiques ne furent certes pas plus cruels à l'endroit des vieux classiques que ne l'avait été David à l'école de Vien, de Boucher, de Vanloo, de Fragonard, et autres charmants peintres pour qui le jour de la réhabilitation est aussi venu. — Dans la bouche de l'auteur du *Serment des Horaces*, le mot académique était synonyme de détestable et prenait la valeur d'une injure; jamais rapin échevelé de 1830 n'y attacha une signification plus mortifiante. — Ces violences aveugles semblent regrettables à la calme postérité, qui n'assistait pas à ces batailles dont elle ne saurait comprendre les causes, occupée qu'elle est d'autres passions : — les idées de littérature et d'art créent des antagonismes furieux et des haines comiquement absurdes. Nous nous rappelons une fresque de Kaulbach sur la muraille extérieure de la pinacothèque nouvelle de Munich, représentant la jeune école allemande attaquant l'hydre du classicisme aux têtes multiples coiffées de perruques à marteaux, montée sur le bon cheval Pégase à la manière des quatre fils Aymon dans les vignettes de la Bibliothèque bleue : qui de nous n'a donné son coup de lance au pauvre monstre, avec la même ardeur que Don Quichotte aux ailes des moulins à vent et fait s'envoler un nuage de poudre de ses têtes blanches! L'hydre, il faut le dire, tâchait de mordre avec ses vieilles mâchoires et d'égratigner de ses griffes émoussées. — Les camps rivaux échangeaient les épithètes les plus aimables : momies, fossiles, perruques, vandales, enragés, barbes de bouc. — Ce qui ressortait le plus clairement de la chose, c'est qu'alors nous avions des cheveux et que nos adversaires étaient chauves ; — ils chantaient comme les anciens de Lacédémone :

Nous avons été jadis
Jeunes, vaillants et hardis ;

à quoi nous faisions la réponse des jeunes Spartiates dans Plutarque. Ce grand tumulte s'est apaisé, et les œuvres des deux écoles qui s'excluaient figurent amicalement côte à côte sur les murailles éclectiques de l'Exposition universelle, et voilà que nous admirons M. Heim après l'avoir fort malmené et fort rudoyé, surtout lorsqu'il était membre du jury et refusait — nous nous le figurions du moins — les œuvres des romantiques que nous affectionnions principalement. Ce qui nous excuse, c'est qu'alors nous n'avions guère vu de lui que la *Défaite des Teutons*, toile d'après laquelle on conviendra qu'il était difficile de se faire une idée de son talent, et qui justifie les critiques assez acerbes que nous avions pu diriger contre lui.

Le *Martyre de saint Cyr et de sainte Juliette*, le *Martyre de saint Hippolyte*, *saint Hyacinthe ressuscitant un noyé*, l'*Épisode du sac de Jérusalem*, *Charles X distribuant les récompenses*, l'*Esquisse de la bataille de Rocroy*, la *Victoire des Machabées*, divers croquis au crayon d'après des membres de l'Institut, ont singulièrement modifié notre opinion sur M. Heim, et nous avouons en toute franchise que l'homme traité par nous de barbouilleur, de croûton et de perruque est tout bonnement un artiste de premier ordre, dont les œuvres ne seraient déplacées dans aucune galerie à côté des maîtres bolonais. — Il est bien entendu que nous parlons seulement de sa première manière et non des tableaux d'une date récente, car les deux opinions si contraires que nous avons exprimées sur le même peintre sont justes l'une et l'autre, bien qu'elles aient l'air de se détruire.

Le *Martyre de saint Cyr et de sainte Juliette*, qu'on devinait à peine sous un jour frisant, dans une chapelle obscure de Saint-Gervais, est une œuvre de tout point remarquable; la sainte, posée sur un chevalet entre les bourreaux qui la tourmentent, et dont l'un lui enfonce dans les cheveux ses doigts comme un peigne de fer pour la forcer à s'étendre, tandis que l'autre, agenouillé à demi, ramasse à terre une poignée de verges, et qu'un troisième la frappe à coups de cordes, lève vers le ciel une main d'une beauté parfaite; ses pieds nus, vus en raccourci, sa tête qui plafonne, la tunique blanche qui la recouvre, sont dessinés avec une science rare et d'un ton fin, clair, argenté, que font valoir encore les valeurs sombres de l'architecture. Le préteur, qui, sur son tribunal, essaye de faire renoncer au christianisme le jeune enfant de la sainte, d'abord par des caresses, ensuite par des menaces, a, devant la naïve obstination du bambin, un geste de fureur très-bien rendu. Le pauvre petit confessera le Christ avec le même courage que sa mère, et sa tête sera brisée sur les dalles. Un vieillard se penche vers la sainte et l'exhorte, car les souffrances d'un enfant chéri sont les plus durs supplices que puisse endurer une mère.

Dans la partie supérieure du tableau rayonne une Gloire entourée de nuages bleuâtres, une percée au ciel, visible seulement pour les martyrs, d'où descend, portant une couronne et une palme, un petit ange-enfant que le Dominiquin ne désavouerait pas. Cette figure est lumineuse, légère, et se soutient bien en l'air.

Les bourreaux manquent peut-être un peu de rudesse, — on se figure les tortionnaires avec des faces bestiales, des physionomies farouches, des musculatures exagérées, et ceux peints par M. Heim sont beaux, — jolis même, — témoin celui qui se baisse et montre un profil d'Apollon. Sans doute, un bourreau est un homme comme un autre; il peut, à la rigueur, avoir le nez droit, la lèvre bien coupée, les pommettes unies; mais la cruauté morne et la férocité physique du métier qu'il exerce, doivent laisser sur sa face quelque empreinte hideuse.

Cette belle toile porte la date de 1812.

Sous le titre : *Sujet tiré de l'Histoire des Juifs par Josèphe*, M. Heim a représenté un des épisodes de la destruction de Jérusalem par Titus. — Sur la foi de faux prophètes, un nombre considérable d'hommes, de femmes, d'enfants, s'étaient réfugiés dans une des cours du Temple, croyant être épargnés; mais ils furent tous impitoyablement massacrés.

Une femme est renversée à terre avec son enfant sous les pieds d'un cheval cabré, que monte un soldat romain brandissant une hache; oublieuse de son propre péril, elle étend la main pour préserver son fils, tandis que son mari se précipite contre le poitrail de l'animal furieux pour le détourner: la petite créature, ne comprenant rien à la chose, tette puérilement son doigt avec un calme parfait. Elle est tombée sur le pli de la tunique maternelle et s'y trouve à son aise. Ce groupe, bien composé, bien agencé, et d'un mouvement superbe, se développe amplement et remplit presque tout le tableau. Au fond, l'on aperçoit les colonnes du temple à travers les fumées rousses de l'incendie qui commence. Dans l'angle, à gauche du spectateur, un jeune homme agenouillé semble implorer la pitié des égorgeurs; à droite, des mourants et des morts jonchent les marches du sanctuaire, mais ils sont placés loin, et ne servent qu'à meubler les vides de la toile et à compléter le sens de la composition.

Il y a dans cette peinture beaucoup de force et de largeur, le modelé est puissant, et nous ne pouvons lui reprocher que quelques ombres trop noires, ou qui du moins sont devenues telles. — L'enfant est magnifique; la tête de la femme, dont les cheveux bruns sont serrés par des bandelettes blanches, a beaucoup de caractère; l'exécution s'emporte avec une fougue de bonne aloi.

Saint Hyacinthe ressuscitant un noyé est aussi une fort bonne chose. — Un jeune homme couché sur une civière, et dont la blancheur bleuâtre témoigne qu'il est resté longtemps sous l'eau, a été apporté dans une chapelle de la Vierge. Les parents, navrés de douleur et palpitants d'espoir, sont groupés autour du cadavre, attendant les résultats des prières du saint; une jeune femme, prosternée, pleure sur la main froide du noyé, son époux, sans doute; la vieille mère se penche avec une inquiétude pleine de foi cependant; le père attend en silence. Le saint, en costume monacal, robe blanche et camail noir, soulève le bras du mort en lui ordonnant de revivre au nom de la très-sainte Vierge. — Le prodige s'opère; les yeux déjà vitrés du mort s'ouvrent et cherchent la lumière; les lèvres violâtres se desserrent pour aspirer un premier souffle. —Il va parler et remercier Dieu. —La petite sœur, attentive, lève les bras au ciel, et les assistants prennent des poses d'admiration. — Le corps du jeune homme, dont une couverture drape la portion inférieure et laisse voir le torse nu, est un morceau peint de main de maître; la tête, d'où les ombres de la mort disparaissent et font place aux couleurs de la vie, mérite les plus grands éloges. — Dans les accessoires, architecture, ornements, costumes, qui indiquent l'époque du moyen âge, M. Heim n'a pas su éviter le faux goût de son temps, et semble s'être renseigné dans la *Gaule poétique* de Marchangy. — Heureusement la toile est sombre, à l'exception du groupe principal, et ce défaut n'est sensible que lorsqu'on reste longtemps devant le tableau.

Nous aimons beaucoup le *Martyre de saint Hippolyte*. — Faut-il voir dans le supplice choisi pour ce saint un souvenir du chaste fils de Thésée, traîné par ses coursiers sur les ronces et les pierres? L'homonymie a-t-elle en effet inspiré au préteur romain cette fantaisie barbare, ou, par une vague réminiscence d'antiquité, la légende dorée a-t-elle fait finir le saint comme le héros? — C'est une question de médiocre importance. Le saint Hippolyte de M. Heim est un sexagénaire à barbe grise, se présentant au spectateur par son front chauve, et montrant en raccourci son corps que des bourreaux vigoureux attachent à la queue d'un indomptable cheval gris pommelé, que des écuyers retiennent avec effort. La maigre poitrine du vieillard, décharnée par les ans et les macérations, a fourni à M. Heim l'occasion d'une de ces anatomies étudiées qu'affectionnait Ribeira dans ses féroces tableaux de martyres : les clavicules, les pectoraux, les cavités axillaires, le sternum, les plis du ventre, sont rendus avec beaucoup de science et de relief : c'est un excellent morceau ; — quelques tons plâtreux sur la poitrine le déparent. M. Heim n'a pas réfléchi que son saint avait les pieds plus haut que la tête, et que le sang devait lui colorer plus vivement la face et le torse ; — peut-être a-t-il voulu rendre un de ces effets de lumière frisante qu'il est plus sage d'éviter, car on n'y parvient que par des excès de blanc souvent peu compréhensibles. Le préteur et les soldats entourant le tribunal, le chérubin apportant la palme, sont très-bien dessinés et très-bien peints.

M. Heim sait aussi traiter le genre. *Le roi Charles X distribuant des récompenses aux artistes, à la fin de l'exposition de* 1824, offrait des difficultés de toute espèce, que l'artiste a heureusement surmontées. Le moment représenté est celui où Cartelier reçoit du roi le cordon de Saint-Michel. — Carle Vernet vient de recevoir le sien. — La scène se passe dans le salon carré; l'on distingue, parmi les tableaux appendus aux murailles, le *Vœu de Louis XIII*, d'Ingres, la *Jeanne d'Arc dans sa prison*, de Paul Delaroche; *Callirhoé et le Scamandre*, de Lancrenon. L'assistance nombreuse, composée de personnages officiels et d'artistes, se groupe avec beaucoup de naturel. Chaque tête montre, par son individualité, qu'elle est un portrait ressemblant. Il y a dans cette toile quelque chose de l'effet tranquille du *Congrès de Munster*, par Terburg.

Les seize portraits (dessins) représentent le comte Daru, le baron Cuvier, le baron Sylvestre de Sacy, Pierre Guérin, monseigneur Frayssinous, évêque d'Hermopolis, Geoffroy Saint-Hilaire, le comte Alexandre de Laborde, Berton, Arnaud, Serres, Droz, Michaud, Parseval-Grandmaison, Andrieux, Thévenin, madame Hersent. Le trait est vif, net, spirituel, prenant la physionomie par son côté caractéristique, sous son angle distinctif; on s'arrête volontiers devant cette curieuse collection renfermée dans le même cadre, et que les graveurs feront bien de consulter lorsqu'ils auront à reproduire quelque personnage de ce temps. Ce sont des notes familières, sans emphase, et où le vrai perce à chaque coup de crayon.

La *Bataille de Rocroy* est une esquisse chaude et blonde de couleur, exempte de ces oppositions de noir et de blanc habituelles à M. Heim. — La *Victoire de Judas Machabée* présente une mêlée effroyable d'hommes, de cavaliers, de chevaux qui se culbutent et se renversent dans des précipices, frappés d'épouvante par l'apparition des milices célestes dont le secours détermine le triomphe de l'armée israélite.

Cette exposition a été vraiment glorieuse pour M. Heim; les œuvres de sa jeunesse, oubliées ou inconnues, ont vivement frappé le public, les artistes et les critiques, et cette postérité contemporaine lui a rendu la place qu'il mérite d'occuper dans l'art.

M. Schnetz a bien fait de retirer momentanément de Saint-Roch sa *Prière à la Madone* et de la remettre sous les yeux du public. C'est une excellente chose. — M. Schnetz, malgré son éducation classique, car il a eu pour maîtres David, Regnault, Gros et Gérard, était au fond un réaliste, c'est-à-dire qu'à l'idéal il préférait la copie exacte de la nature vivante; son séjour dans la ville éternelle eut beaucoup d'influence sur la direction de son talent, non à cause des fresques de Michel-Ange et de Raphaël, mais à cause des paysans de la campagne de Rome, bandits, chevriers, pifferari, femmes d'Albano, de Castel-Gandolphe et de Nettuno, au type caractéristique, au costume traditionnel et pittoresque; ces robustes natures, ces carnations bistrées, ces costumes épais, allaient à son pinceau un peu lourd, à sa manière rustique et franche. Schnetz est un Léopold Robert historique avec plus de science et moins d'effort; il n'a pas la mélancolie pénétrante, la grâce fatiguée, la beauté laborieuse du pauvre artiste en lutte avec un idéal au-dessus de ses forces; mais il est plus naturel, plus sain, plus résistant.

La scène est composée avec une simplicité touchante, ou plutôt elle n'est pas composée du tout, et le peintre a dû la rendre telle qu'il l'a vue. Devant un autel orné de vases de fleurs et de cierges qui brûlent aux pieds d'une statue de la madone, des paysans sont agenouillés et prient. — Un jeune garçon d'une quinzaine d'années, à la figure hâve, où la malaria a mis ses nuances plombées, est présenté à la Vierge par son père et sa mère, dans l'espoir d'obtenir la guérison de son mal : de gros bas drapés enveloppant ses jambes amaigries, une couverture de laine couvrant ses épaules, ne l'empêchent pas, comme on dit, de trembler la fièvre, et ses lèvres sans couleur ont peine à balbutier la prière ; le père, à genoux derrière lui, le soutient et tourne vers la sainte image une figure hâlée, aux rides creuses, au menton hérissé de barbe grise, mais noble de caractère, et respirant la foi la plus profonde. La mère, belle paysanne romaine, jeune encore, a l'air de dire à la Vierge : « N'es-tu pas mère aussi?... Sauve mon enfant! » En avant de ce groupe, qui occupe le centre du tableau, un pèlerin se prosterne sur un prie-Dieu, sans aucun souci de ce qui se passe autour de lui et comme abîmé en Dieu. Un moine s'isole dans la cagoule de son froc ; de petits enfants allument des cires ; un peu plus loin, contre une colonne se tient debout une vieille à béquilles, tournant vers l'autel des prunelles noyées d'extase ; en arrière, auprès de la balustrade du chœur, une petite fille s'avance, tenant des fleurs et un cierge ; un pifferaro aveugle, d'une tournure superbe, s'appuie au mur et cherche avec les yeux de l'âme la madone qu'il ne peut voir

N'oublions pas une charmante tête de jeune fille à demi cachée par un pilier et qui est comme la grâce de toute cette misère.

Tout cela est peint avec une sincérité, une conscience et un amour de la nature qu'on ne saurait trop louer, d'un pinceau ferme et sûr dans sa pesanteur, dont la rusticité va bien à ces types caractérisés et naïfs.

La gravure a popularisé la *Diseuse de bonne aventure;* mais c'est un tableau qu'on revoit toujours avec plaisir : la femme qui tient sur ses genoux le petit berger qui doit être plus tard Sixte-Quint et lui fait présenter sa main à la vieille Zingara pour qu'elle en étudie les lignes, offre un type qu'affectionne M. Schnetz et qu'il a reproduit souvent. — La tête de l'enfant est d'une couleur forte et vivace. Quant à la Zingara, en sa qualité de bohémienne et de vieille, elle est arrivée à un de ces teints qui paraissent invraisemblables dans les pays du Nord : un cigare havanais de la *vuelta de Abajo* semblerait pâle à côté de ce masque hâlé, bronzé, cuit et recuit par les soleils de soixante-dix étés.

Dans les tableaux d'histoire proprement dits, M. Schnetz est beaucoup moins remarquable. — La *Sainte Geneviève distribuant des vivres pendant le siége de Paris* renferme cependant de belles parties, entre autres, le groupe placé sur le devant du tableau : une vieille femme, à demi morte de faim et soutenue par sa fille. La figure du soldat portant un carquois a beaucoup d'énergie et de mouvement. La sainte, vêtue de blanc, ne manque ni d'onction ni de style; mais on sent que ce n'est pas là la vraie voie de l'artiste et qu'il n'y marche pas d'un pied si ferme. — Il y a aussi de bonnes choses dans le « *Sinite parvulos venire ad me.* »

Nous n'avions pas gardé souvenir, si jamais nous l'avions vue, de l'*Abjuration de Henri IV* de M. Rouget, et pourtant, malgré quelques parties surannées, c'est une œuvre qui mérite qu'on la distingue. — Le centre du tableau, où sont massés des enfants de chœur, des thuriféraires et autres personnages vêtus de blanc, présentait une grande difficulté vaincue avec un rare bonheur, et que pouvait seul surmonter un véritable coloriste; — blanc de mousseline, blanc de toile, blanc de satin, se superposent sans se confondre, et forment, au milieu de la composition, un foyer lumineux où l'œil revient volontiers. Les têtes des jeunes lévites sont charmantes, et la figure de Henri IV a bien le caractère historique.

M. Abel de Pujol rachète, par son *Martyre de saint Etienne,* sa *Vierge au tombeau,* œuvres pleines de talent, quoiqu'un peu froides, bien des toiles faibles ou insignifiantes exposées dans ces dernières années, — et surtout un certain *Amour cosmogonique* assez étrange, que nous avons tourné en ridicule bien malgré nous, car nous aimons mieux louer que blâmer, et lorsque le critique n'a rien trouvé de beau dans une pièce de théâtre, un livre ou un tableau, il doit dire, comme Titus : « Mes amis, j'ai perdu ma journée. »

XXI

MM. COURT — LÉON COGNIET — COUTURE

Vous avez sans doute vu exposées à la vitrine des marchands d'images des *Fleur-de Marie*, des *Rigolette* à la manière noire, délices des philistins et des couturières sentimentales, d'après des têtes de M. Court, qui cependant peignait en 1827 la *Mort de César*, un grand tableau remarquable par des qualités énergiques et une science solide, promettant bientôt un maître. Comment se fait-il que ce talent robuste, auquel on doit encore une belle *Scène du déluge* à peu près de la même époque, se soit si vite énervé et n'ait plus rien produit depuis ces débuts éclatants? Quel conseil ou quel changement d'idée l'a jeté si vite hors de la bonne voie? Quel nuage s'est interposé entre lui et la réalité pour lui montrer les choses sous une apparence émoussée, sous un aspect blanc et rose? et pourquoi, tout nourri des mâles souvenirs de l'antiquité, a-t-il couru sacrifier sur les autels de la fausse grâce parisienne? Les talents ont leurs maladies comme les corps, soumises à des causes mystérieuses, dont la physiologie n'a pas encore été faite. Une veine qui jaillissait avec abondance tarit tout à coup; un cerveau jusque-là lumineux devient obscur; la main, hier sûre d'elle-même, hésite et tâtonne; des tons froids se glissent sur une chaude palette; la science acquise en vingt ans s'oublie en un jour; le doute remplace la foi; mille systèmes divers sont essayés; des décadences rapides, que ne justifient ni la fatigue ni l'âge, se déclarent sans raison apparente. — Que s'est-il passé? rien d'appréciable : — quelquefois l'avénement d'un maître nouveau, dont la théorie ou le succès remet en question des principes qu'on croyait sûrs, un revers ou même un triomphe au delà des espérances, la nécessité de vivre et de satisfaire à de certaines conditions que le commerce impose aux artistes, ou l'effort suprême par lequel l'homme se vide tout entier et livre en un seul coup le fond du sac, ne réservant rien pour l'avenir. Il y a des natures qui ne contiennent qu'un poëme, qu'une symphonie, qu'un tableau, qu'une statue; — elles ont compris cela, et pas autre chose : leur premier mot est aussi le dernier; — elles n'ont qu'une fleur et la donnent, — Peut-être aussi que l'esprit, ayant atteint d'abord son but, se détourne et n'a plus d'attention, comme un archer qui lance nonchalamment ses flèches après avoir abattu l'oiseau. — Ce serait un curieux travail que la recherche de ces déviations et de ces éclipses, qu'il ne faut pas confondre avec les transformations normales connues sous le nom de première, seconde et troisième manière d'un artiste. Mais ce n'est pas ici le lieu de ces analyses, qu'il faut nous contenter d'indiquer; pour notre part, nous trouvons qu'un peintre ou qu'un écrivain a payé sa dette à l'humanité avec un beau tableau ou un bon livre. Mais alors il faudrait résolûment quitter la carrière et en tenter une autre, ce qui n'est guère possible dans les civilisations modernes, où la spécialisation de l'homme est poussée aux dernières limites.

M. Court appartient sans doute à la catégorie de ces talents qui s'épuisent dans une unique et suprême expression et ne retrouvent plus leur inspiration première. — Quoiqu'il l'ait fait suivre d'œuvres plus que médiocres, sa *Mort de César* n'en est pas moins une très-belle chose. — Beaucoup, dont l'orgueil porte haut la tête, n'en ont pas tant fait dans leur vie.

Le corps balafré de César est étendu sur les rostres, aux pieds de la louve romaine, que tettent les nourrissons de bronze. Au fond se dessinent la silhouette du Capitole et les divers monuments qui encombraient le Forum. Antoine secoue aux yeux du peuple la tunique ensanglantée du dictateur et l'excite contre les meurtriers. Cette prosopopée mélodramatique allume l'indignation de la plèbe entassée autour de la tribune aux harangues; plusieurs se baissent pour ramasser des pierres et les jeter aux assassins. Brutus, suivi de Cassius, s'éloigne pâle et songeur, doutant de la légitimité de son crime, et se demandant si ces Romains dégénérés valaient la peine qu'il trempât pour eux ses mains dans le sang peut-être paternel de César. Il y a dans cette composition, arrangée d'une manière un peu théâtrale, des parties excellentes, aussi bien dessinées que bien peintes: les hommes qui déposent la civière sur les rostres sont parfaits de mouvement; le torse exsangue de César parle avec la bouche de ses blessures plus éloquemment encore que la harangue d'Antoine; la jeune mère, soulevant ses jeunes enfants pour leur faire voir le cadavre du dictateur, a une tête d'une beauté vraiment romaine. Le sénateur obèse et chauve qui se lamente est largement peint et d'un bon caractère: les types des têtes d'hommes du peuple sont étudiés avec soin, et quiconque a visité Rome à dû voir dans les petites rues au delà du Tibre plus d'une physionomie semblable; certaines portions de nu, dos, torses, jambes, sont très-bien rendues, et mêlent l'antique à la nature dans une proportion heureuse; on doit louer également les draperies ajustées avec beaucoup de goût et de science: il y a de la vigueur dans le coloris, et l'effet général est satisfaisant. La lumière se concentre sur le groupe principal, et y fixe l'attention. — Sans doute le prix de Rome récent se fait sentir en quelques endroits; le maître n'est pas encore tout à fait dégagé des traditions de l'école; mais les grandes qualités qui font le peintre d'histoire se produisent avec éclat, et le critique le plus chagrin pouvait dès lors prophétiser à l'auteur de la *Mort de César* un avenir qui ne s'est pas réalisé, et que tout semblait promettre.

Nous voudrions pouvoir louer le présent de M. Court comme son passé; mais les portraits de Pie IX, de madame C. et de mademoiselle C. appartiennent malheureusement à cette manière arrondie et molle, affadie de tons plâtreux, dans laquelle sont exécutés ses ouvrages, à dater de la *Mort de César* et de la *Scène du déluge;* il y a là encore une grande habileté de main, un maniement de pinceau plein de certitude; mais il serait difficile, avec la meilleure volonté du monde, d'y retrouver d'autres qualités.

Une *Scène du massacre des Innocents*, de M. Léon Cogniet, remonte déjà à 1824. — Le temps a passé sa patine sur le tableau et ne lui a pas nui; il a réchauffé de sa fumée blonde quelques gris trop froids et rétabli l'harmonie entre les tons discords dans leur éclat neuf.— La composition est disposée d'une façon dramatique. Une femme s'est réfugiée avec son enfant, qu'elle presse contre son cœur et cache du mieux qu'elle peut en son giron, parmi les décombres d'une masure, au pied d'un escalier, que des mères effarées descendent au vol, poursuivies par les soldats d'Hérode; diverses scènes de meurtre ébauchées dans le lointain se passent sur la place à laquelle conduisent les degrés. La pauvre femme est là pantelante, les yeux dilatés de terreur comme une biche qui de son fort entend les abois toujours plus rapprochés de la meute. Ce n'est pas pour elle qu'elle craint, mais pour le cher innocent dont elle rachèterait la vie au prix de la sienne, et qui bientôt, martyr non sevré, va répandre pour le petit Jésus son sang mêlé de lait.

Le Tintoret reporta sur sa fille l'affection qu'il avait pour sa femme morte après trois ans de mariage. Maria Tintoretta était la joie et le sourire, la fleur et le rayon de l'atelier paternel; elle peignait admirablement, et les portraits de sa main se confondent dans les galeries avec ceux de son père, dont elle était l'idole et qu'elle ne voulut jamais quitter, quelques brillants partis qui se présentassent. Cette douce union fut brisée de bonne heure · Maria mourut à la fleur de l'âge.

Le Tintoret eut-il le courage, comme le suppose M. L. Cogniet, de prendre sa palette et de reproduire à travers les larmes les traits de sa fille adorée couchée sur son lit funèbre? c'est ce que la biographie ne dit pas; mais il existe un portrait de Tintoret peint par lui-même après cette triste date de 1590, et les traces du plus noir chagrin se lisent dans cette figure jaune, plutôt vieillie que vieille, dans ces yeux troubles entourés de larges cercles bruns, dans ces rides profondes et cette inculte barbe grise. Quoi qu'il en soit, la scène n'a rien d'invraisemblable, et elle a pu se passer telle que l'artiste nous la représente.

La jeune morte repose sur la couche qu'elle va bientôt quitter pour le cercueil; un oreiller soutient sa tête pâle, dont la beauté a pris l'aspect rigide du marbre, et que le Tintoret se hâte de transporter sur la toile avant que le travail de la décomposition commence : une lampe funéraire jette ses lueurs rougeâtres à cette scène lugubre et navrante.

Ce tableau a produit beaucoup d'effet lors de son apparition au salon de 1843. Il est très-bien composé, et le sujet qu'il représente intéresse par lui-même; nous lui reprocherons seulement d'être un peu mince de pâte et de touche : il nous semble qu'en peignant un tel sujet l'artiste eût dû s'inspirer davantage de la manière forte et large du vieux maître vénitien.

Il est difficile de mieux rendre l'aristocratie tranquille d'une vraie grande dame que M. Léon Cogniet ne l'a fait dans le portrait de la marquise de *** exposé au salon de 1852 et dans celui de madame la vicomtesse de ***, que nous ne connaissions pas encore. — Tout ce qu'on y peut désirer, c'est une couleur plus épaisse et plus nourrie.

Nous avons fait, en 1847, une description détaillée de l'*Orgie romaine*, de M. Couture. Nous demandons la permission de la transcrire ici. Elle est contemporaiue du tableau, et reproduit l'impression que fit alors cette œuvre remarquable, — un des plus beaux débuts dont on ait mémoire.

..... Deux vers de Juvénal ont servi de texte à M. Couture :

> Sævior armis
> Luxuria incubit victumque ulciscitur orbem.

Qu'ils aient été le point de départ de la composition ou bien qu'ils soient venus après coup expliquer et comme illuminer d'une pensée philosophique des groupes déjà disposés sur la toile, c'est ce qui importe peu. Ils font à l'*Orgie romaine* une préface heureuse et lui donnent un sens plus profond.

La scène se passe dans une vaste salle soutenue par des colonnes d'ordre corinthien qui se détachent sur le ciel pâle du matin, qu'on aperçoit au fond à travers les interstices de l'architecture : des statues aux physionomies sévères, aux attitudes solennelles, représentant les grands Romains des époques glorieuses, assistent, témoins impassibles, du haut de leur piédestal, aux débauches de leurs descendants dégénérés : on dirait qu'un éclair d'indignation brille dans leurs yeux blancs, et qu'un sarcasme de marbre crispe leurs lèvres sculptées. Cette rangée de spectateurs à l'éloquence muette est d'une invention poétique, et, chose rare, tout à fait dans les moyens de la peinture, peu apte à rendre ces subtilités : un des plus ivres de la bande grimpe sur le socle d'une des statues, et, comme pour dérider la gravité de ces pâles fantômes, porte aux lèvres du Paul Émile ou du Brutus sa coupe pleine de vin ; moyen ingénieux qui relie les Romains de marbre aux Romains de chair, les aïeux aux petits-fils, et précise l'insulte faite à ces nobles images par l'orgie qui se vautre à leurs pieds.

Un lit de repos, couvert d'étoffes précieuses et des plus riches nuances, supporte, suivant l'usage antique, plusieurs groupes de convives plus ou moins abattus par la débauche, car le moment choisi par le peintre est celui où le plaisir devient une fatigue et l'orgie une lutte, la période où la langue s'épaissit, où le sommeil pèse invinciblement sur les yeux, où les joues se martèlent, où la nature révoltée se refuse à de nouveaux excès et se cabre comme un cheval auquel un maître insensé veut faire franchir un précipice.

Ils sont là, couchés, la tête basse, les bras pendants, les muscles dénoués, inertes et somnolents, vaincus par le vice, eux dont les ancêtres ont vaincu le monde. Le vin et les courtisanes ont été plus forts que les barbares. — Ces fronts que ne pouvaient faire plier les casques d'airain aux cimiers monstrueux, penchent sous le poids des couronnes de fleurs ; les coupes échappent à ces mains tremblantes qui autrefois se serraient si énergiquement autour du pommeau des épées. Un jeune débauché, encore peu aguerri à ces luttes, s'est hissé sur le socle d'une statue, et rumine la malsaine mélancolie de l'ivresse dans la solitude qu'il s'est créée au milieu du tumulte. Plus loin des esclaves emportent par les bras et les pieds, comme un corps mort, un naufragé de l'orgie, qui a trop compté sur la puissance de son estomac ; une femme à moitié nue élève ses bras et cambre son torse dans une espèce de bâillement nerveux, qui fait craquer ses membres robustes, mais lassés par les fatigues de cette nuit orageuse. Ce mouvement de satiété et d'ennui est rendu avec une audace superbe et une trivialité magistrale, dignes des plus grands éloges.

Tous ne sont pas dominés à ce point. L'orgie, comme la guerre, a ses héros. Il est des natures de marbre que rien ne fatigue et ne souille, auxquelles la débauche laisse leur fraîcheur, et qui se relèvent de leur couche impure aussi reposées que la vierge qui, l'aube venue, hasarde son pied rose hors de son chaste petit lit.

Au milieu de la toile, au centre du thalamus, le coude appuyé sur le genou d'un homme richement vêtu, et qui semble l'Amphitryon ou le Trimalcion de la fête, une femme, qu'on pourrait prendre pour la personnification de Rome, s'allonge nonchalamment dans une pose qui rappelle les sculptures du Parthénon. Son beau corps, à l'exception des bras et de la poitrine, est couvert d'une de ces draperies blanches à petits plis ondoyants et fripés, que Phidias fait moutonner comme une écume autour de ses figures.

Elle est tranquille et sereine au milieu du déchaînement général ; deux rivières de cheveux bruns coulent en ondes crêpelées le long de ses tempes; ses yeux baignés d'ombre s'épanouissent comme deux fleurs noires dans la pâleur mate de son visage, qu'échauffe aux pommettes une imperceptible vapeur rose. Toute sa beauté a quelque chose de nocturne, de voluptueux et de puissant. Quels baisers pourraient rougir cette chair de marbre? quels bras ployer ces flancs inassouvis? Ah! tout l'amour, tout l'or et tout le sang du monde ne viendraient pas à bout de la rassasier, cette belle au regard de sphinx, à la poitrine de statue, cette calme Messaline qui laisse pendre paresseusement son bras cerclé d'un serpent d'or et sa main aux doigts étoilés de bagues.

Quel rêve d'impossible passe en ce moment sous ce front marmoréen? A quelle volupté irréalisable songe-t-elle après cette nuit aux fureurs orgiaques? Nul ne peut le savoir, et n'oserait l'écrire s'il le savait.

Au pied de cette figure, point central de la composition, un jeune homme attire vers lui une belle fille aux chairs satinées, à la chevelure blonde comme le miel, qui se renverse en arrière avec un mouvement de molle résistance; de jeunes folles s'élancent après la couronne que leur tient haute un jeune convive à la grâce efféminée; des lèvres se cherchent et se joignent dans les demi-teintes du second plan ; de gros hommes à face de Vitellius s'épanouissent sous leurs couronnes de lierre et de tilleul, vermeils, illuminés, dans toute la gloire de leurs joues bouffies et de leurs mentons à triples cascades; tandis que d'autres, plus jeunes, une peau de panthère jetée sur le coin de l'épaule, chantent : *Io Pæan!* en soulevant leur patère.

Dans le coin se tiennent, adossés aux colonnes, deux personnages d'aspect rébarbatif et sévère, habillés modestement, un philosophe stoïcien sans doute et un poëte satirique, Juvénal si vous voulez, venus là pour observer et pour moraliser, car ils ont l'air de juges et non d'acteurs, dans la saturnale qui se déroule devant eux.

Deux amphores sculptées, l'une renversée et l'autre debout, qu'enroulent des guirlandes de fleurs d'une fraîcheur admirable, garnissent les vides du premier plan, amusent les regards par leur éclat harmonieux et les invitent à pénétrer dans la toile.

La localité générale du tableau de M. Couture est grise, mais d'un beau gris argenté, perlé, qui boit la lumière et la garde; d'un gris de Paul Véronèse, qui se dore, s'azure, ou s'empourpre avec une égale facilité. Coloriste, au gré des gens qui veulent des bleus tout vifs, des rouges tout crus, M. Couture ne l'est pas; mais si une gamme de tons habilement soutenue, si le rapport des nuances entre elles peuvent gagner ce titre, il appartient à l'auteur de l'*Orgie romaine*. Toutefois, en fait de couleur, il nous a paru avoir plus d'harmonie encore que de mélodie : c'est un clair léger, agréable à la vue, point de trous ni de taches, la perspective aérienne est parfaitement gardée; il semble que l'on pourrait entrer dans la toile et aller s'asseoir sur le triclinium, à côté de cette belle femme au regard mystérieux. L'architecture admirablement traitée ajoute beaucoup à l'illusion. Plusieurs figures ont un relief singulier et se détachent véritablement du fond.

Ce qui constitue l'originalité de ce tableau, c'est le mélange de vérité et de recherche du style; le talent de M. Couture est naturellement *trivial*, — qu'on ne donne à ce mot aucune mauvaise signification, — trivial à la façon de Rembrandt, d'André de Sarte, de Jordaëns, de l'Espagnolet et de tous les maîtres plus curieux du vrai que du beau, du réel que de l'idéal; son génie, et c'est là sa force, est essentiellement moderne; cependant il a fait, comme il en avait le droit, son rêve romain; il a étudié les statues, les bas-reliefs, les plâtres, et revêtu de son exécution vivace et flamboyante des silhouettes souvent antiques, académiques parfois. L'opposition de ce dessin et de cette couleur forme un contraste piquant. Tout cela est peint avec une fougue et un entrain que ne dépasseraient pas les plus chaudes esquisses. La touche est d'une sûreté magistrale et d'un aplomb étonnant. Ici, la toile est à peine couverte; là, elle disparaît sous de vigoureux empâtements : un morceau du plus grand fini avoisine une portion martelée par une brosse furieuse. — C'est un mélange de choses suaves et brutales, de rusticités et de délicatesses, qui ne contrarient en rien l'harmonie générale; car, vu à quelques pas, le tableau semble fait de la même palette.

Sept ans se sont écoulés depuis que nous avons écrit ces lignes, et le jeune maître ne nous a pas donné l'occasion de parler de lui sur de nouveaux frais. — Son tableau des *En-*

rôlements volontaires, qu'on attendait d'exposition en exposition, est encore dans l'atelier ; — la chapelle qu'il décore à l'église Saint-Eustache garde toujours sa chemise de planches. — Le *Fauconnier*, que tout le monde a pu admirer chez Deforge, remonte à une date déjà ancienne ; c'est d'ailleurs une chose charmante, et jamais la jeunesse n'a été peinte sous des couleurs plus fraîches, plus vivaces, plus veloutées : ce bel adolescent aux joues de pêche, aux cheveux noirs lustrés, aux yeux noyés de lumière, qui agace du doigt le faucon perché sur son gant, pourrait tenir sa place dans la plus riche galerie. Pourquoi M. Couture, dont l'exécution, ses tableaux l'attestent, est fougueuse et rapide, laisse-t-il de si longs intervalles entre une production et une autre? Qu'attend-il? il est dans toute la force de l'âge et du talent, — on s'arrache le moindre bout de toile touché par son pinceau, et jamais jeune maître ne fut dans une si belle position pour produire bien et beaucoup.

Nous avions bien vu de lui une certaine *Orgie parisienne*, antithèse ou pendant de l'*Orgie romaine*, qu'il n'a pas exposée. — Ce ne serait pas tout à fait une indiscrétion d'en parler, puisqu'elle figure au palais de l'Industrie, copiée en papier peint par M. Desfossé avec une habileté et un bonheur rares ; le cabinet particulier de la Maison-d'Or a remplacé la vaste salle aux colonnes corinthiennes, aux blanches statues d'aïeux, et la table du cabaret le triclinium antique : le jour va bientôt paraître et les bougies brûlent bien près des bobèches ; un jeune homme vêtu en Pierrot est assis sur lebord de la table, pâle, élégant, fatigué, et lutte contre le sommeil en essayant quelque plaisanterie ; l'Arlequin laisse tomber son museau noir sur le dos de la chaise qu'il a enfourchée, tandis que son compagnon, portant un costume du temps de Henri III, ronfle étendu sur le tapis non loin d'une belle fille endormie dans ses cheveux défaits, et dont la joue pâle est fouettée de marbrures roses. Tout cela est d'un coloris fin, argenté, harmonieux, d'une touche libre et légère, d'un parfait sentiment actuel et avec l'accent du maître.

XXII

MM. H. FLANDRIN — GABRIEL TYR — RONOT — BONNEGRACE L. BOULANGER

Le nombre des tableaux de sainteté n'est pas tres-grand à l'Exposition; cette rareté ne tient pas, comme on pourrait le croire, à l'affaiblissement du sentiment religieux chez les artistes ou à l'indifférence du public, mais à une distribution plus intelligente des travaux. — Jamais, au contraire, l'on ne s'est occupé davantage de la décoration des églises; seulement, au lieu de commander au hasard, comme autrefois, des Nativités, des *Pietà*, des Assomptions, qu'on plaçait ensuite le plus souvent à contre-jour sur les retables et dans les chapelles, on ordonne des peintures murales liées intimement à l'édifice et qui s'harmonisent avec son architecture. Ce système excellent, qui fut toujours suivi en Italie, a déjà produit les meilleurs résultats; il donne aux artistes l'habitude de la grande peinture et habille d'un riche manteau l'affligeante nudité des monuments consacrés au culte. Si M. Hippolyte Flandrin n'a exposé qu'un *Saint Clair guérissant des aveugles*, une étude et des portraits, en revanche, il a couvert de peintures magnifiques le chœur de Saint-Germain-des-Prés, peint une chapelle à Saint-Severin, décoré la cathédrale de Nîmes, et déroulé sur la frise intérieure de Saint-Vincent-de-Paul une immense panathénée chrétienne. Amaury-Duval a revêtu de fresques, comme Giotto l'église de l'Arena à Padoue, l'église de Saint-Germain-en-Laye; Eugène Delacroix achève une chapelle à Saint-Sulpice; Chassériau, l'hémicycle de Saint-Philippe-du-Roule; Perrin vient de terminer ses importants travaux à Notre-Dame-de-Lorette; Couture abattra bientôt son échafaudage de Saint-Eustache, où sont occupés plusieurs autres peintres. Nous indiquons sommairement ce qui nous vient en mémoire, car il n'est guère de temple qui ne reçoive quelque décoration analogue, et cette liste pourrait être de beaucoup augmentée. Telle qu'elle est, elle suffira pour expliquer la diminution des sujets de piété aux salons de ces dernières années. L'art n'abandonne pas ces merveilleux thèmes qui lui ont fourni l'occasion de tant de chefs-d'œuvre; mais, au lieu de les confier à la toile, il les traite sur place avec toutes les convenances de jour, de perspective, de style, qu'inspire le monument qui leur sert de cadre.

La peinture religieuse n'est donc pas en décadence, comme affectent de le dire certains critiques et comme pourraient le croire des étrangers ignorant les richesses toutes modernes en ce genre des églises de Paris. Les monuments publics absorbent aussi le génie et le temps des peintres d'histoire. — L'Hôtel de Ville est un musée où MM. Ingres, Delacroix, Lehmann, Cabanel, Benouville, Riesener, Muller, Landelle et beaucoup d'autres ont peint des plafonds, des voûtes, des pendentifs, des impostes, des panneaux, qui ne se peuvent enlever pour figurer aux expositions et doivent être comptés parmi les meilleurs morceaux de ces maîtres. M. Delacroix excite l'admiration par ses tableaux : que serait-ce si l'on détachait les peintures murales qui ornent le palais du Corps législatif, la bibliothèque du Sénat, la galerie d'Apollon? On peut en dire autant de M. Flandrin, dont les belles œuvres décorent des sanctuaires, et qui n'est représenté qu'à demi à l'exposition. Son *Saint Clair* est cependant une fort belle chose : la composition, que la forme étroite du tableau aurait dû gêner, a, au contraire, tiré parti de l'obstacle par un arrangement ingénieux. Le saint, debout sur les marches d'un porche de cathédrale, touche les paupières d'un aveugle agenouillé. Quelques degrés plus bas, près de l'aveugle, un autre, attendant son tour, hausse du doigt le bandeau qui couvre ses pauvres yeux malades avec un mouvement plein de foi et d'espérance. Des gens du peuple et des mendiants, vus à mi-corps, se pressent autour du groupe principal et remplissent heureusement les vides de la toile. Toutes les qualités sévères de dessin et de style qui distinguent les grands élèves de M. Ingres se trouvent dans ce tableau remarquable ; l'art sérieux n'y saurait rien trouver à redire; peut-être l'agrément de l'œil demanderait-il une localité moins triste. Les tons ont cette valeur nocturne que le miroir noir donne aux objets qu'il réfléchit. Ce que la lumière effleure garde à peu près sa nuance; mais les ombres prennent des teintes neutres où les couleurs disparaissent plus que l'harmonie ne le demande. Sans vouloir faire de calembours en peinture, il nous semble qu'un tableau de saint Clair ne devait pas être si sombre. N'est-ce pas le saint qui guérit la cécité, qui fait pénétrer la lumière dans les ténèbres, et ouvre aux rayons célestes des yeux clos à jamais? Peut-être le peintre a-t-il voulu ménager ces prunelles accoutumées à l'obscurité opaque et qu'un jour trop vif blesserait sans doute.

La figure désignée au livret sous le nom d'*Etude* est un très-beau morceau : sur un rocher au bord d'une mer d'un azur intense, un jeune homme entièrement nu est assis, la tête dans ses genoux, exprimant par son attitude une tristesse profonde ou tout ou moins une rêverie douloureuse qui ne veut se laisser distraire par rien. — Est-ce un chevrier ayant perdu son troupeau, un naufragé se trouvant seul dans une île déserte?

C'est ce que nous n'avons pu deviner. — Mais le sujet importe si peu en art! Une pose nouvelle, une belle ligne conduite d'un bout du corps à l'autre, une flexion de torse, un arrangement de main, un tour de tête, suffisent, et sont, en peinture, les véritables idées. Voyez plutôt les figures des pendentifs de la chapelle Sixtine, qui n'offrent aucun sens précis, ne se rattachent à aucune intention, mais existent, par leur fière et indépendante tournure, comme libres manifestations de la beauté, et racontent les rêves du peintre en dehors des entraves du sujet. L'étude de M. H. Flandrin nous plaît autant et plus qu'un tableau. L'art s'y exprime lui-même, sans autre préoccupation.

Le portrait de madame R. est un des plus heureux de M. Flandrin; nous nous arrêtons toujours devant cette tête au pur ovale, au teint mat, aux yeux de velours noir qui boivent la lumière, à la bouche sérieuse et bienveillante qu'ombre un imperceptible duvet bleuâtre. Quel modelé fin et délicat! quel coloris charmant dans sa sobriété! quelle légèreté de pinceau! Il semble que l'image se soit fixée d'elle-même sur la toile. Les autres portraits de M. Flandrin se recommandent par le style, le dessin et cette ressemblance intime qu'on sent même lorsqu'on ne connaît pas le modèle, car on voit qu'on est en face d'une individualité sincèrement reproduite dans les conditions de l'art. Les anciens élèves de M. Ingres savent seuls faire le portrait aujourd'hui.

M. Gabriel Tyr s'est exclusivement adonné à l'art religieux. Élève d'Orsel, dont il a terminé la chapelle de la Vierge à Notre-Dame-de-Lorette, il cherche, sans affectation d'archaïsme, l'inspiration naïve des peintres catholiques du quinzième siècle : c'est une espèce d'Overbeck français, avec plus de science d'exécution, mais aussi résolûment cloîtré dans sa foi absolue. Il n'a pas mis le pied hors de ces longues galeries monastiques aux arcades en orgive, aux murs historiés de fresques à demi éteintes, aux dalles burinées d'inscriptions funèbres, où se promenaient Orcagna, l'Ange de Fiesole et fra Bartholomé; jamais le mouvement ni le tumulte de la rue ne l'ont tenté : s'il est sorti de son Campo-Santo, c'est pour aller chez les Chartreux de Lesueur. Un tel homme eût dû passer sa vie à peindre des retables, des cloîtres et des chapelles. Mais il a peu travaillé pour lui-même, se dévouant à la mémoire d'un maître chéri : l'*Ange gardien*, qu'il a exposé cette année, au lieu d'être sur toile, devrait être exécuté à fresque où à la cire, avec une nervure d'ogive pour cadre, dans une église de style gothique; ce serait sa vraie place. Quoique peint à l'huile, il a les tons clairs et mats, le dessin arrêté et l'aspect placide qui conviennent à la décoration murale. Un ange, dont les traits réguliers et purs sont d'une beauté grecque sanctifiée par le spiritualisme chrétien, montre à la jeune âme qu'il doit diriger dans cette vallée de larmes et de misères le chemin de la Jérusalem céleste. Avec ses grandes ailes de cygne, sa robe violette et sa tunique orange, ses cheveux blonds que cercle l'auréole, cet ange a une grâce sévère qui ne ressemble en rien à la coquetterie féminine que des peintres moins scrupuleux prêtent trop souvent à ces êtres surnaturels : il fera bonne garde autour de l'âme confiée à ses soins, et qu'il doit ramener pure au pied du Créateur.

L'âme est symbolisée par une jeune fille de treize à quatorze ans, agenouillée, les mains jointes, et regardant avec l'aspiration de la foi la plus ardente le sentier que lui montre l'ange; sa prière faite, elle va se mettre en route.

Trois marches sculptées dans le roc, et dont chaque degré porte écrit le nom d'une des vertus théologales, *Charitas*, *Spes*, *Fides*, conduisent à la voie étroite au seuil de laquelle est plantée une croix rouge, toute ruisselante du sang divin, la croix de l'épreuve et du sacrifice, qu'il faudra prendre sur ses épaules pour gravir le calvaire de la vie ; le chemin, rude, âpre, escarpé, borné de précipices sans fond, tourne péniblement autour de la montagne aride; la moindre distraction, le moindre faux pas, vous précipiteraient dans l'abîme. Que la chaleur du jour doit être pénible le long de ces roches blanches que ne rafraîchit aucune verdure! Heureusement brillent là-haut les remparts de diamant de la cité divine; il faut monter les yeux toujours au ciel, sans jamais regarder la terre, car le vertige vous prendrait, dans l'air de plus en plus raréfié où palpitent seules les ailes des anges, où l'on n'entend que l'écho, voisin déjà, des chants bienheureux. Qui pourrait se flatter de parvenir au sommet, si l'ange gardien ne vous soutenait le coude de la main aux endroits périlleux, et ne vous empêchait de rétrograder ou de vous asseoir dans les moments de fatigue!

La jeune fille peinte par M. Tyr arrivera, nous en sommes certain, au dernier plateau de la montagne, où l'attendent les vierges ses sœurs et les chérubins ses frères. Son profil est si pur, si chaste, si immatériel! son œil brille d'une flamme si séraphique! sa lèvre, entr'ouverte comme pour recevoir l'hostie, a une telle expression d'ardeur et de confiance! ses vêtements s'arrangent sur son corps frêle à plis si sobres, si pudiques, si discrets! L'artiste n'a pris de l'argile humaine que ce qu'il fallait pour rendre un esprit visible : il ne s'est pas cependant laissé aller aux émaciations gothiques, aux maigreurs exagérées des vieilles peintures allemandes; sous prétexte d'ascétisme, il n'a pas fait une larve piteuse et décharnée, à gestes anguleux, à draperies cassées symétriquement; il a su représenter l'âme avec des formes d'une gracilité juvénile, mais qui n'excluent pas la beauté; les mains sont d'une perfection rare, et telles que M. Ingres seul pourrait en peindre de pareilles. Le pinceau est d'une délicatesse extrême, et le coloris très-harmonieux dans sa pâleur tendre; nous insistons sur le mérite de cette toile, que le public, distrait par le grand tapage de couleurs, inconvénient de toute exposition, ne remarque peut-être pas assez, et qui nous semble un des meilleurs tableaux de sainteté qu'ait produits l'école française. Certes, l'église la plus riche serait heureuse d'abriter l'*Ange gardien* de M. Tyr dans une de ses chapelles. Rarement un aussi profond sentiment chrétien s'est joint à un art si pur, à une exécution si éthérée. Les Allemands néo-catholiques, qui nous accusent de sensualisme et de paganisme, n'auraient ici rien à dire.

M. Tyr fait admirablement le pastel dans un style tout particulier, qui rappelle la fresque pour la fermeté du dessin et la force tranquille du ton; il a exposé une *Sainte Geneviève*, d'après le même modèle que la jeune fille de l'*Ange gardien*, qu'on a de la peine à croire colorée avec cette poussière rose et bleue dont les portraitistes du dix-huitième siècle ont tant abusé; — c'est ferme, solide et mat comme une peinture *a tempera*. Le rendu y est poussé aussi loin que possible, et les lignes, avec cette manière ordinairement si cotonneuse, gardent une finesse et une précision incroyables. Maréchal lui-même, le grand virtuose du pastel, n'est pas plus maître de son crayon. Nous n'aurions pas cru que ce procédé, plus coquet que sévère, pût arriver à cette grâce et à cette pureté raphaélesques.

Si M. Tyr se restreint aux règles les plus étroites de l'art sacré, M. Ronot, en revanche, introduit la fantasia dans les sujets religieux. Il a, par amour de la couleur locale, fait guérir des fellahs à un Christ bédouin dans une Jérusalem arabe. M. Ronot s'est dit, non sans quelque raison : « L'Orient est immobile et ne change ni ses mœurs ni ses costumes, il est probable que les habitants de la Palestine s'habillaient du temps de Jésus comme ils s'habillent encore aujourd'hui et comme ils s'étaient habillés du temps d'Abraham. » Le Christ ni ses disciples n'ont jamais porté la toge et le manteau romains, dont la tradition les affuble d'après les peintures des premiers chrétiens dans les catacombes, peintures où l'artiste, ignorant du vrai costume, revêtait Jésus et les apôtres de l'habit latin, à peu près comme Paul Véronèse fait asseoir des seigneurs vénitiens à la table des *Noces de Cana ;* le Christ de M. Ronot porte donc le machlah, comme un habitant du Caire, sur une longue chemise blanche. Quoique cet ajustement soit historiquement plus vraisemblable que la tunique rose et le pallium bleu-de-ciel, le blond Nazaréen, travesti de la sorte, ressemble plutôt au calife Hakem, le dernier dieu descendu sur la terre, selon les Druses, qu'à celui dont sainte Véronique recueillit l'image dans les plis d'un mouchoir blanc; les arcs évidés en cœur, les chapiteaux arabes et les cabinets en saillie de l'architecture aident encore à l'illusion.

On se croirait sur la place de l'Esbekyeh plutôt qu'à Jérusalem. Les malades ont aussi l'air par trop bédouin. — Tout cela n'empêche pas le *Christ à la piscine* de renfermer des morceaux d'une couleur et d'une pâte excellentes, et de montrer dans le talent de M. Bonot un véritable progrès : il a péché par trop d'originalité, faute que nous pardonnons très-volontiers; — seulement, nous l'avertissons que, dans les sujets de sainteté, de pareilles tentatives sont périlleuses. Sans vouloir réduire l'art à l'immobilité byzantine, il faut cependant convenir que les types sacrés ne doivent pas être altérés à plaisir. En matière hiératique, la tradition est d'un grand poids. Nous ne demandons pas que chaque saint personnage ait toujours les yeux de la même couleur, la barbe taillée de la même façon et le même nombre de plis à sa robe, comme le prescrit le curieux manuel de peinture écrit par le moine d'Agrapha; — mais cela vaudrait mieux, après tout, que trop de caprice. Qu'est-ce qu'un Jésus-Christ que le fidèle ne reconnaît pas à première vue?

M. Bonnegrace, lui, se maintient dans la tradition la plus classique. Son *Jésus enfant parmi les docteurs* est d'une composition irréprochable, distribuée en groupes harmonieux dans une belle architecture, et qui rappelle un peu l'*École d'Athènes* de Raphaël, au Vatican. — Ce n'est pas un reproche dont un artiste puisse se fâcher. — Le petit

Jésus pérore avec tout l'aplomb de la sagesse divine, rétorquant les sophismes de la science humaine ; ils sont là tout ébahis, tout confondus, les scribes au front chauve, les pharisiens formalistes ! Les uns admirent, les autres s'indignent, quelques-uns prennent des notes ; au fond s'avance, émue, inquiète, la Vierge suivie de saint Joseph ; leur groupe, surpris, hésite au seuil du temple, étonné de voir cet enfant qui fait la leçon aux docteurs, cette jeune tête blonde morigénant ces barbes grises.

Chaque partie du tableau de M. Bonnegrace est étudiée avec un soin extrême, une conscience laborieuse on ne peut plus louable ; les têtes sont bien peintes, exactement dessinées et d'un bon caractère ; les draperies s'ajustent bien, enveloppant les corps sans trop cacher ni trop montrer l'anatomie ; la localité générale est agréable ; il ne manque à l'œuvre, pour être tout à fait hors ligne, qu'un peu plus d'audace, d'accent et de fierté. Chose rare dans un temps dont la modestie n'est pas le défaut, M. Bonnegrace semble s'être défié de ses forces !

« Quel spectacle et quelle leçon que ces descendants des Scipions et des Gracques réfugiés au pied du Calvaire ! » Cette belle phrase, prise aux *Études historiques* de Chateaubriand, illustre le tableau de M. Louis Boulanger, *Saint Jérôme et les Romains fugitifs*. — Le saint homme, réduit à l'état de spectre par les macérations, accueille dans sa caverne, habitable seulement pour les fauves hôtes du désert, ces patriciens jadis si fiers, ces femmes perdues de mollesse, qui vont chercher dans la Thébaïde l'oubli des voluptés et des périls du monde. Des groupes bien mouvementés, des têtes et des morceaux d'une pâte superbe, des draperies amples et souples, une composition savante pivotant avec art sur le principal personnage, telles sont les qualités de cette toile magistralement brossée. Mais pourquoi M. Boulanger, à cette heure où chacun se recueille et se résume, n'a-t-il pas exposé son *Mazeppa*, qui produisit un si grand effet lors de son apparition, contemporaine de la *Naissance de Henri IV*, chef-d'œuvre d'Eugène Devéria qui semblait promettre un Paul Véronèse à la France; son *Triomphe de Pétrarque*, que nous-même avons célébré dans une longue pièce de vers en tercets; ses *Noces de Gamache*, ses *Jardins d'Armide;* quelques-unes de ces magnifiques aquarelles, égales, sinon supérieures, à tout ce que Cattermole, Lewis, Haag et Corbould ont fait de plus beau en ce genre? L'accueil fait à ce superbe portrait de chanoine espagnol entouré de livres et de parchemins, que Vélasquez eût signé, doit lui montrer combien on eût été heureux de revoir les peintures si chaudes, si fougueuses et si vivaces de sa première manière romantique.

XXIII

MM. LAEMLEIN — JANET-LANGE — YVON — MULLER
BOUGUEREAU — TABAR

On ne peut refuser à M. Laëmlein le sentiment et l'instinct de la grande peinture; cet artiste est né pour couvrir d'énormes murailles de compositions gigantesques; sa *Vision de Zacharie* a des qualités épiques et se passe bien dans le monde surnaturel des hallucinations d'avenir. Ces chars qu'emportent au vol des quadriges de chevaux fantastiques échevelés, soufflant le feu par les narines, aux formes étranges, vaguement ébauchées dans les nuages, courent sur leurs roues tourbillonnantes avec l'impétuosité de la foudre, et semblent s'élancer hors du cadre; les conducteurs, symbolisant les trois races humaines, la blanche, la jaune, la noire, ont l'impassible physionomie des figures du rêve, et passent comme l'ouragan devant le prophète assisté d'un ange apocalyptique. Des masses de nues amoncelées et de montagnes noyées de vapeur servent de fond à cette fantasmagorie vertigineuse. Il y a dans cette scène un effet imposant et grandiose qui saisit, une largeur magistrale dont sont dénués des ouvrages plus parfaits ou du moins plus irréprochables.

L'*Échelle de Jacob* se recommande par des qualités analogues. Jacob, oppressé par le divin cauchemar, dort renversé à terre dans une pose raccourcie d'une hardiesse extrême; un immense escalier aux marches lumineuses chargées de légions d'anges monte de la terre au ciel, à travers des ombres rembranesques, aboutissant de notre pauvre petit globe terraqué au triangle mystique centre de toutes choses, trait d'union du néant à l'infini. Tout cela est traité avec une fougue, une inspiration et une puissance rares. Malgré des défauts, des incorrections, des négligences, M. Laëmlein a ce don suprême en art : il fait grand. Une énorme toile ne lui coûte rien à remplir; il la couvre d'un seul coup, sans accessoires, sans épisodes, sans artifices d'atelier. Nous voudrions que l'on confiât à cet artiste une coupole, un hémicycle, une cage d'escalier, un large pan de muraille dans une église, un palais, une salle d'attente de chemin de fer, n'importe où, pourvu que l'espace fût vaste et qu'on lui laissât toute liberté; assurément, il arriverait à produire une œuvre d'un caractère monumental : sa manière ample et décorative, son style abrupt et fier, sa composition pleine de génie, réclament impérieusement la fresque, ou tout au moins la peinture murale, puisque la fresque n'est pas en usage chez nous.

A l'intention philosophique qui perce dans tous les tableaux de M. Laëmlein, on devinerait qu'il est né en Allemagne, quoique depuis longtemps il ait adopté la France pour patrie. Sa *Charité* ne se contente pas d'être une bonne mère réchauffant quelques bambins contre son cœur, comme on la représente ordinairement, c'est une Charité humanitaire dont la robe abrite des enfants de tous les pays, jusqu'à des négrillons et de petits Chinois. Cette belle femme, au milieu de cette marmaille exotique, a une tournure superbe. Les portraits de madame de R... et de M. M... fils sont aussi de fort bonnes choses.

Il y a quelque analogie d'aspect entre la *Vision de Zacharie*, de M. Laëmlein et le *Néron disputant le prix de la course aux chars*, de M. Janet-Lange. Dans les deux tableaux, trois quadriges se présentent de front, mais là s'arrête la ressemblance; pensée, sentiment, style, exécution, tout diffère; Néron, qu'on a peut-être calomnié comme empereur, était à coup sûr un sportsman distingué; il excellait, comme dit Racine,

> . . . . . A conduire un char dans la carrière,

et il remporta un grand nombre de victoires hippiques sur le turf grec et romain. C'était aussi un amateur passionné des arts; il adorait la poésie, la musique, le théâtre, et prenait autant de soin de sa voix qu'un ténor de profession : le mot qu'il prononça en mourant nous a toujours touché : — *Qualis artifex pereo!* — Ce n'était ni l'empire du monde, ni le pouvoir suprême, ni les délices de sa maison dorée qu'il regrettait lorsque la main de l'affranchi l'aidait à faire pénétrer le poignard dans sa gorge, mais bien son *ut* de poitrine et sa belle méthode de chant. — Quel magnifique dédain des grandeurs humaines dans cette simple phrase !

Le Néron de M. Janet-Lange est vêtu d'une tunique d'un vert prasin et d'un manteau de pourpre que la rapidité de la course fait voltiger derrière lui : de ses bras puissants, où les muscles de l'athlète percent sous l'embonpoint, il contient son attelage frémissant, qu'il ménage comme un automédon consommé, pour le lancer à fond de train en approchant du but. Un des concurrents a poussé trop vivement ses chevaux, dont l'un s'est abattu et les autres effrayés se cabrent dans les traits; le divin empereur va le dépasser, grâce à cet accident qu'il semble avoir prévu. Le troisième concurrent, resté en arrière, pour regagner le terrain perdu, excite et fouaille son quadrige : peine inutile ! Néron a la corde et va tourner la borne, *fervidis evitata rotis* — Une nouvelle couronne d'or augmentera le nombre de celles qu'il a déjà conquises.

Au fond l'on aperçoit les portiques de l'Hippodrome, l'épine ou mur qui sépare la lice, avec ses colonnes surmontées de boules; les spectateurs répandus sur les gradins, à demi estompés par la poussière que soulève le passage des chars.

Cette toile mérite des éloges pour la manière savante dont les chevaux, vus de face en plein raccourci, sont dessinés et peints. Nous regrettons seulement qu'ils aient trop l'air de pur sang anglais avec leurs formes élégantes, fines jusqu'à la maigreur, et les luisants satinés qui moirent leur robe.

Sans faire des chevaux historiques, c'est-à-dire impossibles, M. Janet-Lange pouvait, ce nous semble, s'inspirer des métopes du Parthénon, où se trouve figuré à beaucoup d'exemplaires l'idéal du coursier antique. — Le Néron reproduit bien le type consacré par ses bustes, et l'arrangement du sujet est ingénieux. L'artiste a surmonté avec bonheur les difficultés qu'il présentait.

Tout auprès du Néron de M. Janet-Lange se trouve la grande toile de M. Yvon, à qui la Russie appartient, comme l'Asie Mineure à Decamps, sans que personne songe à la lui disputer : il est le seigneur du steppe, et règne en souverain absolu dans son froid empire.

Cette année, il nous représente un épisode de la retraite de Russie, — le *Maréchal Ney soutenant la retraite de la grande armée;* un passage de l'*Histoire de Napoléon*, par M. de Ségur, lui a servi de texte : « Ney, que tout abandonne, n'abandonne pas son poste; il ramasse un fusil et redevient soldat; il combat à la tête de trente hommes, reculant, ne fuyant pas, soutenant jusqu'au dernier moment l'honneur de nos armes, et, pour la centième fois depuis quarante jours et quarante nuits, risquant sa vie et sa liberté pour sauver quelques Français de plus. Il sort enfin le dernier de cette fatale Russie, montrant au monde que la fortune est impuissante contre les grands courages, et que, pour les héros, tout tourne en gloire, même les plus grands désastres. »

Sous un ciel noir de frimas s'étend la plaine blanchâtre, parsemée de chevaux morts, de cadavres, de débris de toutes sortes que la neige va bientôt recouvrir; des sapins étirent leurs branches comme des bras de spectre; des masures incendiées dessinent leur silhouette sombre; des vols de corbeaux tournent dans l'air au-dessus de leur proie; la nature est sinistre, hostile et glacée. L'hiver a pris parti pour les Russes. Des chariots de blessés tâchent de gravir la pente d'une colline, au bas de laquelle s'est arrêté, faisant face à l'ennemi qui approche, un petit groupe d'une trentaine d'hommes, ou plutôt de spectres, que la force morale tient seule debout; des restes d'uniformes, des couvertures de chevaux, des haillons indescriptibles, garantissent à peine leurs corps amaigris; des chiffons, retenus par des ficelles, entourent leurs pieds gelés à demi; des linges tachés de sang et de sanie bandent leurs blessures mal fermées. Leurs visages, livides, décomposés par le froid, la misère et la faim, ont pourtant encore une expression d'indomptable énergie; un dédain héroïque crispe leurs lèvres bleuies sous leurs moustaches de glaçons. Au milieu de la petite troupe se tient le maréchal, armant son fusil comme un simple soldat et prêt à faire le coup de feu; à ses pieds s'affaisse un jeune officier, trop faible pour ces rudes épreuves, dont les belles mains aristocratiques ont conservé une bague, — un souvenir d'amour sans doute, — et aussi pâle que la neige qui va lui servir de linceul.

Au premier plan sont entassés, parmi des fragments de caissons, des cadavres et des vivants qui ne valent guère mieux; — les malheureux, cédant à ce sommeil invincible que produit le froid des hivers hyperboréens, se sont assis pour ne plus se relever, et versent sur le corps de leurs amis des larmes gelées aussitôt.

Cette scène de désolation est très-bien rendue, et tous les détails convergent vers le centre, glorieusement occupé par le maréchal Ney avec un habile arrangement de composition. — Seulement nous trouvons que, par un sentiment exagéré d'harmonie, M. Yvon a trop éteint la blancheur de la neige. La neige a une valeur propre qui ne se relie à rien; elle tranche brusquement sur tous les tons par sa crudité étincelante, que la nuit même atténue à peine: à côté d'elle tout devient sale, terreux, opaque: les visages les plus frais semblent livides, les cygnes paraissent jaunes. Il fallait aborder franchement ces discordances, qui eussent ajouté à l'effet sinistre de la scène. — Gros l'a osé dans ses premiers plans du champ de bataille d'Eylau, où des touches du blanc le plus vif indiquent les saillies des corps recouverts de neige. — Mais ce n'est là qu'un léger défaut que quelques jours de travail pourront faire disparaître.

Le *Telègue russe* est un trait de mœurs locales qui ne donne pas envie d'aller voyager là-bas. Un étranger est reconduit à la frontière par mesure de police; le pauvre diable a été saisi à l'improviste et jeté tel qu'il se trouvait sur l'atroce véhicule, une espèce de char-à-banc découvert, par vingt-huit ou trente degrés de froid. On ne lui a pas même laissé le temps de prendre son chapeau, et on l'emporte tête nue au galop de trois petits chevaux cosaques faisant voler de la neige au lieu de poussière sous le fouet du mougik penché vers l'attelage. Des deux côtés du telègue courent à toute bride deux cavaliers ; sur le telègue, derrière le prisonnier, se tient un soldat ou un agent de police, nous ne savons lequel, la casquette enfoncée jusqu'aux yeux et le manteau relevé jusqu'au nez. Cela passe et fuit avec une rapidité éblouissante. M. Yvon excelle dans ces sujets, qu'il traite avec la liberté familière d'un homme sur son terrain.

Nous aimons beaucoup les dessins au fusain de M. Yvon, représentant les *Sept Péchés capitaux*, punis par les supplices de l'enfer dantesque ; c'est une suite de beaux motifs pour l'artiste épris des tournures grandioses et des musculatures de Michel-Ange, que ces damnés tordus dans toutes les postures, avec leurs raccourcis et leurs détails anatomiques. M. Yvon en a tiré parti en maître. Son dessin des orgueilleux, qui tâchent d'arracher de leur poitrine les blasons brûlants qui s'y incrustent, est une chose superbe. — La *Partie de dames*, intérieur de la famille M..., dessin au pastel, montre que l'artiste sait aussi exprimer les effets doux et calmes, les nuances reposées et le charme des soirées intimes.

On ne saurait trop louer, chez M. L. Muller, la constance avec laquelle il se présente à chaque Salon, apportant une grande toile, témoignage de travail opiniâtre et d'aspirations soutenues. M. Muller, qui possédait une manière charmante où il avait peu de rivaux, a l'ambition d'élever et d'élargir son talent, dont tout autre que lui se serait contenté. A l'*Appel des dernières victimes de la Terreur*, qui produisit un si grand effet à l'Exposition de 1850-51, succède *Vive l'Empereur!* une immense composition de plus de deux cents figures, exécutée en moins de trois ans, et qui semble indiquer chez l'artiste l'intention de traiter des sujets modernes, avec des proportions que la peinture d'histoire n'accorde guère, nous ne savons trop pourquoi, qu'à des sujets antiques. Être de son temps, représenter avec la taille d'Achille ou d'Agamemnon des gens vêtus comme nous ou comme nos pères, reproduire des types non consacrés par les médailles et les plâtres, voilà certes une entreprise hardie! M. Muller a tout ce qu'il faut pour y réussir.

M. Muller a pris pour épigraphe de son œuvre ces douze beaux vers de Méry, qui en expliquent la pensée:

> C'est la fête du deuil: la grande capitale,
> Paris, vient dépenser à cette heure fatale,
> Sur le sol envahi que l'Europe foulait,
> Sa dernière cartouche et son dernier boulet;
> Les survivants rentraient le désespoir dans l'âme,
> Appuyés sur le bras d'un ange ou d'une femme;
> Et le Russe entendait sortir avec terreur
> D'un monde mort le cri de *Vive l'Empereur!*
> Et Paris vit passer sous ses arcs de victoire
> Les antiques héros de la moderne histoire,
> Les sublimes débris que la guerre a laissés,
> Tout un fleuve vivant de glorieux blessés.

C'est le 30 mars 1814, — date funèbre, écrite en lettres de sang dans le calendrier de notre histoire. Le ciel gris laisse filtrer un jour pâle: la porte Saint-Denis élève son arc triomphal noir des pluies d'hiver; aux fenêtres des maisons blafardes du boulevard se tiennent immobiles des spectateurs livides; quelques squelettes d'arbres dessinent leurs brindilles sur ce fond morne; au milieu de la chaussée, comme un fleuve charriant les débris des gloires de l'Empire, coule un flot incessant de blessés de toutes armes, héros de la vieille garde, vélites, lanciers, artilleurs, qui le bras en écharpe, qui la tête enveloppée de linge, qui la jambe éclopée, tout pâles du sang perdu et regrettant de n'être pas morts, puisque leurs gigantesques efforts d'héroïsme n'ont pu sauver la France; ils rentrent abattus, l'âme navrée, et Paris les reçoit avec une affection triste, une pitié compatissante; car ils ont fait plus qu'il n'est donné à l'homme de faire. C'est à qui les soutiendra et les pansera : l'officier aveuglé par un coup de feu a déjà son Antigone; des femmes du peuple entourent de bandelettes la jambe d'un vieux soldat; quelques blessés russes, reconnaissables à leurs habits verts et à leurs plumes de coq, reçoivent aussi des soins; cependant le terrible défilé continue, et jette en passant le cri de *Vive l'Empereur!*

Ce jeune peintre, qui est un des plus frais et des plus charmants coloristes de notre école, s'est donné là une rude tâche de peindre cette sombre journée d'hiver, ces figures désespérées, hâves, flétries par les peines morales et les souffrances physiques; ces uniformes dépareillés, souillés de boue et de sang, ce torrent de haillons qui fut une armée. Il a trouvé des tons sourds, étouffés, plombés, pour rendre cette tristesse, ce désastre et cette misère; mais sous ces vieux habits en loques, où la pourpre des blessures éteint le ruban rouge, palpite encore le cœur de la France, et des jours meilleurs viendront.

Nous avons déjà rendu compte de l'*Appel des dernières victimes de la Terreur*, il n'est pas nécessaire d'y revenir en détail : tout le monde connaît cette émouvante composition dont l'horreur est un peu tempérée par quelques charmantes figures de jeunes femmes assez coquettes pour rester jolies jusque sous le couperet, et qui se paraient pour aller à l'échafaud, comme on se pare pour aller au bal ; dernière protestation de l'élégance aristocratique contre le bonnet rouge et la hideuse carmagnole. Tout en reconnaissant le talent déployé par M. Muller dans ces deux grandes machines, nous ne serions pas fâché de voir de lui quelque *primavera*, quelque fête de jeunesse et de beauté parmi les rayons et les fleurs. Il a suffisamment prouvé maintenant qu'il savait être dramatique et pouvait faire de la peinture sérieuse.

On pense à André del Sarte devant l'*Amour fraternel* de M. Bouguereau, et ce n'est pas un médiocre éloge. Une belle jeune femme, qu'on prendrait pour la sainte Vierge ou la Charité, se penche maternellement vers deux enfants qui s'embrassent comme le petit saint Jean et l'enfant Jésus, dans les tableaux de Saintes-Familles. Rien n'est plus pur, plus suave et plus charmant que ce groupe : le profil de la femme a une grâce chaste qui rappelle, sans imitation, celle des vieux maîtres italiens ; les bambins sont de petits anges sans ailes, et toutes les mères les embrasseraient et les mangeraient de caresses : une couleur vague et légère comme celle d'une fresque revêt ce groupe adorable.

Sous le titre de *Triomphe du Martyre*, M. Bouguereau nous fait voir le corps de sainte Cécile apporté dans les Catacombes. Par l'arcade basse qui mène aux lieux profonds, des chrétiens descendent, avec une précaution respectueuse, la belle morte couchée sur un lit de palmes; d'autres reçoivent et soutiennent le précieux fardeau; l'assistance prie et s'agenouille pour honorer la sainte qui a confessé le Christ au milieu des tourments, et qui jouit maintenant de la gloire du paradis. La tête de la sainte est d'un beau caractère : elle rayonne, par sa pâleur, sous la voûte obscure, et devient le centre lumineux de la composition. Il y a beaucoup de mérite dans cette toile, et nous augurons bien de l'avenir de M. Bouguereau. Il a exposé aussi un portrait de femme ajusté avec goût et d'une couleur charmante.

M. Tabar a mis en scène une anecdote de l'expédition d'Égypte. — Quelques jours après la révolte du Caire, le général Bonaparte passa la mer Rouge et alla reconnaître en Arabie les fontaines de Moïse. Au retour, il fut surpris par la marée montante et aurait été submergé, sans le secours des guides qui l'accompagnaient. — Le tableau de M. Tabar, dont les figures sont de grandeur naturelle, étonne d'abord le regard par son étrangeté, et le retient ensuite par ses bonnes qualités de dessin et de couleur. Le général, monté sur un cheval blanc, reste impassible au milieu des vagues qui déferlent; ses yeux, immobiles comme ceux des aigles et des dieux, n'ont pas bougé : il sait qu'il sortira sain et sauf de cette mer où Pharaon s'est noyé.

M. Tabar, outre ce Bonaparte neptunien, a deux autres toiles : un *Saint Sébastien*, vieux thème auquel les artistes reviennent toujours, car il permet de montrer un beau torse nu, et *Fleur des champs*, une gracieuse figure digne de son titre.

XXIV

MM. HENRI ET RUDOLPH LEHMANN

Quoiqu'il soit tout jeune encore, on pourrait croire, aux nombreux tableaux qu'il a exposés, que M. Henri Lehmann est un vieux maître au bout de sa carrière, qui résume son œuvre dans une occasion solennelle. A coup sûr M. Lehmann est un de nos plus laborieux artistes, car, outre les toiles dont nous allons rendre compte, il a exécuté beaucoup de peintures murales importantes : une chapelle à Saint-Merry, l'hémicycle de l'église des Jeunes-Aveugles, et, pour la grande salle de l'Hôtel de Ville, une histoire philosophique et pittoresque de l'humanité, distribuée en voussures, pendentifs, pénétrations, et contenant un nombre immense de figures. — Ce travail considérable a été terminé avec une rapidité dont il ne se ressent en aucune manière, et qu'exigeait la nécessité de rendre le monument libre d'échafaudages aux réceptions et aux fêtes de l'édilité parisienne. Comme son nom le fait deviner, bien qu'il soit depuis longtemps naturalisé Français, M. H. Lehmann est d'origine germanique, presque scandinave : il a étudié sous son père et sous M. Ingres, et cette double influence se trahit dans son talent. Si par l'exécution il appartient à l'école française, par la pensée il se rattache à l'école allemande. Le livret l'indiquerait comme élève de Cornélius, que cela n'étonnerait personne : l'influence de la race est plus indélébile qu'on ne pense, et M. H. Lehmann a produit à Paris des œuvres qui pourraient figurer, sans disparate, dans les pinacothèques et les résidences du Nord.

Il a une façon de comprendre les sujets et de les rendre tout à fait allemande, un certain sens esthétique qu'on ne trouve pas chez nos peintres, dont il s'est d'ailleurs assimilé toute l'habileté pratique ; nous n'en voudrions d'autres preuves que son *Hamlet* et son *Ophélie*. Rien ne ressemble moins aux types reçus chez nous de ces deux personnages shakspeariens, pour lesquels ont posé les acteurs anglais : Hamlet dans son costume noir, avec sa chevelure d'un blond pâle, ses yeux d'un bleu polaire, son air d'étudiant d'Iéna, est bien le jeune prince de Danemark, le rêveur mélancolique qui a promené ses indécisions sur la plate-forme du château d'Elseneur, au bruit sourd des flots du Sund, aux froides lueurs des lunes d'hiver. On sent en lui l'homme du Nord, le descendant énervé des héros scandinaves, chez qui la pensée remplace l'action. On est d'abord un peu surpris de cette manière d'interpréter le type; mais bientôt l'on est forcé d'en reconnaître la justesse, et l'on renonce au vulgaire idéal romantique. L'Ophélie n'est pas non plus cette jeune miss, à physionomie de keepsake, qui effeuille sa couronne de bal au courant d'un fleuve imaginaire. Sa figure a le cachet allemand, — danois pour mieux dire, — comme vous pourrez vous en convaincre en regardant l'exposition du Danemark. — Un ovale mignon, des joues rondes, plutôt pâlies que pâles, quelque chose de la grâce naïve de Marguerite, une main inerte, laissant échapper une pâquerette qui a sans doute mal répondu, et l'autre retenant dans un pli de la robe les fleurs rustiques cueillies au bord du ruisseau ; sur la tête, quelques brins de folle avoine, tressés avec des bluets et des coquelicots : tout cela rendu d'un pinceau net et précis, — l'œil seul a une lueur d'égarement. Le peintre s'est bien gardé d'envelopper la fille de Polonius de ces mousselines de pensionnaire, de ces draperies blanches qu'affectionnent les actrices pour les scènes de folie; il lui a donné un corset et une jupe de damas ramagé, assortis à son rang et à sa condition. — On voit que l'artiste a sérieusement réfléchi avant de prendre le pinceau, et qu'il s'est rendu compte philosophiquement des personnages qu'il avait à représenter.

Le début de M. H. Lehmann, ou tout au moins un de ses premiers tableaux, a été la *Fille de Jephté déplorant sa virginité sur les montagnes*. Cette toile, que nous regrettons de ne pas voir figurer parmi l'exposition du jeune maître, annonçait un sentiment profond et particulier de la poésie biblique; ces jeunes filles, avec leurs grands yeux noircis de k'hol, leurs nez aquilins, leurs lèvres rouges, leurs teints d'ambre jaune, leurs cheveux d'un noir bleuâtre ou d'un or rutilant, leurs ovales allongés, leurs tailles souples et rondes comme les palmiers d'Engaddi, leurs bras puissants terminés par des mains fines, réalisaient l'idéal de la beauté hébraïque; elles rappelaient ces descriptions du Sir-Hasirim, dans lesquelles le roi poëte, pour dépeindre sa bien-aimée, ouvre l'écrin des métaphores orientales, entasse les montagnes d'aromates, et fait boire le lyrisme à la coupe du haschich. Leurs vêtements splendides étaient colorés par des tons de rubis, de saphirs et d'émeraudes, tranchant sur ce blanc-jaune du lin qui ressemble à de l'or en fusion. M. H. Lehmann a continué de fouiller cette riche veine. Le *Départ du jeune Tobie emmené par l'ange Raphaël*, le *Jeune Tobie obtenant de Raguel la main de sa fille Sarah*, appartiennent à cet ordre d'idées. — Nous retrouvons ce pur type juif, plus beau peut-être que le type grec, dans la tête charmante de la vierge veuve déjà de sept maris. Avec quelle grâce elle s'appuie sur l'épaule de sa mère, tandis que son père unit sa main à celle du fiancé! L'*Enfant Jésus et les Mages* montrent encore la prédilection de l'artiste pour les types asiatiques : le petit Jésus, assis sur les genoux de la Vierge, qui l'allaite, plonge sa main au giron maternel avec un joli geste puéril, et regarde les trois rois mages lui offrant l'or, la myrrhe, les perles, toutes les richesses de l'Orient; ces longues barbes nattées, ces teints rembrunis, ces couronnes bizarres, ces vêtements étranges, amusent ses yeux ravis. —

M. Lehmann a représenté Melchior, Gaspar et Balthazar sous des traits ethnographiquement exacts, qui diffèrent du poncif habituel.

Dans le tableau intitulé *Adoration*, les voici encore avec leurs physionomies de satrapes et leurs vêtements barbares; mais cette fois ils ne sont pas seuls; leur groupe fastueux est équilibré par des pasteurs et des bergères offrant à l'Enfant divin leurs cadeaux rustiques, qui ne sont pas moins bien accueillis que les présents royaux des mages. Il y a, dans le coin des bergers, de délicates figures féminines, où le caractère israélite s'adoucit déjà sous l'onction chrétienne; car ne sont-ce pas les premiers chrétiens, ces pauvres gardeurs de troupeaux qui apportèrent à Bethléem des grappes mûres, des épis, des couples de colombes, lorsque le Dieu enfant vagissait encore et n'était connu ni par ses miracles, ni par son enseignement, ni par son supplice? Ils ont cru, ceux-là, dans toute la simplicité de leur cœur, comme il faut croire.

L'*Assomption* et la *Pietà* sont deux beaux tableaux d'église, très-purs de style, mais où l'originalité de M. Lehmann se laisse moins voir. Les grands maîtres d'Italie ont traité ces sujets avec une telle supériorité, qu'ils en ont en quelque sorte consacré la forme; il serait dangereux de s'en éloigner. Les fidèles d'ailleurs, habitués à certaines dispositions devenues hiératiques, seraient troublés dans leur adoration par les efforts que ferait le peintre pour trouver la nouveauté là où elle n'est pas nécessaire et où suffisent les convenances de style, de beauté et d'exécution. Les grands anges qui soutiennent la Vierge, ou plutôt qui l'accompagnent dans son essor, ont une grâce sûre et vraiment raphaélesque.

Le *Jérémie* et la *Flagellation* dénotent chez M. Lehmann un de ces changements de manière si fréquents dans la vie des maîtres. — Il semble, à cette époque, s'être préoccupé de dessin et d'anatomie. L'influence de Michel-Ange succède à celle de Raphaël ; la grâce est un peu oubliée pour la force, et l'artiste cherche à déployer sa science et ses études myologiques. Proportion gardée, ces deux tableaux sont dans son œuvre ce qu'est le *Saint Symphorien* dans celle de M. Ingres.

« Et Jérémie le prophète gisait alors enchaîné dans la cour de la prison... Jérémie appela Baruch, qui écrivit dans un livre toutes les paroles que le Seigneur avait dites à Jérémie, selon que Jérémie les lui dictait de sa bouche... Et l'Éternel lui dit : Le mal fondra du côté de l'aquilon sur tous ceux qui habitent ce pays-là... Jérusalem, jusques à quand les pensées d'injustice demeureront-elles en toi? »

Le prophète, les mains chargées de chaînes, est à demi couché sur un bloc de granit où ses fers sont scellés ; il incline son grand front chauve, et sa barbe ruisselle en mèches éparses. Un bout de draperie grossière couvre à demi son corps amaigri, mais robuste encore, dont les os et les muscles apparaissent. Derrière lui se tient un ange qui fait sonner à l'oreille du prophète « la trompette hideuse des malédictions, » et dont le bras, rejeté en arrière par un geste d'une hardiesse et d'une violence extrêmes, montre un grand nuage noir ouvrant dans le ciel, comme un vautour, ses ailes de malheur. Cet ange n'est pas un de ces éphèbes célestes délicieusement efféminés qui flottent comme des plumes de cygne sur l'azur de l'infini ; c'est l'ange de la colère divine, un athlète céleste, mâle et nerveux, dont les cheveux blonds, pareils à des serpents d'or, battent la joue irritée, et qui lance des éclairs par ses prunelles d'un bleu d'acier, d'un bleu implacable.

Aux pieds du prophète, Baruch, accroupi et comme pelotonné sur lui-même au bruit de ces terribles menaces, écrit d'un roseau tremblant sur une bande de papyrus les paroles de l'ange que Jérémie lui transmet.

Il y a dans la figure de l'ange un souvenir volontaire des anges herculéens de la chapelle Sixtine; les muscles du cou, l'emmanchement du bras, le dessin de l'épaule, rappellent les lignes savamment tourmentées du vieux Buonarotti ; mais la tête appartient bien à M. Lehmann. Elle a ce caractère israélite et germanique qui est comme le cachet de son œuvre.

C'est un excellent motif pour un peintre ayant l'intention de faire montre de son savoir anatomique qu'une flagellation du Christ. — Outre le torse du divin Supplicié, naturellement nu, l'on a les bras retroussés, les cous de taureau et les jambes musculeuses des insulteurs et des tortionnaires. Autour de son Christ, M. H. Lehmann a groupé une escouade de bourreaux farouches dans des poses strapassées et violentes, présentant des agencements et des raccourcis à la manière florentine, des développements énormes de musculatures, et tout ce qui pouvait faire ressortir son talent de dessinateur.— A part cette petite affectation, qu'il n'est pas donné à tout le monde de se permettre, sa *Flagellation* est un tableau d'un beau style, d'une ordonnance bien équilibrée et d'une exécution ferme, qui révèle de sérieuses études et la familiarité de la grande peinture. Le coloris pèche par l'abus de ces teintes de cuivre et de saumons que les maîtres italiens semblent avoir gardées dans leurs toiles de la pratique des fresques, et que ceux qui les étudient se laissent volontiers aller à imiter.

Passons maintenant à la partie grecque et mythologique de l'exposition de M. H. Lehmann, car le fécond artiste a touché tous les genres. Les *Océanides* eussent peut-être demandé un cadre plus vaste, car la proportion des figures leur donne quelque chose de trop délicat, de trop joli, de trop mignon, pour une scène d'un caractère si colossalement épique. Le sujet est tiré du *Prométhée enchaîné* d'Eschyle, ce poëme gigantesque devant cent mille spectateurs dans l'amphithéâtre de Taormine. La Force et la Puissance ont cloué le Titan rebelle avec des clous de diamant sur sa croix du Caucase.— Le vautour plonge comme un bras sanglant son cou rouge au flanc du sublime voleur qui a dérobé le feu céleste pour le donner aux hommes. — Restée seule sur sa roche foudroyée, la victime des Olympiens pousse un gémissement, et sort du silence formidable qu'elle avait gardé en face de ses oppresseurs. — A ce puissant soupir échappé de la poitrine du Titan, les Océanides accourent sur des chars ailés et viennent consoler dans sa solitude farouche le glorieux ennemi de Jupiter. M. H. Lehmann n'a pas suivi sur ce point la version d'Eschyle : il sait que la mer ne baigne pas le pied du Caucase, quoiqu'il ait fait se dérouler les vagues au bas de la roche sur laquelle il a enchaîné son Titan ; mais nous concevons très-bien qu'il n'ait pas voulu amener ces Océanides par des machines d'opéra. Le chœur plaintif se groupe sur la base de la montagne où le flot déferle, roulant des coquillages et des madrépores dans ses volutes d'écume, en mille attitudes pleines de douleur, de grâce et même de coquetterie. Ces beaux corps d'ivoire, lavés et polis par l'eau marine, sont charmants avec leur blancheur pâle, leurs cheveux d'or vert, leurs têtes coiffées de pétoncles, de coraux et d'algues. Une des Océanides s'élance vers Prométhée pour lui porter des paroles de consolation, pendant que ses compagnes affaissées se désespèrent, gémissent, et mêlent leurs larmes aux perles amères de la vague.

La *Vénus Anadyomène* est un camée peint ; dans la veine blanche de l'agate, l'artiste a ciselé sa Vénus ; dans la veine bleuâtre il a trouvé le ciel et la mer ; en regardant l'Ondine, un torse grec azuré par un rayon de clair de lune allemand, on comprend que l'auteur est de la patrie des Elfes, des Nixes, et des Willis : celle-ci, avant de se replonger dans la source natale à travers le rideau de nénufar, de cresson et d'alisma, a jeté cette robe blanche à l'ourlet mouillé qui la fait reconnaître au bal par ceux que ne fascinent pas ses yeux verts, et elle se tient debout un moment sur l'herbe humide. Malheur au chevalier, au poëte et au jeune homme qui passeront par là !

Une tradition du moyen âge, qu'Otway a imitée dans cette scène de sa *Venise sauvée* où le sénateur marche à quatre pattes devant la belle courtisane Aquilina, raconte qu'Aristote se laissa bâter et monter par une jeune Indienne. — Henri d'Andelys, le trouvère du treizième siècle, auteur du *Lai d'Aristote*, avait tiré cette histoire saugrenue d'un conte arabe intitulé le *Vézir sellé et bridé*. — Voici la légende : « Alexandre, épris d'une jeune et belle Indienne, semblait avoir perdu le goût des conquêtes; délaissée après les remontrances d'Aristote, l'enchanteresse, pour se venger, rendit le philosophe amoureux à son tour, et obtint de lui, pour preuve d'amour, la satisfaction d'un caprice. » Elle voulut chevaucher sur le dos du philosophe, et, en cette posture, elle le conduisit vers Alexandre caché sous un berceau. Aristote, confus, raillé par le monarque, répond en se redressant : « Que l'état où vous me voyez serve à vous mettre en garde contre l'amour; de quels dangers ne menace-t-il pas votre jeunesse, lorsqu'il a pu réduire un vieillard si renommé par sa sagesse à un tel excès de folie!.. »

Cette scène bizarre, qui ne s'expliquerait pas sans le secours de la légende, a été composée par M. H. Lehmann avec beaucoup d'esprit et de goût. Il a évité ce que le sujet pouvait présenter de caricatural par le style et l'élégance avec lesquels il l'a traité. La jeune fille qui chevauche le vieux sage est charmante, quoique le soleil de l'Inde l'ait brunie de son hâle d'or.—Les colliers de perles, les plaques de pierreries et les grelots d'argent de Vasantasena scintillent et bruissent sur son corps luisant comme du bronze neuf ;

les Apsaras du paradis hindou n'ont pas une désinvolture plus voluptueuse; elle doit peser bien peu à sa monture philosophique! Alexandre, assis sur une espèce de trône, en costume de Bacchus, le coude appuyé à l'épaule d'un jeune enfant asiatique, rit de voir son maître à crâne chauve réduit à cet état d'abjection et rampant sur ses mains; mais déjà Aristote relève la tête et médite la petite harangue que lui prête Henri d'Andelys.

Le *Rêve d'Érigone*, vision bachique et projet de plafond, est une jolie fantaisie mythologique qui se déroulerait avec grâce au-dessus d'une table de festin, dans la salle à manger de quelque Lucullus moderne. C'est une ronde aérienne de bacchantes dansant sur l'azur d'un ciel léger, pêle-mêle avec des thyrses, des pampres et des panthères, et figurant les caprices poétiques, les voluptueuses hallucinations de l'ivresse, non de l'ivresse grossière, mais de celle qui fait voir les Ménades à Horace.

M. Henri Lehmann, pour considérer son talent sous une autre face, est encore un excellent portraitiste : les deux portraits qu'il a faits de madame H. L. avant et après son mariage, indépendamment du mérite de la ressemblance, sont des œuvres d'art qui tiendraient leur place dans les galeries à côté des portraits des maîtres, pour l'ajustement, le style, le dessin et l'exécution. Ce beau type, qu'on pourrait croire romain à la coupe régulière du visage, à la fermeté des lignes, à la pureté des traits, à l'ardeur ambrée du ton, est exprimé à deux reprises avec beaucoup de largeur et de *maestria*. La dame, en robe violette, se fait remarquer par une élégance et une finesse tout aristocratiques. Et ce charmant profil de madame A. H.! Quel fin regard voilé! quel vague et délicieux sourire! quelle blancheur d'opale veinée de rose! quelles ondes lustrées de cheveux à pleine main! Et pourtant, à travers le charme de la jeunesse, on devine comme un pressentiment mélancolique: on dirait qu'elle se dépêche d'être belle et pose en toute hâte pour le sculpteur et le peintre. — Heureuses, du moins, celles qui passent en laissant d'elles ces images charmantes que l'on croirait volées à leur miroir, et qui ont assuré à leur beauté cette frêle éternité dont l'artiste dispose.

Nous ne dirons pas de MM. Rudolph et Henri Lehmann:

Arcades ambo, pares ætatibus ambo,

car l'un est nécessairement plus âgé que l'autre; mais ils sont peintres tous deux, et Rudolph est élève de Henri. M. Rudolph Lehmann a exposé sa *Fileuse*, sa *Vanneuse*, sa *Pèlerine des Abruzzes dans la campagne de Rome*, que nous connaissions déjà, et une *Graziella*, d'après les *Confidences* de M. de Lamartine, qui rappelle la grâce triste et sérieuse de Léopold Robert, voué comme lui à la représentation des scènes de la vie italienne et de ces purs types de la campagne de Rome qui dispensent, et c'est peut-être là leur inconvénient, les artistes qui les copient de se mettre en frais d'idéal. Après tout, est-il besoin de chercher la beauté quand on l'a trouvée toute faite?

FIN DU TOME PREMIER.

TABLE DES MATIÈRES

PEINTURE — SCULPTURE

FIN DE LA TABLE DU TOME PREMIER

www.ingramcontent.com/pod-product-compliance
Lightning Source LLC
LaVergne TN
LVHW020540230826
846091LV00002B/337

* 9 7 8 2 3 2 9 4 2 9 6 0 1 *